哲學研究叢書·學術思想叢刊

先秦哲學隅論

蕭振聲　著

目次

導言
先秦哲學的興起

　　從春秋中晚期（約西元前600年）至秦滅六國（西元前221年）近四百年的一段期間，歷史上稱作「先秦時代」。其時諸子蜂起，學派林立，異論競呈，辯說自由。作為中國哲學的發端，素有「百家爭鳴」的美譽。本書即以此階段為範圍，重點探索儒、道、墨、法、名、陰陽六家哲學旨要。在此，試先略述其所以興盛之由。

一　政治的原因

　　廣義言之，中國政權在秦漢以前，一直實行「封建體制」。「封建」是「封土、建國」的簡稱。「封土」，是指天子除保留王畿之地外，把國境其他土地分封有血緣關係的貴族或功臣，並冊封其為「諸侯」。「建國」，是指這些貴族和功臣在分封的土地上建立王國，此即所謂「諸侯國」。諸侯之責，要在朝貢和保衛天子，而在封國內，則有獨立的統治權，包含徵收稅項、建立軍隊和進一步把土地分封給卿大夫的權力。武王建西周，所實行的就是封建體制。唯發展至西周末年，周室即面臨一政治難題：眾封國既獨立運作，久之即不從天子之號令。而諸侯為求擴張，相互侵擾，亦屬當時國際常態。西周末年徐、楚、齊、魯等國的作亂與紛爭，及東周春秋五霸的崛起，均深切突顯封建體制的缺憾。可以說，西周推行封建體制，非但無助於維權和穩定，其流弊之所屆，更造成延綿至戰國末年的失序和混亂，可謂適得其反。這樣的政治困境，實激發一批有志改變現狀的知識分子，

其成果主要體現為諸子百家之學，如以孔子、孟子、荀子為代表的儒家倡恢復周制，以墨子為代表的墨家倡回歸夏禹古制，以商鞅、韓非為代表的法家倡建立新制，及以老子、莊子為代表的道家反對一切政制，均其著例。可知先秦哲學之盛，實由當時特殊的政治環境所迫顯而致也。

二　文化的原因

　　先秦哲學作為一股文化潮流，固不可能憑空冒現，而是西周以來各種人類活動經驗經歷長久的累積，並逐步理論化、系統化的成果。如梁啟超所指出：「自周初以來，文化經數百年之蓄積醞釀，根柢本極深厚。加以當時政治上社會上以前述之種種關係，思想完全解放。兩者機緣湊泊，故學術光華，超軼前後。」[1]譬如儒家重培養德性、重真切瞭解宇宙人生，正是植根於孔子編纂六經的文化工程──前者涉及詩書禮樂的學習，後者則與讀易讀史有關，而六經的前身，正是形成並流行於商周之際的某幾類古舊文獻。道家探索自然現象和人事活動，從中歸納存亡成敗的律則，此則源於對天文學和人類歷史的研究。此外，立基於商周以來陰陽五行觀念的發展，及天文曆法的建構和運用，方有後續的知識分子總結其通天人思想，而成立陰陽家的學說；先有禮法活動的長期進行和東周時期晉、鄭等國的法典撰寫與公布，也才逐漸形成法家各派的管理哲學。自橫面言之，先秦哲學固為各專業領域的理論指導原則；唯此橫面之得以成立，當承自縱面的文化活動的歷史積聚也。

1　梁啟超原著，賈馥茗標點：《先秦政治思想史》（臺北市：東大圖書公司，1987年），頁74。

三　教育的原因

　　商周以來的封建體制，本質上是貴族政治。其特色不止官爵的世襲相承，還在教育權利的壟斷。當時貴族的教育以禮、樂、射、御、書、數等「六藝」為主。[2]約略區分，禮、樂的知識屬生活層面，射、御的知識屬武備層面，書、數的知識則屬文事層面。這三類知識掌握在貴族手中，雖為其統治提供了很大便利，卻同時窒礙了知識的傳播，也就不容易引發思想的質變。而貴族後來逐漸喪失壟斷教育的權利，主要起因於兩大社會變動。首先是厲、幽以來，天下擾攘，諸侯兼併，貴族失其宗國，自此淪為庶人，由是教育和知識，於民間遂得廣被。此即思想史上由「王官學」至「諸子學」之過渡。復次，春秋列強爭霸，君權擴張的需求受到激發，於是各國政治，遂由獨立於君權的世卿世祿制，漸次過渡為由君主對官員進行直接任免的官僚體制。[3]如此一來，人才需求急遽增加，平民得靠學識入仕，民間講學之風遂盛。這兩種社會變動所導致的教育普及化，從表層看，固帶動知識的流布；從深層看，則是促成哲學的勃興。儒、道、墨三家之起，自外言之，見於有組織性的授徒講學；自內言之，則見於對價值理想的反省求索，適足印證當時教育普及化所產生的影響。

2　儒家所稱「六藝」，類型至少有二。一是「禮、樂、射、御、書、數」，一是「詩、書、禮、樂、易、春秋」。前者涉及社會技能，屬技能類型的六藝；後者涉及文獻典籍，屬文獻類型的六藝。前一類型的六藝，乃是「技藝」（skill）；後一類型的六藝，則為「文藝」（literature）。其中，作為文獻類型的六藝，儒家又稱「六經」。「六經」之中，《樂經》早佚，漢初立國，不復流傳，故於「六經」以外，儒家也有「五經」之說。「五經」即別除《樂經》在外的「六經」之別名也。

3　例如姚蒸民先生即認為，裁抑貴族勢力，乃東周初期列國之政治要求，故廢置世卿制度，建立中央集權，實屬時勢所趨。此正是戰國法家倡「尊君」之背景。說見姚蒸民：《法家哲學》（臺北市：三民書局，2006年），頁58-59、71。

四　學術的原因

　　先秦之「百家爭鳴」，一般是指道、儒、墨、名、法、陰陽諸學派在春秋戰國之際的成型與發展。其興盛之由，業已見前文所述。唯所謂「百家爭鳴」，尚可從齊國之「稷下學宮」進一新解。稷下學宮位在齊都臨淄，是齊國為獎勵學術而設置的學術機構。稷下學者被尊為「先生」或「上大夫」，其本務是授徒講學、著書立說，毋需負擔政治責任。偶遇事故，則充當齊王的臨時顧問。此即司馬遷所謂「不治而議論」、「各著書言治亂之事，以干世主」[4]（《史記》〈孟子荀卿列傳〉）。稷下學宮創於戰國中期的齊桓公田午，盛於威王、宣王執政之時，後經湣王、襄王、齊王建三朝，至秦滅六國方告終結，期間所歷二百餘年，正是先秦哲學最為蓬勃多元的歷史階段。事實上，戰國諸子百家在學術上的砥礪切磋，大半就是在稷下學宮中進行。[5]司馬遷所載諸位稷下先生，幾遍及當時最重要的學派。白奚先生嘗作統計歸納，他說：「儒家有荀子、顏斶、魯仲連；道家勢力最大，人物眾多，有田駢、慎到、彭蒙、接子、環淵等人；宋鈃則是墨家精神的真正繼承者；屬名家的有尹文、兒道和田巴；法家在稷下雖無著名代表人物，但《管子》一書的作者卻主要是一批法家人物，他們是為田齊變法提供理論指導的主要力量；陰陽家在稷下的代表人物是著名學者鄒衍和鄒奭。……淳于髡就是一位『學無所主』、兼容多家之術的學者，告子也是一位『兼治儒墨之道者』。」[6]由是觀之，先秦哲學之

4　〔日〕瀧川龜太郎：《史記會注考證》（臺北市：大安出版社，1998年），頁921。按：書中凡引《史記》悉據此本，不另標註腳。

5　稷下學宮之創立、盛衰和終結，以及其在先秦百家爭鳴中的地位，詳參白奚：《稷下學研究：中國古代的思想自由與百家爭鳴》（北京市：生活・讀書・新知三聯書店，1998年），頁41-52、87-88。

6　白奚：《稷下學研究：中國古代的思想自由與百家爭鳴》，頁67。

盛，稷下學宮實為主要之助力。「百家爭鳴」的實質，必須扣住稷下學宮這個戰國諸子往來互動的學術平臺，方得確切的理解。可以想像，缺少稷下學宮這個學術因素，先秦哲學不會呈現如此充沛的生命力，也就難以拓展出現時的廣度和深度。

第一章
儒家哲學

一　概說

　　儒家由春秋末年孔子所創。史稱孔門弟子三千，通六藝者七十有二，其於當時的政壇和學界，影響力至為鉅大。孔子之教，下逮戰國，經子思、孟子、荀子諸儒發揚推廣。終先秦之世，儒學可謂盛行不衰。流風所及，在先秦尚處於理想階段的儒學，於漢代終落實為現實政治。至於隋唐以來的科舉入仕之制及宋明以降的性命義理之學，亦無非先秦儒學在政治、學術層面的延續和轉化。

　　至乎儒學之要點，試就縱線、橫面分別敘略。

　　縱線是指儒學的發生歷程，此可從「儒」一字講起。西周以來，「儒」乃是貴族階層之一成員，他們的職責，在以六藝教授貴族子弟。「六藝」有時稱作「六經」，即詩、書、禮、樂、易、春秋六種典籍。詩、書是人物應答之辭，禮、樂是倫序交接之儀，易和春秋，則是宇宙人生之理。[1]此三大類知識，幾涉及當時中國文化之全部。唯

1　此處所謂教授貴族子弟以六經，只是一種方便之說。「六經」之定本，成於孔子，「六經」之並列，不早於戰國中期。孔子以前的貴族教育，主要是史籍常說的「以詩書禮樂教」。《易》成書雖早，但版本不一，主要有《連山》、《歸藏》和《周易》，孔子以後流傳迄今者，只得《周易》一種。至一九九三年湖北王家臺秦簡出土，部分《歸藏》易方重現人世。而孔子以前，列國俱有史記，孔子所作《春秋》，只是其依據魯國史記，加以整理重述的一部魯國編年史。由這角度看，所謂貴族子弟受六經之教，是指其在當時較為普及的詩書禮樂外，也學習其所能接觸到的易學和史學。此處的重點，在於指出西周以來的貴族掌握全面的文化知識，而不在於斷言他們所接受的乃是孔子意義的六經之學。

春秋之季，孔子打破成規，始以六藝教授平民，一反知識由貴族壟斷之傳統。蓋孔子先世，本舊殷貴族，雖淪平民階層，家傳六藝之教，知孔子亦「儒」之一員也。且孔子所授六藝，乃經其作材料統整、文句點定、義理闡釋的全新版本，孔子之政治抱負與人生理想，實寄寓於其中。不妨說孔子是以「儒」之身分，借六藝建立自己的學說。以此，儒學之要點，自縱線看，當在孔子重建六藝的文化工程上。

橫面是指先秦儒家學者之共同關懷。原則上，先秦儒家以為人生首要之務，在仁義品格的建立。一切倫序、制度、儀範的運作若要趨於理想，必見於仁義品格的向外開拓。此一立場，以古語言之，就是由「內聖」而轉出「外王」；以今語言之，則是一般所稱的「政治是道德的延長」。如孔子言「仁」常及於「禮」，孟子倡「以不忍人之心，行不忍人之政」[2]（《孟子》〈公孫丑上〉），《中庸》說「唯天下至誠，為能盡其性，⋯⋯則可以贊天地之化育」、《大學》謂「大學之道在明明德，在親民，在止於至善」，乃至荀子主張「心知道，然後可道，可道然後能守道以禁非道」[3]（《荀子》〈解蔽〉）等，俱在表述此義。據此，儒學之要點，自橫面看，乃是要成己成人。而所謂成己成人，主要體現在仁義價值的內充與外推。

要之，前者是孔子對傳統歷史文化經典的整理與重建，是「文獻編述」的性質；而後者則為先秦儒者對人生、社會、政治的反省與探討，是「哲理創構」的型態。前者多目為「經學」之域，後者恆歸於「子學」之門。故前者所稱「儒學」，是「儒家之經學」；後者所稱「儒學」，則是「儒家之哲學」。本章論孔孟荀三子，乃對其「哲學」之通釋也。

2　〔宋〕朱熹：《四書章句集注》（臺北市：大安出版社，1999年），頁328。按：書中凡引《論語》、《孟子》、《大學》、《中庸》悉據此本，不另標註腳。

3　〔清〕王先謙撰，沈嘯寰、王星賢點校：《荀子集解》（北京市：中華書局，1981年），頁395。按：書中凡引《荀子》悉據此本，不另標註腳。

二　孔子哲學

(一)孔子的生平

　　孔子（約西元前551年至西元前479年），名丘，字仲尼。春秋末年魯國人。其先祖為宋國貴族。宋國是周公攝政時紂王兄微子啟的封國，故在血統上，孔子實為殷商遺民之後。然當孔子時，家道久已衰落，加以其父早喪，故孔子少而貧賤，嘗替貴族人家管理糧倉和牧場。唯孔子好學不倦，聞見廣博，尤以知禮稱譽於世，不僅從學者眾，列國諸侯亦多有與之遊者。孔子一生抱負，在能得君行道，挽救「無道久矣」的亂世。惜半生奔走齊、魯、衛、宋、陳、蔡諸國之間，終不見大用。年五十後，孔子嘗任魯中都宰，復任司空、大司寇，並領相國事，後見讒於齊，亦不數年而去。嗣後孔子列國周遊，不復問政，專心授學，至弟子三千，是當時學術團體之最盛大者。[4]

　　孔子並無私人著作，但戰國秦漢間不少文獻，如《春秋》、《論語》、《孟子》、《荀子》、《禮記》、《史記》、《漢書》，乃至若干出土文獻等，對於孔子其人、其言、其事，均有所記述備載，是孔子哲學研究不可或缺的材料。在這些文獻中，公認《論語》一書至為重要。簡單說，《論語》是孔子歿後，其弟子們所輯纂的一部記錄。《漢書》〈藝文志・六藝略〉云：「論語者，孔子應答弟子、時人及弟子相與言，而接聞於夫子之語也。當時弟子各有所記。夫子既卒，門人相與輯而論纂，故謂之論語。」[5]據此，《論語》的內容主要有三：其一，孔子個人的言行。其二，孔子與弟子、時人的對話。其三，孔門弟子

4　此舉其大略。詳見《史記》〈孔子世家〉。

5　〔漢〕班固撰，〔唐〕顏師古注：《漢書》（臺北市：鼎文書局，1977年），頁1717。
　　按：書中凡引《漢書》悉據此本，不另標註腳。

的言行，特別是他們對孔子之學的理解。由於《論語》主要涉及孔子及其弟子的言行的直接記錄，因此它與上述其他文獻相比，自然具有更高的代表性及學術價值。本章即以《論語》為主，以其他材料為輔，探討孔子哲學中的一些重要部門。

（二）孔子的仁學

孔子之學，素稱「仁學」。夫所謂「仁學」，約言之，就是藉由對德性的重新發現，從而築構美好的人我關係、建立良善的社會秩序的一種學說。而仁學之提出，實源自孔子當世的政治局勢及其所由生的歷史背景。因先述此背景及局勢之大略，以明孔子之所以言仁。

1 孔子仁學的歷史背景

周朝的政治，就天子、諸侯的區別和國家領土的分賞言，是行封建制度；就嫡長、庶子的界劃和統治權力的繼承言，是行宗法制度；而就階級、行為的規定和社會資源的配給言，則是行禮樂制度。特別是禮樂制度，按周室原意，乃是要藉由所有國家成員對其責任的履行和對其權利的享用，以圖建立穩定的政治社會秩序。簡單說，「禮」即是國家成員在言行上的限制。不同成員之間，依地位之高下，各有其應對進退的儀範。「樂」即是歌舞。依周制，非但不同的社會活動各有其適用的歌舞，未可相混；就連不同階層的成員，能享用的歌舞亦互異。依此，「樂」實為「禮」的表現形式之一。然而當孔子世，王室貴族多有僭越禮樂者。僭越禮樂即違背規矩，違背規矩，秩序遂難以維繫，而天下益發混亂。此一情況，即史籍常見的「禮崩樂壞」、「周文疲弊」者是。孔子認為，時人之非禮，恆因昧於私心，當有利可圖，不惜越禮行事，甚至假借禮的名義，互相討伐。孔子倡導「仁」，就是要從心性入手，喚醒人們對同類的關愛之情。對他人之

愛充之於內，自能循理復禮於外，如此，人我間的美好關係遂可建
立，而西周全盛時期的政治社會秩序亦得重振矣。由此觀之，孔子的
仁學，乃是針對當世周室失能、禮制失衡、上下失序、言行失理的狀
況加以對治之一方策。

2　「仁」字的構形及基本意義

至乎「仁」字何義，或應先明「仁」字之兩種構形。如此，則孔
子之仁學，始能獲一穩妥之理解。

「仁」，部首為人，偏旁為二。東漢許慎《說文解字》云：「仁，
親也，從人二。忎，古文仁，從千心作。𡰥，古文仁，或從尸。」[6]
是則仁有「親」義。「親」者，「親愛」之謂。以仁為愛，蓋屬古義。
如《國語》有「愛人能仁」、「愛親之謂仁」之語，孔子也以「愛人」
答樊遲之問仁（《論語》〈顏淵〉）。親愛必有對象，對象是「所愛」，
有「所愛」，必有一「施愛」之主體。以知所謂「親」者、「愛」者，
必發生於至少二人之間始成立。「人」、「二」的合構，正反映這種由
「主體」及於「對象」的「愛人」的關係。鄭玄「相人偶」[7]的著名
注釋，較之許慎，更能在字面上表達「仁」作為「人與人之間的愛」
一義。基本上，由東漢至清代，學者們對「仁」的訓解，多立基於
「從人從二」此一字型組構。[8]

6　轉引自〔清〕段玉裁注釋：《段氏說文解字注》（臺北市：宏業書局，1971年），頁
　　261。

7　轉引自〔清〕段玉裁注釋：《段氏說文解字注》，頁261。

8　廖名春先生嘗創一新說，謂「仁」（「𡰥」）之本字為「忎」，而古文字上下結構時有
　　易作左右結構者，故「忎」可作「𢘓」，並引《古璽匯編》所錄「從人從廿（廿）」、
　　原被釋作「信」字的四十個古璽字型，以證戰國時期已有「𢘓」字。蓋橫線左右穿
　　出之「廿」為「心」，不穿出之「廿」為「口」字也。又「仁」右旁的「二」字，本
　　非「二」字，而是上下各作一短橫的「＝」，此為簡省符號，郭店竹簡多有其例。據

根據許慎，「仁」有「忎」和「𡰥」兩種古文。「从人从二」的構形，乃是源自「𡰥」字一系。[9]自一九九三年郭店楚墓竹簡出土，學人已考證出簡中的「𢖻」字實即「仁」字。「千」、「身」音形俱近，故「忎」實乃「𢖻」之訛變。[10]只是秦統一文字，「𢖻」、「忎」俱廢，只剩「𡰥」（「仁」）之構形繼續沿用。[11]唯應注意者，「𢖻」字是「從身從心」，其所表達的意義，應有別於「𡰥」的「从人从二」。前已述

此，「伈」的「心」在戰國時期省為「=」，東漢許慎誤認「=」為「二」，遂以「仁」為「从人从二」。而郭店竹簡中的「𢖻」，乃「忈」之變，蓋「人」、「身」二字，古文通用。「千」又為「身」之簡化，故「𢖻」又訛作「忎」。詳參廖名春：〈「仁」字探源〉，《中國學術》第八輯（2001年4月），頁127-136。按：廖先生爬梳先秦文獻，互相參驗比對，大膽假設，小心求證，在「仁」之字源考察工作上，確實指示出一條切實可行的方向。唯檢核其說，可商榷之問題，至少有三。首先是「源流問題」：說「𢖻」為「忈」之變固可，反之說「忈」為「𢖻」之變亦可，此外，說「忈」、「𢖻」乃同時流傳的「仁」字之異構，也未嘗不可。在「忈」字不見於古籍的前提下，三說之真假，實無從比較。退一步言之，即便接受廖先生之見，「𡰥」乃「忈」經過「伈」一階段之省變，但由於「𡰥」、「𢖻」並見於先秦的文獻及器物，可知二字於戰國是同時流傳的。相較看來，似當以上述第三說較可取。如此，廖先生若要以「𢖻」為「忈」之變，便得提出更多的文本佐證或學理上的說明。其次是「義理問題」：「𡰥」之右旁，讀作「二」，則為會意字，指人與人的關係；看作「=」，則為簡省符號。二者相比，前者義長，後者義狹。且「=」所簡省的是否為「心」，也是一大問題，畢竟並無「𡰥」字經簡省前的原構件可供對照。第三是「邏輯問題」：廖先生以《古璽匯編》「从人从廿（[illegible]）」之字體為例，指出戰國時期已有「伈」字，復以此證明「伈」乃「仁」之本字。然而以「忈」（即「伈」）為「仁」之本字，本就是廖先生的預設——但這預設卻是有待證明的。這裡，廖先生整個說法，只是用自己所持的一個假設，去證明該假設成立。這是乞取論題（begging the question），不足以證明「伈」為「仁」之本字、「仁」為「伈」之簡省。

9 梁濤：《郭店竹簡與思孟學派》（北京市：中國人民大學出版社，2008年），頁65。另外，白奚先生認為戰國時代有兩種構形的「仁」字在南北二地同時流傳，「𢖻」是南系，「𡰥」是北系，「仁」字乃屬北系「𡰥」字，並沿用至今。此論可從。說見白奚：〈「仁」字古文考辨〉，《中國哲學史》2000年3期，頁98。

10 梁濤：《郭店竹簡與思孟學派》，頁66。

11 白奚：〈「仁」字古文考辨〉，頁98。

及，「从人从二」之構形，表示一主體對他人所施之愛，故「仁」有「愛人」一義。然而「悬」字則反之。據梁濤先生研究，「身」是「己身」之意，「从身从心」，表示心中想著自己，要成就自己、實現自己，完成自己，即古語所說的「克己」、「修己」、「成己」，「仁」的這一層意思，子思在〈中庸〉概括為「成己，仁也」。綜言之，「从人从二」的「𤔲」意即「愛人」，涉及外在的人我關係；而「从身从心」的「悬」意即「成己」，涉及內在的身心關係。二者共同構成「仁」的完整內涵。[12]

3　孔子仁學的要義

前述對「仁」的扼要說明，正可作為探討孔子仁學的入手處。從《論語》看，孔子的「仁」，有言「愛人」之義者，有言「成己」之義者，亦有兼言「成己」和「愛人」者。此可看出孔子之言仁，既重外部倫序之建立，亦重內在德性之挺立，也重內在德性和外部倫序的互相安立。現循此三線索，以明孔子仁學之要義。

（1）愛人

孔子承「仁」之古義，以「愛人」為行仁之一方。唯「愛人」是形式性的說法。如何才算作對人之愛，實有待較具體的規定。泛觀孔子之言「仁」，當中所涉「愛人」之思想，約可歸於三說。茲分敘如下焉。

首先，以「仁」為「愛人」，意指成全別人在德性、技藝諸方面的成長。《論語》〈顏淵〉曰：

---

12 梁濤：《郭店竹簡與思孟學派》，頁66-68。

樊遲問仁。子曰：「愛人。」問知。子曰：「知人。」樊遲未
達。子曰：「舉直錯諸枉，能使枉者直。」樊遲退，見子夏。
曰：「鄉也吾見於夫子而問知，子曰『舉直錯諸枉，能使枉者
直』，何謂也？」子夏曰：「富哉言乎！舜有天下，選於眾，舉
皋陶，不仁者遠矣。湯有天下，選於眾，舉伊尹，不仁者遠
矣。」

　　樊遲問如何使仁、知得到實踐。孔子答之以「愛人」、「知人」，
復舉一例說明：推舉正直者來管理邪人，就能使邪人變得正直。對
此，朱熹注云：「舉直錯枉者，知也。使枉者直，則仁矣。」[13]根據朱
熹的理解，孔子所說之「仁」見於「使枉者直」。從儒家「德治」的
角度看，這個理解無疑是很合理的。而由於「仁」即「愛人」，所以
可以宣稱，幫助他人改變不好的行為習慣，俾其德性成長，使之成為
一正直者，就是對他人所展現的仁愛。
　　再看〈憲問〉：

子曰：「愛之，能勿勞乎？忠焉，能勿誨乎？」

　　孔子認為，愛某人就是要讓他勤奮學習，其目的在於鍛鍊智能才
藝，使他在掌握專業、建立自信之餘，也能對社會作出貢獻。簡言
之，助人成材，亦屬愛人之一表現。楊伯峻先生進一步指出，藉由使
人勞苦來展現對他的愛，是由於勞苦可使人「善心生」[14]，此說可

---

13 〔宋〕朱熹：《四書章句集注》，頁192。
14 楊伯峻先生說：「《國語》〈魯語〉說：『夫民勞則思，思則善心生；逸則淫，淫則忘
　　善，忘善則惡心生。』可以為『能勿勞乎』的註腳。」說見楊伯峻：《論語譯注》
　　（臺北市：華正書局，1990年），頁154。按：依楊先生意，應是指人民於勞苦艱辛

參。在這段話中，孔子固未明言「愛之以勞」是「仁」的表現，唯此處言愛，重在輔助他人在勤苦的學習中成就社會價值甚至道德價值，此一意義的愛，與「使枉者直」的仁愛，實有相通之誼也。

其次，以「仁」為「愛人」，意指築構和諧的人倫關係。〈泰伯〉曰：

> 子曰：「恭而無禮則勞，慎而無禮則葸，勇而無禮則亂，直而無禮則絞。君子篤於親，則民興於仁；故舊不遺，則民不偷。」

此段重點在「君子篤於親，則民興於仁；故舊不遺，則民不偷」數語。孔子認為，上位者厚待同族親人，照料故舊老友，就能在社會上起示範作用，使百姓從而效之，以善道相守相交。要注意的是，「篤於親」和「故舊不遺」是扣住上位者和親族、故友之間的人際關係而言——所謂「厚待」（篤）、「照料」（不遺），當然不是指內部心靈的意向，而是指對待他人的外部行為表現。孔子以此帶入「興於仁」和「不偷」的討論，正表示「仁」和「不偷」同樣是說及人際關係的用語：所謂「仁」，是百姓相互之間的友好對待；「不偷」在字面上是指「不涼薄鮮德」，其實義乃是以親切態度與人交往，說到底，也還只是個「仁」。照此而論，此處言「仁」，傾向於指稱和諧美好的人倫關係。而友善對待他人，達致人際間的和諧，當然是一種愛的表現。

這裡或面臨一文獻考據上的問題：朱熹接受吳棫之見，認為「君

之中，相關感受特別深刻，當別人處於相同狀況，較能推廣同理心而以善道相待。反之若久處逸樂，言行遂流於恣肆。如此與人進退往來，恆以己私之滿足為唯一目的，而視他人之苦若無物，此即惡念、惡行之所從出。故愛人必勞之苦之，亦滿全其德性之一途也。循此觀之，「愛之以勞」的「愛」，當可納入「仁愛」之範圍。

子篤於親，則民興於仁；故舊不遺，則民不偷」一節與「慎終追遠」
之意相類，應為曾子之言，故自為一章看待為妥。[15]當代學人也有從
其說者。[16]實則此語歸諸孔子或曾子，並不動搖本旨，蓋此語可與孔
子立場相容，視作孔門共識，亦未嘗不可。〈顏淵〉記季康子與孔子
的對話：

> 季康子問政於孔子曰：「如殺無道，以就有道，何如？」孔子
> 對曰：「子為政，焉用殺？子欲善，而民善矣。君子之德風，
> 小人之德草。草上之風，必偃。」

　　孔子主張為政之道，要在道德之感化，非在刑戮之阻嚇，此即
「子為政，焉用殺？子欲善，而民善矣」之義。道德之感化，見於上
位者先立下典範，待人處事悉以善道，然後百姓的人際交往遂有一可
供模仿學習的準據。以此例彼，所謂「君子篤於親，則民興於仁」，
其所注目者，無非亦在「風吹草偃」的上行下效之道。此蓋孔門政治
哲學之本旨也。
　　復次，以「仁」為「愛人」，意指施予實惠於他人。這裡的「實
惠」，主要包括物質條件的滿足、穩定生活的保障乃至先進文化的存
續等。如在〈陽貨〉中，宰我反對「服三年之喪」之通例，以為父母
去世，兒女守孝三年，勢必拖累社會的文化活動和經濟發展，建議喪
期縮短至一年即可。孔子予以斥責：

> 子曰：「予之不仁也！子生三年，然後免於父母之懷。夫三年

---

15 〔宋〕朱熹：《四書章句集注》，頁138。
16 如毛子水先生即認為吳棫之說於理有據。說見毛子水註譯：《論語今註今譯》（臺北
　　市：臺灣商務印書館，1984年），頁113。

之喪，天下之通喪也。予也，有三年之愛於其父母乎？」

　　依孔子意，人類於嬰孩時期，缺乏生活自理的能力，所有衣食問題，概仰賴父母的供給和照料，此乃父母對兒女的「三年之愛」。「服三年之喪」的通例，正是起於對父母三年之愛的回報。宰我不識回報恩惠之意義，故孔子以「不仁」斥之。尤堪注意者，孔子以「不仁」批評宰我不識父母對兒女的「三年之愛」，反映出孔子是以父母的「三年之愛」為「仁愛」——父母花三年時間照料兒女，就是父母對兒女的「仁」。而由於養育嬰孩，實關連到物質性的提供和滿足；故以「仁」為「愛人」，依孔子意，應可落在實惠的施予上說。

　　關於這一點，可再看孔子對子產的評價。〈憲問〉曰：

　　或問子產。子曰：「惠人也。」

　　子產鄭相。《左傳》言其施政曰：「都鄙有章，上下有服，田有封洫，廬井有伍。」[17]簡言之，「都鄙有章，上下有服」是劃分尊卑上下級別，以維繫社會之穩定；「田有封洫，廬井有伍」是規劃農業配套設施、設計便民的田稅制度、及獎勵耕作活動等。知子產施政，頗有實功於社稷民生，故孔子稱曰「惠人」。在孔子，「惠」是「物質性的利益」之義。如〈里仁〉說「小人懷惠」，此「惠」即「利益」。又如〈堯曰〉說「君子惠而不費」。「費」即財物的浪費。「惠而不費」是指在不浪費財物的情況下，君子能為人民提供足夠的物資協助。此可見「惠」字有「物質性的利益」一義。在〈公冶長〉中，孔子亦嘗謂子產「其養民也惠」。「養民」涉及人民的物質生活。孔子以「惠」稱

17　陳世鐃譯注：《左傳》（臺北市：錦繡出版事業公司，1992年），頁265。

之，表示子產的養民政策，重在保障人民的溫飽。〈憲問〉所稱「惠人」，詞義亦當同於前述用例。

執政者施「惠」於民，蓋其「愛」民之一表現。朱熹注「惠人也」曰：

> 子產之政，不專於寬，然其心則一以愛人為主。故孔子以為惠
> 人，蓋舉其重而言也。[18]

朱熹以「惠人」即「愛人」，即以物質條件的供給為「愛」。而立基於「惠」的「愛」，固「仁愛」之一種。在〈公冶長〉中，孔子以「其養民也惠」為「君子之道」，德性義之君子固屬「仁者」。又〈陽貨〉中，孔子以行「恭」、「寬」、「信」、「敏」、「惠」五者於天下為「仁」。是則「行惠」亦「行仁」之一途。知孔子言執政者對人民之愛，必見諸政事上之施惠。而「愛」、「惠」固異名，悉以「仁」為指向則一也。

孔子對管仲的評價，可為「仁愛」和「實利」的結合作一旁證。〈憲問〉曰：

> 子路曰：「桓公殺公子糾，召忽死之，管仲不死。」曰：「未仁
> 乎？」子曰：「桓公九合諸侯，不以兵車，管仲之力也。如其
> 仁！如其仁！」

夫春秋之世，周室久經衰微。彼時戰事不斷，致社會紊亂，秩序蕩然，天子空有其名，於各方諸侯，實在已無力約束。故從列國之中推舉霸主，以維周禮之正統，以定失衡之局面，遂成時代之要求。而

---

18 〔宋〕朱熹：《四書章句集注》，頁209。

管仲之力，在以「尊王攘夷」為口號，數次召集列國會盟，成功擁戴
齊桓公為首任霸主。彼以「政治說服」而非「軍事侵陵」的方式維持
國際秩序，使天下免於兵禍，保障了百姓原有的相對安定的生活，此
所以孔子美其功業，而以「仁」字譽之也。

〈憲問〉又曰：

> 子貢曰：「管仲非仁者與？桓公殺公子糾，不能死，又相
> 之。」子曰：「管仲相桓公，霸諸侯，一匡天下，民到於今受
> 其賜。微管仲，吾其被髮左衽矣。豈若匹夫匹婦之為諒也，自
> 經於溝瀆，而莫之知也？」

管仲有功於華夏文化的保存和承續，故孔子不反對其「仁者」的
資格。所謂「華夏文化」，實即周室的禮樂文化。文武周公以繼承夏
文化自居，故周室常以「夏」自稱。「華」、「夏」古音同，為加強語
氣，故「華」、「夏」連詞，遂成「華夏」之名。中原各國如晉、魯、
齊、衛、蔡、宋等俱受封於周，深受周室禮樂薰陶，故統稱為「諸
夏」。[19] 相對於中原的「華夏」，就是中原邊界以外的「夷狄」。「夷
狄」是外族勢力的統稱，主要有北狄、西戎、東夷、南蠻四者，有時
也泛稱為「四夷」。當時中原諸夏，雖有較高的精神文明和物質文
明，但論軍事武力，卻遠遜於慓悍的外族，是故中原各國，深受外族
壓迫。孔子認為，管仲佐桓公領導各國，使中原地區不致被落後的外
族侵吞。如此，優秀的華夏文化既得存續，百姓生活的品質亦得保
障。此一功業，非「仁」字不能盡其蘊也。

---

19 有關「華夏文化」和周室繼承夏文化之說明，參讀王樹民：〈「夏」和「中國」——
祖國古代的稱號〉，收入王樹民：《曙庵文史雜著》（北京市：中華書局，1997年），
頁6-10。

（2）成己

孔子言「仁」，既重「愛人」，亦重「成己」。愛人見之於外，成己則求之於內。愛人是成全他人的價值，成己則是成全自身的價值。成全他人的價值，不必以道德價值為限；唯成全自身的價值，則必以道德價值為要。故孔子以為人生本務，端在仁者、君子等理想品格的建立。

在孔子看來，行仁是至易至簡之事。蓋人有充分的意志自由，仁的踐行與否，只在一念的覺悟，故孔子曰「我欲仁，斯仁至矣」（〈述而〉）。又人有足量的道德動能，行仁的趨力只需求諸內，而不用索於外，故孔子又曰「有能一日用其力於仁矣乎？我未見力不足者」（〈里仁〉）。然而，行仁又是至艱至難之事。蓋人性自有障蔽，足以妨礙德性的挺立。故去除這些障蔽，乃所以成一己之仁。〈顏淵〉曰：

> 顏淵問仁。子曰：「克己復禮為仁。一日克己復禮，天下歸仁焉。為仁由己，而由人乎哉？」顏淵曰：「請問其目。」子曰：「非禮勿視，非禮勿聽，非禮勿言，非禮勿動。」顏淵曰：「回雖不敏，請事斯語矣。」

行仁之方在「克己復禮」。「克己」和「復禮」可分兩面說。首先，「克己」的「己」，學人多以「私欲」釋之。知孔子言人性的障蔽，重在人有私欲的一面。依孔子意，克制己身的私欲，或擺脫私欲對個人言行的干擾，乃是建立「仁」的品格的首出條件。

「復禮」的「復」，固有「回復」、「返抵」之義，此處或應解作「實踐」、「遵行」為妥。依此，「復禮」即遵踐禮義之謂。[20] 所謂「克

---

20 按一：王邦雄先生疏解此章，即以「復禮」為「踐禮」。說見王邦雄、楊祖漢、曾

己復禮」，並不是指先做到了「克己」，然後才能做到「復禮」，而是指「克己」就在「復禮」之中得以實現和完成——我之擺脫私欲的束縛，乃體現在我的視、聽、言、動處處合乎禮義的要求。由這一關係看，「克己」和「復禮」不是同一工夫進程的首尾兩端，而是同一工夫進程的兩個面向。亦即，「克己」和「復禮」不是「因果的合一」，而是「概念的自一」。「仁」這個德性，即伴隨著此工夫進程而逐步成型。

　　孔子又以為人性的障蔽，在人皆好發議論，卻未能表現出相稱的才幹與實績。為求取信於人，不惜以空言自矜，不唯欺人，亦屬自欺，這對個人品格，無疑戕害甚大，故孔子以「巧言」為「鮮仁」（〈學而〉、〈陽貨〉）和「亂德」（〈衛靈公〉）——「鮮仁」即不仁，「亂德」即失德也。在孔子，巧言和仁德未可兩立，此即從反面暗示，慎於議論，言行相稱，乃是具備仁德的一個指標。〈顏淵〉章嘗記司馬牛問仁於孔子：

> 司馬牛問仁。子曰：「仁者其言也訒。」曰：「其言也訒，斯謂之仁已乎？」子曰：「為之難，言之得無訒乎？」

　　孔子以為仁者「其言也訒」。「訒」者，謹慎之謂。仁者之所以言談謹慎，是因為仁者知道實踐乃是大不易之事。空言而不實之以行，乃是輕諾寡信，如此便不得為仁者。故孔子默認「其言也訒」得「謂之仁」。應注意的是，並非先做到了「言訒」的要求再去「為」，而是

昭旭：《論語義理疏解》（臺北市：鵝湖出版社，1989年），頁24-26。
按二：以「復」為「踐」、「行」，《論語》中似亦不乏其例。如林義正先生訓解〈學而〉篇「信近於義，言可復也」一句，即謂「復、行也或踐也」，主張「言可復也」的意思是「其言可行」。說見林義正：《孔子學說探微》（臺北市：東大圖書公司，1987年），頁228-230。

「言訒」就體現在「為」之中——仁者並不空言輕諾，這種值得嘉美的人格，乃見諸仁者實心辦事的行為表現。故對仁者而言，「言訒」和「為」並非二事，實乃一事之二面。這和「克己」並不獨立於「復禮」，反而是在「復禮」中獲得展現和完成的道理是一樣的。

在孔子，「其言也訒」的另一說法，就是「言忠信」（〈衛靈公〉）。「忠」者「盡己」之謂。仁者慎於發言，是由於他真誠考量個人才能的界限。於己力所及處，不妨盡心竭力，與人為善，是之謂「忠」。「信」者「見於事」之謂。仁者於己力不及處，不願輕易議論，其言之所出，必有一相稱之行以實之，是之謂「信」。仁者坦誠面對自己，只說必可兌現之言，既忠且信，故其言得以「訒」字稱之。又朱熹嘗謂「主忠信，則本立」[21]。「本」即基礎、根據。依朱熹意，言行服從忠信原則，就能挺立仁的德性，而仁的德性，乃是良善行為乃至理想政治的基礎或根據。此正呼應該注所涉及的「主忠信」可以「崇德」的主題。孔子以「寧戚」回應林放所問的「禮之本」（〈八佾〉），亦是以仁心的真誠流露作為禮節應有何種安排的根據。綜合這些說法，一個人「言訒」的優點，見於他待人接物時的盡己和信實，而此同時構成他作為一名「仁者」應備之特質。

要之，孔子以人性的障蔽，主要在拘於私欲和好發巧言。針對這兩種障蔽，孔子要求人做到「克己」和「言訒」——克己是通過踐禮而展現，言訒則寄託於忠信的作為，不如此，無以成一己之仁德。這兩方面，孔子嘗概括為「剛毅、木訥，近仁」（〈子路〉）——「剛毅」即不屈於欲，相當於「克己」；「木訥」即質樸寡言，相當於「言訒」。此兩者為仁者人格之所在，這也正好呼應了「仁」的「成己」一面的意義。

---

21 〔宋〕朱熹：《四書章句集注》，頁187。

（3）愛人和成己

從《論語》可見，孔子言仁，或涉愛人，或涉成己。這兩種意義，恰可對應「仁」字在古文中「⿰⿱」和「⿳」這兩種構形。此外也應當注意，「愛人」和「成己」二義的並列和連言，尤為孔子言「仁」的特色。知孔子仁學，實以內在德性和外部倫序的互相安立為重。

據儒家「德治」的理想，為政者必先挺立德性，然後才能發揮道德的影響力，從而善化天下。故「成己」和「愛人」，遂成為政者兩項基本要求。孔子言為政者之「仁」，多兼此兩者而言。如〈陽貨〉曰：

> 子張問仁於孔子。孔子曰：「能行五者於天下，為仁矣。」請問之。曰：「恭、寬、信、敏、惠。恭則不侮，寬則得眾，信則人任焉，敏則有功，惠則足以使人。」

「仁」之條件有五。當中，「恭」、「寬」、「信」涉及為政者的態度和品格——恭者莊重，寬者友善，信是誠實，屬「成己」一面；「敏」、「惠」則涉及為政者與百姓的互動——敏者效率，惠者實利，屬「愛人」一面。以此五者為行仁，意含作為為政者，其「仁」必兼成己、愛人二事也。

又〈顏淵〉也有類似之說：

> 仲弓問仁。子曰：「出門如見大賓，使民如承大祭。己所不欲，勿施於人。在邦無怨，在家無怨。」仲弓曰：「雍雖不敏，請事斯語矣。」

案「出門如見大賓，使民如承大祭」蓋屬仁的古訓，其源頭在臼

季對晉文公的發言：「臣聞之：出門如賓，承事如祭，仁之則也。」[22]
此「仁之則」，無疑是扣住為政者之所為而發。孔子提及「使民」，亦
順此脈絡而言。依孔子意，為政者每當工作和役用民力，都要像接待
賓客或從事祭祀那樣遵守禮節。這當是就「愛人」一義而言「仁」。
而「己所不欲，必施於人」亦屬仁的古訓。《管子》〈小問〉有「非其
所欲，勿施於人，仁也」[23]之句，並表明是「語曰」，即引自古已有之
的格言之意。其文脈的重心，在借管仲之口，以明為政者之取信於
民，當立基於何種美德。美德即「成己」之一要求也。孔子以「己所
不欲，勿施於人」說「仁」，其旨亦當近是。合言之，依孔子的觀
念，為政者之仁，道德上的同理心固然重要，其在公領域上的以禮待
人，亦不可輕易忽略。

為政者以外，一般人之仁，亦當兼成己、愛人二事。〈子路〉
曰：

> 樊遲問仁。子曰：「居處恭，執事敬，與人忠。雖之夷狄，不
> 可棄也。」

孔子以「居處恭，執事敬，與人忠」回應樊遲之問仁。「居處
恭」是說居家獨處之時，亦當保持態度容止的恭謹，此是就「成己」
而言「仁」。「執事敬，與人忠」則是說待人處事必須認真、盡力，此
是就「愛人」而言「仁」。再看〈衛靈公〉的說法：

> 子曰：「志士仁人，無求生以害仁，有殺身以成仁。」

---

22 毛子水註譯：《論語今註今譯》，頁184。

23 黎翔鳳：《管子校注》（北京市：中華書局，2004年），頁595。按：書中凡引《管子》悉據此本，不另標註腳。

　　志士仁人之「仁」，其表現有二：「無求生以害仁」是就我與他人之間的關係而言仁──在許多情況下，我之生和他人之生往往不能兩全。譬如世道混亂之時，資源普遍匱乏，當我掠奪一物，以全我之生，便意味他人無物以全其生。逞此一己之私，非但不得為仁，甚且有害於仁。可知「無求生以害仁」，可看作是從我有否施愛於他人而言「仁」之義。反之，「有殺身以成仁」則是就挺起理想性的人格而言仁──在個人生命和道德價值無法並立之時，我選擇衛護後者。亦即，我是藉由生命的捨棄以彰顯「仁」的價值，而我的人格即在此仁的價值的彰顯中得以滿全。就此兩面觀之，孔子言仁人，正同時具備成己和愛人兩方面的特質。

（三）孔子的「仁」與「親」、「義」、「禮」諸觀念之關係

　　孔子仁學之大要，業已概述如上。這一分目旨在說明「仁」和「親」、「義」、「禮」的關係，以突顯「仁」一觀念的幾個重要面向。簡單說，在孔子而言，「親」指示仁的起步點，「義」強調仁的正當性，「禮」則表述仁的客觀化。試分敘如下。

1　仁與親

　　在孔子，親為實踐仁的起步點。所謂「親」，主要是指父母與子女之間、以及兄弟姐妹之間的情感及關係，類近於現今所稱之家庭倫理。當中，「孝」、「悌」尤為孔子所重。「孝」是子女對父母應有的情感及關係，「悌」則是弟妹對兄長應有的情感及關係。普遍來說，人在成長過程中，最先接觸的是父母和兄弟。因此，和父母兄弟的情感往還和相待互動，乃是人培養仁德的起步。迨仁德既立，及成長時進入社會，遂因應公私領域各種複雜多元的人際關係落實為不同的德行。這是學界往往把「仁」界定為「全德」，視「修己」、「安人」、「復禮」、

「忠」、「信」等為「仁」散列於不同對象、活動或關係中的個別德目
所展現的思路。唯仁德之立，推源溯始，實起於作為家庭倫理的「親」
或「孝悌」。在此意義上，「親」可說是「仁」在實踐上之起點。

〈學而〉嘗論及「親」在行仁歷程上的優先性：

> 子曰：「弟子入則孝，出則弟，謹而信，汎愛眾，而親仁。行
> 有餘力，則以學文。」

孔子認為，年輕人首先要做到「孝」和「弟」：「孝」是孝順父
母，「弟」即「悌」，兼指友愛兄弟和尊敬長輩。然後就是以忠信交
友，以善道待人，並親近有德之士。力之所及，則受詩書禮樂之教。
要之，此進德修業之進程，乃始於家族內的孝悌，並逐步向外推廣為
交友、愛眾、親仁，而終於詩書禮樂的廣泛習練。

〈學而〉嘗記有子之言：

> 有子曰：「其為人也孝弟，而好犯上者，鮮矣；不好犯上，而
> 好作亂者，未之有也。君子務本，本立而道生。孝弟也者，其
> 為仁之本與！」

有子即有若，是孔子親炙弟子中地位威望極高者。子游曾盛讚
「有子之言似夫子也」（《禮記》〈檀弓上〉）[24]，即有若所言中理，如
出孔子之口。孔子歿後，眾弟子更以「有若狀似孔子」，商議以師孔
子之禮事之。[25]可知有若的言行和思想，公認最洽於孔子。在〈學

---

24 〔清〕孫希旦：《禮記集解》（臺北市：文史哲出版社，1976年），頁196。
25 《史記》〈仲尼弟子列傳〉云：「孔子既沒，弟子思慕，有若狀似孔子，弟子相與共
立為師，師之如夫子時也。」

而〉章這段話中，有若明確宣稱「君子務本，本立而道生。孝弟也者，其為仁之本與」。「本」即起點、開端之謂。有若指出，仁是人生應行之事，但行仁要有一入手處，此入手處即是「孝悌」——德性的培養和德行的實踐，必須從最切近的家人開始，復漸次外推，最後拓展至整個宇宙人生，此即仁道的確立。有若此說，足可透露「親」為仁之起點的孔門義理。

2　仁與義

在孔子，「義」字旨在強調「仁」的正當性。這可分兩方面說。

首先，「義」之古義為「宜」，以今語言之，即「正當」、「適宜」或「合理」之謂。要注意的是，「義」字只表述「正當」的意思，但卻沒有指出何種事態或言行方為正當。用倫理學用語說，「義」是一個沒有實質內容（non-substantive）的窄概念（thin concept）。一個窄概念要描述些什麼內容，得在其出現的語境中由某特定判準指認出來。舉例說，「對」（rightness）也是一個窄概念，它只表示「正確」的意思。但它自身不能說明哪些事態或言行是「對」的。一件事的「對」與否，得置於一特定判準之下方能定奪。比如相對於後效論（consequentialism）的判準，一行為要能達成社會最大利益，它才稱得上是「對」的；但從義務論（deontology）的角度看，一行為若非出自義務的要求，則不管其獲利有多大，它仍然是錯的。「義」的情況亦如是：「義」只表達「正當」之意，但什麼事態或言行才是「義」，則有待於特定判準的指認。上述對於「義」概念的本質的說明，有助於理解孔子的仁義關係：孔子基本上遵循「義者，宜也」的古義，以「義」為表述「正當」之義的窄概念。然而「義」作為一窄概念，對於具體的內容，雖無所斷說，孔子卻往往在「仁」或與「仁」有關的脈絡上談論「義」。可以說，孔子實是以「仁」作為指

認何謂「義」的判準。據此,「仁」和「義」在孔學中便形成一內在的理論聯繫。

其次,從其僅具形式言,「義」是一窄概念;而從所展示的功能言,「義」則為一評價性的概念。進一步說,「義」作為一評價性的概念,恆表正面的評價——顯然,當我們說一事具有「正當性」之時,我們的目的乃是對此事表示推薦(commendation)或認同(commitment),而不是相反。而當我們向他人推薦或認同一事,意思就是實行此事是「應該」的。而如上所述,「義」作為一窄概念,其自身並無實質內容。它只表示正當性。至於要如何實踐方具有正當性,則不能脫離「仁」的脈絡而得到理解。由此我們可以說,孔子的「義」概念,其作用是要強調「仁」的正當性。

這裡試以兩個主題為例,說明上述的仁義關係。首先是義利之辨。《論語》中有幾段話表達這個立場:

> 子曰:「君子喻於義,小人喻於利。」(〈里仁〉)
> 子曰:「飯疏食飲水,曲肱而枕之,樂亦在其中矣。不義而富且貴,於我如浮雲。」(〈述而〉)
> 子曰:「……見利思義,見危授命,……亦可以為成人矣。」(〈憲問〉)

引文中的「利」、「富貴」諸詞,可泛指錢財、名譽、地位等一般人汲汲追求的物事。茲以「利益」一詞概括之。孔子並不反對人們追求利益,只是認為利益的獲得,必須有合於「義」。如若不義,則富貴不如無有。然而,在這些話中,孔子只是宣稱利要合乎義,他沒有指出利要如何獲得方稱得上義,亦即沒有說明義的標準何若。實則孔子亦扣住「仁」以言利,〈里仁〉說:

　　子曰：「富與貴是人之所欲也，不以其道得之，不處也；貧與
　　賤是人之所惡也，不以其道得之，不去也。君子去仁，惡乎成
　　名？君子無終食之間違仁，造次必於是，顛沛必於是。」

　　此謂富貴是人之所欲，只要得之有道，無需甘於貧賤。從「君子
去仁，惡乎成名」、「無終食之間違仁」諸語看，「以其道得之」的
「道」即是「仁」。換言之，孔子是以「仁」來界劃追求利益時可被
接受的範圍。如上所述，「仁」兼含「愛人」、「成己」兩種內容。「愛
人」主要涉及建立社會和諧關係和有實惠於他人等方面，「成己」主
要涉及個人德性的養成和儀容言行的守禮。依此，當孔子說利益要得
之有道、不可違仁時，他至少表述這樣一個意思：僅當對某個利益的
追求沒有牴觸社會的和諧、他人的實利或禮儀的要求，對此利益的追
求才是可被接受的。而這樣一個意思，其實就是要表示合乎「仁」的
利益方具有正當性。而根據「見得思義」、「不義而富且貴，於我如浮
雲」諸語，孔子是要求人們以「正當與否」作為利益取捨的依據。唯
正當與否，或取或捨，實一以「仁」為歸趨。推而廣之，在孔子哲學
中，「義」的「正當性」一義，乃是專門針對「仁」而言的。
　　此外，在君子的本質問題上，孔子亦嘗以義來強調仁的正當性。
〈衛靈公〉說：

　　子曰：「君子義以為質，禮以行之，孫以出之，信以成之。君
　　子哉！」

　　此處的「義」指「言行正當」。「君子義以為質」，即言行正當乃
所以成為君子者。而言行如何方算正當，孔子接著以「禮」、「孫」、
「信」予以說明。「禮以行之」，是生活合於規矩；「孫以出之」，是言

談不失謙遜;「信以成之」,是行事講求誠信。而「禮」、「孫」、「信」實即「仁」的三項內容。就「禮」而言,孔子以「非禮勿視」、「非禮勿聽」、「非禮勿言」、「非禮勿動」來回應顏淵之問仁(〈顏淵〉),可知「禮」為「仁」之一目。就「孫」而言,「孫」即「遜」,意即「謙遜」。「謙遜」和容止的「恭謹」義近,故在《論語》中,「遜」、「恭」可互相解釋。例如孔子盛讚子產有「君子之道四」,首項即「其行己也恭」(〈公冶長〉)。對於「恭」字,朱熹即注以「謙遜也」[26]。又「恭」乃是孔子回應子張問仁時,所列述的「能行五者於天下,為仁矣」(〈陽貨〉)之首個條件。依此,「孫」即「恭」,而「恭」又屬於仁道,以知「孫」亦「仁」之一目也。而就「信」而言,孔子以「信」為「能行五者於天下,為仁矣」(〈陽貨〉)之第三個條件,又謂「主忠信,徙義,崇德也」(〈顏淵〉),倡忠信可以提升仁德,故「信」亦可歸之於「仁」。概括來說,孔子以義為君子的本質,其目的正是以「義」來強調君子之行仁具有正當性。

3　仁與禮

在孔子,「禮」可看作是「仁」的客觀化。唯必須補充一點:說孔子把「禮」看作是「仁」的客觀化,並不是指孔子把「現實中」任何禮的活動都視為仁德的展現;而是指自「理想上」言之,孔子主張禮的活動應當是仁德的自然流露。蓋現實中的禮的活動,早已百弊叢生,孔子嘗論及當中二弊:一是行禮徒具形式,人類可貴的倫理精神,無法從中彰顯。[27]二是僭禮早成常態,制度規定的尊卑之序,變

---

26 〔宋〕朱熹:《四書章句集注》,頁107。

27 此弊可以〈為政〉中「子游問孝」一節為代表。孔子如此回答子游:「今之孝者,是謂能養。至於犬馬,皆能有養;不敬,何以別乎?」「養」指「養親」,是禮之一環。「敬」指「敬意」,是仁之偏德。唯養親固然合禮,若非出於敬意,無以別於養

成虛有其表。[28]前者言有禮而無仁，禮自身並不足恃；後者言無仁故有僭禮，而僭禮實即非禮、無禮。取其共是，孔子是以二者之病原，恆在行禮、僭禮者之缺乏仁德。依孔子設想，由仁德的培養入手，行禮便如發乎自然，如此人類之獨特價值既見，一切對禮的僭越，亦得禁之於未然。此蓋孔子理想中之仁禮關係也。[29]

此一理想中之仁禮關係，見諸《論語》者，約有如下數則。

犬馬。依孔子意，倘有禮而無仁，孝親便流於動作上的物質供養，人和動物之間，遂難以劃清界線了。

28 此弊可以〈八佾〉中「八佾舞於庭」一節為代表。孔子如此批評季孫氏：「八佾舞於庭，是可忍也，孰不可忍也？」案「八佾」是天子之樂，除周天子外，無人具有享用的資格。季孫氏以魯國一大夫，竟越權僭禮，私設八佾於內庭。如此視尊卑之序若無物，勢必造成秩序的破壞和價值的崩塌，此所以孔子不能相忍也。

29 說禮是仁的客觀化，只表示自理想的層面看，禮是仁的展現方式之一，不涵蘊禮是仁唯一的展現方式。換言之，人之有仁德，不必施之於禮；然施之於禮者，則必涵仁德於其中。依此，自理想的層面看，孔子是以仁為禮之必要條件。而以仁為禮之必要條件，即涵蘊禮為仁之充分條件。案：此一仁禮關係，梁家榮先生已釋之甚詳，唯梁先生似未區分「現實中的仁禮關係」和「理想上的仁禮關係」。在現實中，人之有仁，動作上亦可合禮，仁禮之間的關係，亦非必要，亦非充分。觀孔子所云：人無敬意，亦可履親之禮，知仁非禮之必要條件；喪禮可既奢且易，而人未必有悲戚之情，知禮非仁之充分條件。故梁先生以仁為禮之必要條件，及以禮為仁之充分條件，只能就仁禮關係之「理想」言，而不能就其「現實」言。正因梁先生未及作此區分，故他對馮耀明先生所詮釋之仁禮關係作出錯誤的批評。馮先生嘗謂：「不僅有仁而無禮或有諸德而無禮是可能的，有禮而無仁或有禮而無諸德也是可能的。」梁先生同意前者而反對後者，理由即在於前者合乎「仁為禮之必要條件」，而後者則牴觸「禮為仁之充分條件」。唯馮先生所述之仁禮關係，實為「現實中的仁禮關係」而非「理想上的仁禮關係」──就現實言之，有禮而無仁當然是可能的，唯就理想言之，禮則應為仁之自然流露。故在現實中，合於禮不一定存乎仁；而在理想上，履禮即是踐仁也。馮先生是就「現實」言，梁先生卻是就「理想」言。梁先生對馮先生之駁論，實起於其未作「現實」和「理想」之二分，故為一不相干之駁論。馮耀明先生對孔子仁禮關係之詮釋，參讀馮耀明：〈儒學的理性重建與典範轉移〉，《人文中國學報》第5期（1998年4月），頁67-88。梁家榮先生對仁禮關係的詮釋及其對馮先生的批評，參讀梁家榮：《仁禮之辨：孔子之道的再釋與重估》（北京市：北京大學出版社，2010年），頁28-39。

子曰：「禮云禮云，玉帛云乎哉？樂云樂云，鐘鼓云乎哉？」
（〈陽貨〉）

「玉」泛指飾品，「帛」泛指衣物，「鐘鼓」泛指歌曲樂器。這些
文飾性的外在物，在其自身的類別之中，固有素質高下有別的各式品
項，而這些品項，則分別象徵各級政治社會地位。處身相應地位者，
方有享用的資格，否則就是於禮不合，甚至是僭禮越禮。享用與自身
地位相符的禮樂，固為守禮之表現，這點孔子自亦同意；唯孔子特意
提示：所謂禮樂，難道僅限於這些文飾之物嗎？當然不。然則除了外
在的文飾之物，禮樂尚應包含何種物事？孔子由此點明「仁」一觀念：

子曰：「人而不仁，如禮何？人而不仁，如樂何？」（〈八佾〉）

此謂行禮之人缺乏仁德，則玉帛鐘鼓等禮樂之物便空餘架式，無
法發揮象徵身分、建構秩序的功能。其背後的觀念是：禮樂制度要恰
如其分地運作，參與者具備仁德，是一起碼的條件。苟仁之不備，禮
樂非但無法達到預期的效果，甚且會成為人們作惡的工具，如此禮樂
反而造成非禮，其名實之不符也明矣。故孔子理想中之禮樂，非唯玉
帛鐘鼓外以飾之，尤待仁德義質內以實之。後者即孔子讚曰「大哉
問」的「禮之本」（〈八佾〉）——即以仁為禮的本質之意。此蓋就
「禮」應當備有「仁」此項要素的理想性之說法。

〈八佾〉尚有一段對話闡明此一立場：

子夏問曰：「『巧笑倩兮，美目盼兮，素以為絢兮。』何謂
也？」子曰：「繪事後素。」曰：「禮後乎？」子曰：「起予者
商也！始可與言詩已矣。」

此藉女子妝容之事以譬仁禮關係。《詩經》〈衛風〉有詩曰：「巧笑倩兮，美目盼兮，素以為絢兮。」大意謂女子妝容之序，先施之以粉底，復飾之以華采，而後姣好的姿顏乃見。子夏有所未解，孔子應之以「繪事後素」，冀啟而發之。所謂「繪事後素」，完整的語意應是「繪事後於素」，即素在前，繪在後——素白的粉底施之在前，然後五采方能良好上色，此乃對「素以為絢」一語之說解。子夏高才，由此得修身之悟。其所謂「禮後乎」，實指「禮後於仁」——禮要使言行有良好的展現，當事人必先修得仁德；一如妝容之事，華采之飾要呈顯姿顏之美，女子得先敷之以素白。苟無仁德於內，禮即失節於外，言行遂有脫蕩之虞；猶素白缺之在前，華采亦不得分明於後，如是繪事之功，亦無由見矣。此譬喻之大旨，在禮之不得獨行，必為仁之外用顯發。此實指示一禮的理想性，以反顯現實中仁禮之割裂，及此割裂所致之弊害也。

（四）孔子的人性論

人性論是先秦哲學中一極重要之部門。在中國哲學的語脈中，此部門涉及一系列彼此相關的概念，如「性」、「情」、「心」、「生」、「德」、「自然」等。當中，自以「性」字至關緊要。所謂的「性」，泛指在沒有外力之干涉下一物所起之作用或其自然運作方向。以此論之，所謂的「人性」，實即人類生而即有的質能或活動。唯人類所生而即有者，究是何種質能或活動，不唯學派之間，立場迥異，即便同學派中的人物，看法亦各各不同。這種立場和看法的差距反映在諸子的文獻中，就是「性」概念及其相關概念的各種界說和複雜的內涵。

孔子所處春秋晚世，「性」字之使用尚未廣泛流行。孔子言「性」，《論語》中僅「性相近，習相遠」（〈陽貨〉）一語。加上子貢「夫子之言性與天道，不可得而聞」（〈公冶長〉）一段發言，「性」字

在《論語》中不過二例。然而,「相近」之「性」內容何若,孔子和子貢實未明言。或許是考慮到孔孟荀的密切關係及戰國儒家以善、惡言性的總趨勢,以善、惡觀念詮釋孔子人性論,成為許多學者的共法。如當代新儒家根據孔子的仁學所強調的道德主體性,主張孔子持性善論。[30]黃仁宇先生以孔子教人習以遷善,而謂其倡言性惡。[31]郭沂先生則宣稱孔子先以「德」、「欲」並重,晚年學《易》始確立義理之性,此似意謂孔子是以性兼善惡論者的身分而回歸性善論的脈絡。[32]當然,上述的善惡框架,非盡取信於學界。如莊錦章先生稱孔子之「性」並無特殊內容,無論從「善」或「惡」作考察,俱屬多餘的假設。[33]林義正先生以為孔子是兼合身心而言性:身是實然的存在,無所謂善惡;心則通於智、仁、勇三德,為道德價值的根源。[34]所謂「性與天道」,實際是說孔子是參合天道以言人性。[35]至於勞悅強先生則主張以善、惡論性是孔門後學的觀念,不足以證明孔子本人也抱持同樣的看法。在他看來,孔子之性乃血氣心知之性、才性智能和德性之綜合。[36]應該說,上述兩種對反的模式,俱捕捉到孔子人性觀念的

---

30 如唐君毅、牟宗三、徐復觀諸先生俱持此說。相關討論分見:唐君毅:《中國哲學原論・原性篇:中國哲學中人性思想之發展》(臺北市:臺灣學生書局,1989年),頁31-32;牟宗三:《心體與性體》第1冊(上海市:上海古籍出版社,2007年),頁185;徐復觀:《中國人性論史・先秦篇》(臺北市:臺灣商務印書館,1969年),頁89。

31 黃仁宇:《赫遜河畔談中國歷史》(臺北市:時報出版社,1989年),頁18。

32 郭沂:《郭店竹簡與先秦學術思想》(上海市:上海教育出版社,2001年),頁582-584;郭沂:〈從「欲」到「德」——中國人性論的起源與早期發展〉,《齊魯學刊》2005年第2期(總第185期),頁13-14。

33 Kim-chong Chong, *Early Confucian Ethics: Concepts and Arguments* (Chicago: Open Court, c2007), p. 1.

34 林義正:《孔子學說發微》,頁149-151。

35 林義正:《孔學鈎沈》(新北市:巨凱數位服務發行,2007年),頁151-162。

36 勞悅強:〈善惡觀以外的孔子性論〉,收入鄭吉雄主編:《觀念字解讀與思想史探索》(臺北市:臺灣學生書局,2009年),頁73-124。

某些重要面向。從一綜合性的角度，或可這樣看：孔子言人性，既有強調善的部分，也未忽略惡的部分，此外亦嘗談及道德上中立的部分。善的部分是孔子言仁心處，此可稱「德性」；惡的部分是孔子言情欲處，此可稱「氣性」；道德上中立的部分是孔子言才藝智能處，此則可稱「才性」。而德性、氣性、才性為各人所共有，又牽涉作用的強弱和程度的高下，故人性之「質」俱同，而於「量」則有異。人性質同而量異，豈非可歸結為「性相近」一說。試就此簡單的框架，對孔子人性論作一概觀。

1　德性

這裡的「德性」採取一個較狹窄的意義，指人傾向於從事美好行為的先天心理構造。[37]孔子肯定凡人俱有此一構造，他有關「仁」的若干論述，或可佐證這一看法。〈述而〉說：

> 子曰：「仁遠乎哉？我欲仁，斯仁至矣！」

此處孔子強調，仁並非遙不可及之物，只消起心動念，仁便能見

---

37 應當指出，此處所稱「德性」，並不同於德性倫理學（virtue ethics）所界定的「德性」（virtue）。大致言之，分別有二。第一，德性倫理學所界定的「德性」不一定是道德的（moral），它可以是非道德的（amoral）或道德上中立的（morally neutral）。例如耐性（patience）、勇敢（braveness）、親切（amiability）等俱屬德性，但卻是非道德的。而此處所稱「德性」——如仁的自覺或品格，則是一種道德的性能，或至少和道德價值的開拓有直接的關係。第二，德性倫理學所界定的「德性」是經由後天培育所獲致的品質，這是因為德性不能脫離傳統（tradition）或社群實踐（practice）而得到理解——不同的傳統和社群認可不同的內在價值（intrinsic values），而不同的德性，既達成不同的內在價值，也部分地構成該價值。這便涵蘊不同的傳統和社群，在德性的培育上各有側重。而此處所稱「德性」，則主要是指人類先天的或固有的某種心理構造。它的行使與運作，雖然涉及一些後天的成分，但從「質」上看，它基本上是健全的或自足的。

於生命當下。這裡有兩個字詞需要略作解釋。首先,句中的「我」字,在字面上是孔子自謂,從語脈看,應當被理解為遍及一切人的全稱詞。它的意思是:作為人類的一分子,只要你對仁有承諾,那麼仁的價值便頃刻可得。次者,句中的「欲」字,並非一般所說的生物性的欲求。所謂「我欲仁」,意思是人之於仁,展示了一種心理上的傾向性。在孔子看來,這種傾向性遍及一切個殊的人,故可被視為人作為一物類的本性。並且,此一傾向性體現於外部行為,即涉及道德價值的開拓,故又可進而納入德性之列。

此外,〈里仁〉又指出,行仁是每個人力之所及者:

> 子曰:「……有能一日用其力於仁矣乎?我未見力不足者。蓋有之矣,我未之見也。」

所謂「未見力不足者」,意思是說:人之於仁的傾向性,並不止是一些微弱的作用,而是恆處於某種充足準備狀態的行動力(agency)。也就是說,人傾向於從事美好行為的先天心理構造自身是健全的。人所應為者,是內省此一構造並讓它體現,而非著力於後天的彌補或外勢的形塑。此即孔子既肯定「欲仁則仁至」,也建言「為仁由己,而由人乎哉」(〈顏淵〉)的理由所在。

當然,言德性之構造,固為人人所同,而言德性之作用,則可有高下之異。此即孔子「性相近」其中一義。〈雍也〉談及顏回,即表明孔子此一立場:

> 子曰:「回也,其心三月不違仁,其餘則日月至焉而已矣。」

此言諸弟子俱有仁心之自覺,唯顏回較之其他同門,更能持之以

恆。就各人俱有仁心言，是性之同；就「三月」與「日月至焉」言，則是性之異。人性同而有異，即「性相近」之意也。

2　氣性

在中國哲學的一般規定中，所謂「氣性」，主要涉及動物所固有的生理上的資源，例如視力、聽覺、觸感等本能（instinct），以及寒而欲暖、勞而欲息、趨利避害、飲食男女等欲望（desire）。兩者相比，尤以欲望為氣性的重心所在。從本質上看，欲望是藉由改變世界以增進私益之一狀態，而此往往意味他物秩序之受干預及其利益之被剝奪。故欲望之為物，與「惡」的關係殊密切。此所以古人恆以「氣性」為一受治者，而別於言「德性」之必歸於擴充、外推也。

氣性之不可信任，孔子嘗深思之。〈衛靈公〉說：

> 子曰：「已矣乎！吾未見好德如好色者也。」

「已矣乎」是嘆世道淪落。而世道所以淪落，要在人皆好色而不好德。此處的「色」字或可從寬認定，泛指一切感官享樂，而不必專言「美色」之狹。而喜好感官享樂，實指氣性主導了生活上一切行為，事事只求生理的滿足、情欲的宣洩，而恆與德行相對反也。

〈季氏〉言及人處於不同的年歲，其氣性所重者亦異，此即有名的「君子三戒」說：

> 孔子曰：「君子有三戒：少之時，血氣未定，戒之在色；及其壯也，血氣方剛，戒之在鬥；及其老也，血氣既衰，戒之在得。」

依孔子意，少年人意志不堅，重身體享受過於一切。及其壯年，血氣躁動，喜以暴力手段，強人合於己意。老年之時，精力已衰，貪念更熾，為彌補退敗的體能，對外物求索不斷。氣性在人生三階段中雖各有表現，但從增益私利的目的看，則並無不同。此一看法，在《淮南子》〈詮言訓〉中有更明確、濃縮的表達：「凡人之性，少則猖狂，壯則強暴，老則好利。」[38]《淮南子》用「凡人之性」一語概括少、壯、老的普遍行為表現，正是孔子潛在觀念的顯題化。此「性」當然是扣住「氣性」而言的。

唯氣性非人所皆同，孔子亦深明之。如顏回「一簞食，一瓢飲，在陋巷。人不堪其憂，回也不改其樂」（〈雍也〉），子路亦「衣敝縕袍，與衣狐貉者立，而不恥者」（〈子罕〉），二子只求生理的基本滿足，不逐取無謂享樂。反之「棖也慾，焉得剛」（〈公冶長〉），申棖縱於情欲，與顏回、子路對反鮮明。故從氣性上看，各人只有「相近」，而非全同或全異者。另孔子自身之生命歷程，亦頗可印證此說。其自述「七十而從心所欲，不踰矩」（〈為政〉），即反面表示年七十前，其心之所欲經常「踰矩」──即思想言行屈於私欲，未能盡合於仁義。唯孔子資質卓異，突破氣性所限，終達不踰矩之境。此與他人畢竟受制於生物邏輯，甚或專事破壞相對照，適可見人之氣性，固可因好學積習與否，而彼此相遠也。

3　才性

根據上文對德性和氣性的討論，德性與善的實現有關，甚至它自身就部分地構成了善；而氣性即使不等同於惡，至少亦與惡恆相勾連。可以說，德性和氣性，實含有濃厚的道德價值內涵。才性則不

---

38 劉文典撰，馮逸、喬華點校：《淮南鴻烈集解》（北京市：中華書局，1989年），頁474。

然。這裡的「才性」，指的是人在智能、才藝方面的天資與潛質。而人天生的智能才藝，可以高下言，可以優劣言，而不宜以善惡言。據此，才性可被視為人性當中道德上中立（morally neutral）的面向。

先從智能方面看孔子的才性觀念。人之智能及其表現，古語概以「知」字稱之。孔子言「知」，最有名為〈陽貨〉一段話：

> 子曰：「唯上知與下愚不移。」

此「知」是「智能」之意。從字面上看，孔子把人至少分作兩類，一類是上知，即智能最高者，一類是下愚，即智能最低者。所謂「不移」，是指上知和下愚的智能俱無所增減而言。但從「性相近，習相遠」一語看，孔子相信積習是人與人之間在智能才藝上各有高低表現的要素。亦即是說，孔子相信至少存有著一類人——這類人的智能，可隨積習之用力與否而或增或減。這一個觀點，從〈述而〉可得印證：

> 孔子曰：「生而知之者，上也；學而知之者，次也；困而學之，又其次也；困而不學，民斯為下矣。」

「生而知之者，上也」和「困而不學，民斯為下」分別對應「上知」和「下愚」。在兩者之間，則有「學而知之」和「困而學之」一類——其特質在藉由「學」而使智能有所增長。從這角度看，在智能不可移的「上知」和「下愚」之間，應尚有其智能可移的一類人。此一中間型態，正為孔子「性相近，習相遠」之說所著重強調者。

至於孔子之言「知」，何以可歸於人性論，勞悅強先生曾援引兩條有力的文獻證據。第一條是關於《論語》版本的分章問題。勞先生

指出，依何晏《集解》本，「性相近」章與「唯上知與下愚不移」章
本為一章，前後呼應，如此，所謂「上知」與「下愚」是針對「性」
而言，而「可移」的必然也是「性」。第二條是《大戴禮記》和《禮
記》有關「性」、「智」、「習」關係之說。勞先生指出，孔子在《論
語》是「性習並言」，而在《大戴禮記》則有「習與智長」之說，此
可知「性」與「智」必有密切關係。又《禮記》〈樂記〉「民有血氣、
心知之性」之宣言，更可謂孔子「智」出於性之說的張本。[39]據此二
說，將孔子之「知」視作人性論的概念，應有相當的文本根據。

智能不止有程度之高下，亦涉才藝表現的複雜性。此點可見於所
謂孔門四教。〈先進〉說：

> 德行：顏淵，閔子騫，冉伯牛，仲弓。言語：宰我，子貢。政
> 事：冉有，季路。文學：子游，子夏。

學生能力不同，興趣各異，故孔門有四科之設。而這樣一個分
類，正好是人類各有才性的濃縮體現。勞悅強先生認為，相對於以
善、惡本質來瞭解人性，孔子「更關注人性的獨異之處及其發展，而
發展當然是『習』的結果。孔子以因材施教見稱，良有以也」[40]，這
是很精審的分析。

（五）孔子的正名主義

「正名」是孔子哲學之核心觀念。自孔子提出此觀念開始，正名
主義遂成儒家哲學之一重要部門。所謂「名」，蓋「名實關係」之省
稱；所謂「正」，乃相稱、中理、不偏不倚、合乎規矩之謂。依此，

---

39 勞悅強：〈善惡觀以外的孔子性論〉，頁103-104。
40 勞悅強：〈善惡觀以外的孔子性論〉，頁102。

所謂「正名」，乃是使名、實彼此相應、俾兩者關係得以合理安頓的一種學說。顯然，孔子的正名主義，與其仁學頗有密切關係。蓋仁學之所要對治者，乃是當世上位者非禮、越禮、僭禮的常態。而所謂非禮、越禮、僭禮，換個方式說，就是名實關係之不得其正——上位者所做的，不是其身分所允許的；或上位者根本沒去做的，卻正是其身分規定他必須去滿足的。可以說，孔子之「正名」，乃針對當世「名不正」之實況而發。而這種糾其名之不正，使歸於正的思想，正好符合孔子「克己復禮為仁」之說——孔子以為，克制己欲、踐履周禮，乃屬行仁之事，而具體步驟則是「非禮勿言，非禮勿視，非禮勿聽，非禮勿動」。由於孔子譴責時人之非禮，多就「名實不相當」發言，因此所謂「復禮」，可被理解為含有「名實相當」一義。從理論次序看，孔子是由仁學引申出正名主義；而由實踐次序看，做到實當於名，循名見實，乃是體現仁的價值的方法。

　　這裡得先區辨兩種分別具有不同功能的「名」。一種名旨在標籤萬物——這個世界有著形形色色的各樣物事，為資識別，以利表達見聞，人們遂為它們進行命名。[41]另一種名則旨在成立規範——在建制性的團體中，設定一個「名」，不止是設定一個身分或地位，同時也是設定一堆權利和責任，以與該身分或地位相對應。前一種「名」所指之「實」，是它作為符號所代表的那些物事；後一種「名」所指之「實」，則是它作為身分、地位所關連的權利和責任。根據這兩種具有不同功能的「名」，可進一步區別兩種名實關係：一種可暫稱標籤

---

41 此處「以名為標籤」之說，只是一種方便和寬泛的講法——用作標籤萬物的「名」，並不限於「專名」（proper name）或「確定描述辭」（definite description），也可包括通名（general name）。亦即，名所標籤的萬物，並不限於個體（individual），也可包括個體所隸屬的類（class）。至於這個「類」，應被視為實在論（realism）意義的超越元目（transcendental entity），還是要被看作唯名論（nominalism）意義的由個體所組成的集合（set），則不在本章探討之列。

性（labeling）的名實關係，另一種可暫稱規範性（normative）的名實關係。

標籤性的名實關係，是以名去對應實，它涉及的是真假問題——比如「月亮」之名被約定用來稱呼月亮這個物事，那麼當你用「月亮」去稱呼月亮，你所說的就是真的；但若你用別的名——例如「水星」——去稱呼月亮，你所說的就是假的。反之，規範性的名實關係，則是以實去對應名，它涉及的是對錯問題甚至是善惡問題——比如你具有「教師」的身分，這個身分規定了你在學校可行使某些權利，以及承擔某些責任——例如你有權對學員施以一定限度的獎懲，以及每學期必須開設五門課程等。當你正當行使權利，及履行了應負之責，那麼你之所為就是對的；但當你越權行事，或講課不夠盡責，那麼你之所為就是錯的。而這兩種名實關係更重要的一項分別，就是名如何持續維繫之問題。依一般情形看，在標籤性的名實關係中，名的持續維繫不需依賴於實。回到「月亮」的例子。假設有一顆突如其來的小行星撞擊月亮，使得它徹底粉碎，從此地球永遠失去月亮這個衛星，這個情況並不會妨礙我們繼續有意義地使用「月亮」一名。也就是說，即使月亮這個「實」不復存在，「月亮」這個「名」的持續維繫也不會受到影響。與此不同，在規範性的名實關係中，名的持續維繫卻往往有待於實——你擁有「教師」的身分（名），連帶擁有與此身分相應的權利和責任（實）。但假若你對學員獎懲不公，或未履行相關責任，則你「教師」的身分就應當通過解聘的程序而被剝奪——亦即，「實」的無法滿足將動搖「名」的持續維繫。應當指出，在先秦儒家當中，孔孟的正名主義最重上位者之身分及其權利、責任是否相稱，因此其名實關係主要是規範性的。而荀子的名實關係，固然也是以規範性為本旨，唯荀子之有進於孔孟者，在其正名主義是從生物學的基礎入手，故於標籤性的名實關係，也作了系統的討論。

「正名」一詞，《論語》中僅一例。〈子路〉載孔子與子路的對話：

> 子路曰：「衛君待子而為政，子將奚先？」子曰：「必也正名乎！」子路曰：「有是哉，子之迂也！奚其正？」子曰：「野哉由也！君子於其所不知，蓋闕如也。名不正，則言不順；言不順，則事不成；事不成，則禮樂不興；禮樂不興，則刑罰不中；刑罰不中，則民無所措手足。故君子名之必可言也，言之必可行也。君子於其言，無所苟而已矣。」

孔子明確指出「正名」是為政首要之務。從「名不正」將導致「言不順」、「事不成」、「禮樂不興」、「刑罰不中」等政治社會難題來看，「正名」的「名」主要是規範性的用法。它的意思是：倘上位者之所為，與其身分不相配，則其言說便不被服從，其行事因而無法收到成效，長此以往，禮法便難以良好運作，無法再起到穩定社會的作用。

前段所論，是「正名」的要求若無法被滿足，便將產生管治危機。這是從反面支持正名主義。《論語》中另有三段文本，則是從正面支持正名主義──「正名」的要求一旦被滿足，就可引發良好的政治效應。

> 子曰：「其身正，不令而行；其身不正，雖令不從。」（〈子路〉）
> 子曰：「苟正其身矣，於從政乎何有？不能正其身，如正人何？」（〈子路〉）
> 季康子問政於孔子。孔子對曰：「政者，正也。子帥以正，孰敢不正？」（〈顏淵〉）

頭兩段文本的「身正」或「正其身」，學人多解作「行為正當」或「端正自己的行為」[42]，或至少含有類似的意思。[43]此外，學人也多循這兩段文本的「正身」詮釋第三段本文的「正」字。[44]如此一來，這三段文本的共同主題是：上位者首先以身作則，端正自己的行為，然後才能得到別人的認同和服從。實則所謂「正其身」、「其身正」，仍然可以與「正名」之說相接，而得一善解。因為對孔子來說，上位者行為之不正當，正好見於名實的不相應——上位者所做的，實已越過其身分所能允許的界限。此即反面表示上位者行為之正當，必見於名實之相應——例如正當行使權利，履行應盡的責任，並因此符合社會大眾的期許，等等。循這個角度重讀上述三段文本，所謂「其身正，不令而行」、「苟正其身矣，於從政乎何有」、「子帥以正，孰敢不正」等，正是要積極說明正名主義所能引發的良好政治效應——上位者若能克盡己任，謹守法度，不越權，不違禮，總之就是讓所行之「實」皆當於所負之「名」，那麼就能為臣民建立模範，得到他們的尊重和配合，這樣一來，治理國家就不會有太大的困難了。

「名」既指政治或社會上的身分，則其所對應之「實」，乃是此身分的權利和責任。某人一旦被賦與某個「名」，則其「名」之維繫，端賴於其「實」之滿足與否。亦即是說，某人正當行使權利，或履行應盡之責任，乃是其身分繼續被集體承認之一重要條件。故所謂

---

42 楊伯峻：《論語譯注》，頁143、145。

43 毛子水註譯：《論語今註今譯》，頁200-201、204。

44 楊伯峻：《論語譯注》，頁136；毛子水註譯：《論語今註今譯》，頁192。按：胡寅以「欲康子以正自克……惜乎康子之溺於利欲而不能也」注釋「政者，正也」。注釋中既言及「自克」，又強調「溺於利欲」，可知胡寅是以「克己」（克制私欲）理解第三段文本中的「正」字。應注意的是，「克己」正好是上述學人所提到的「正身」（端正行為／行為正當）的反面的說法。由此可知，胡寅應當也是「正身」或「其身正」之說理解「政者，正也」。胡寅之說轉引自〔宋〕朱熹：《四書章句集注》，頁190。

「正名」，就是承擔某種身分，就得盡力完成相關事務，以求名實之間的一致：

> 齊景公問政於孔子。孔子對曰：「君君，臣臣，父父，子子。」公曰：「善哉！信如君不君，臣不臣，父不父，子不子，雖有粟，吾得而食諸？」（〈顏淵〉）

所謂「君君，臣臣，父父，子子」，意即君之所為，當合乎君之身分；臣之所為，當合乎臣之身分，父子之所為亦然。推而廣之，政治和社會上一切身分，各有其權利，也各有其責任，故國家成員所行之權利及所盡之責任，必當與其身分相匹，過與不及，俱有礙秩序的穩定，此所以孔子有「雖有粟，吾得而食諸」之嘆也。

孔子之理想，在名實之相當，故其對「名不正」之現實，實深惡痛絕。其最著者，見於〈八佾〉中季孫氏之越權僭禮：

> 孔子謂季氏：「八佾舞於庭，是可忍也，孰不可忍也？」

季孫氏為魯國大夫，敢私享天子之樂，是所行之「實」不配所負之「名」。此「名不正」之一著例。苟實之不符其名，其事態嚴重者，即其名之不得繼續維繫。關於此點，〈雍也〉或有所暗示：

> 子曰：「觚不觚，觚哉！觚哉！」

觚即酒器之有稜角者。唯孔子之世，業者為求私便，製觚皆去稜角，而仍名之曰「觚」。[45] 在孔子而言，「觚」者其「名」，「酒器之有

45　此說參考楊伯峻：《論語譯注》，頁121。

稜角」者其「實」。今稱「觚」而無稜角，是其「實」之不當其
「名」，豈可名之曰「觚」！這當然是一個隱喻。孔子意在暗示：上
位者倘不安於其位，或未善盡其責，便是實不當名，那麼他似乎再
也沒有保持其身分的資格──當然，上述所論，只是由觚的隱喻引申
而來，孔子對此只是暗示，畢竟未及明言。此一「實不當於名，則其
名之可去」的立場，要到孟子「聞誅一夫紂矣，未聞弒君也」（《孟
子》〈梁惠王下〉）之說，方得到較正式的討論。此俟後文論之。

三 孟子哲學

（一）孟子的生平

孟子，名軻，鄒國人，受業於孔子之孫子思之門人，是孔子之後
儒家的重要代表人物。《史記》未載其生卒年，唯史遷稱其游事齊宣
王、梁惠王，則孟子當活躍於戰國中期偏晚。元人程復心考證其生於
周烈王四年（西元前372年），卒於周赧王二十六年（西元前289年）
[46]，可資參考。彼長年游說列國，以求實踐抱負，惜諸侯俱不果其
言，故退而與弟子們傳揚孔子之學及詩書之教。《孟子》一書，是孟
子及其弟子們合著的一部作品，其主體部分，則為弟子們對孟子言行
及事跡的記錄。[47]

（二）孟子性善論的幾組重要觀念

《孟子》〈滕文公上〉說：「孟子道性善，言必稱堯舜。」孟子之
徒公都子在列述當時幾種人性論後，亦嘗就教於孟子曰：「今曰『性

---

46 轉引自馮友蘭：《中國哲學史（上冊）》（上海市：華東師範大學出版社，2000年），
　　頁87。

47 說見《史記》〈孟子荀卿列傳〉。

善』，然則彼皆非與？」（〈告子上〉）從這兩則言論看，孟子之學以「性善論」為核心殆無疑義。所謂「性善」，簡單說，就是人性當中本具先天的道德要求，人類一切道德行為，俱是基於此要求而作出。此正是人類之優於萬物者。這種從道德界定人性的做法，從儒學史發展的角度看，可被視為對孔子仁學的繼承和轉化，而從時代背景的角度看，則是孟子不滿時人對人性的普遍看法所提出之新說。[48]大體上看，孟子之性善論，立基於三組重要的觀念，分別是「四端之心」、「人禽之辨」、「性命對揚」。簡言之，對「四端之心」的探討，涉及從人的道德經驗反溯人性之善的問題；對「人禽之辨」的探討，涉及「善」是人性之所以別異於物性的問題；對「性命對揚」的探討，則涉及將情欲概念拒斥在人性概念以外，以維持性善論內部一致性的問題。以下分就此三點作出論述。

1　四端之心

孟子主張，當人遇上不同的特殊事機時，可相應地展示不同的心理活動或情緒反應。這些心理活動或情緒反應可區分為四種不同的道德類型，分別是惻隱之心、羞惡之心、辭讓之心、是非之心，孟子以「四端」一詞稱之。可以說，孟子正是藉由人類在經驗活動中展示四端之心的事實，以推證人性本具仁、義、禮、智這四種善。為此，孟子先從「不忍人之心」立說。〈公孫丑上〉曰：

---

48 在《孟子》〈離婁下〉中，孟子如此批評當時流行的人性論：「孟子曰：『天下之言性也，則故而已矣。故者以利為本。所惡於智者，為其鑿也。如智者若禹之行水也，則無惡於智矣。禹之行水也，行其所無事也。如智者亦行其所無事，則智亦大矣。天之高也，星辰之遠也，苟求其故，千歲之日至，可坐而致也。』」根據孟子的說法，時人之言「性」，只著眼於多數人既成的、現實的行為傾向，此之謂「故」。而多數人既成的、現實的行為傾向，則主要見於對私利的追求，此即「故者，以利為本」之義。

> 孟子曰:「人皆有不忍人之心。先王有不忍人之心,斯有不忍
> 人之政矣。以不忍人之心,行不忍人之政,治天下可運之掌
> 上。所以謂人皆有不忍人之心者,今人乍見孺子將入於井,皆
> 有怵惕惻隱之心。非所以內交於孺子之父母也,非所以要譽於
> 鄉黨朋友也,非惡其聲而然也。……」

所謂「不忍人之心」,可作一語意的補充,而增寫為「不忍人受
苦之心」。依孟子意,當人見到他人蒙受苦難,人心便會自然冒生不
忍其受此苦楚、從而期望他脫離該狀態的道德反應。至關重要的是,
此道德反應,並非後天培育的產物,而實為人類天性之自然表現。這
可從兩點看出。首先,孟子稱「不忍人之心」乃「人皆有」之物事。
不忍他人受苦,並非少數人的特殊心理,而是所有人的同情共感。故
所謂「人皆有」,實即人類普遍本性的另一表述。其次,孟子指出,
不忍人之心乃是自然而發,並非出於利益的考慮或外力的支使。譬如
孩童落於水井,我乍見之下,心生不忍其受難的惻隱反應。這一反應
純是自然而有,根本不是出於諸如貪圖報酬或美譽、或純粹厭惡孩童
哭喊等外在的原因。從不忍人之心脫離一切條件限制、只是自然地如
實呈現的性格觀之,固屬人類本性的表現。

孟子接著正式提到「四端」:

> ……由是觀之,無惻隱之心,非人也;無羞惡之心,非人也;
> 無辭讓之心,非人也;無是非之心,非人也。惻隱之心,仁之
> 端也;羞惡之心,義之端也;辭讓之心,禮之端也;是非之
> 心,智之端也。人之有是四端也,猶其有四體也。有是四端而
> 自謂不能者,自賊者也;謂其君不能者,賊其君者也。……

　　所謂「四端」，指的是惻隱、羞惡、辭讓、是非這四種道德心理
活動。簡單說，惻隱之心是不忍他人苦痛的同情心，羞惡之心是不屑
從事惡行的恥辱感，辭讓之心是成全他人的態度和尊重他人的敬意，
是非之心則是對善惡的判斷力及好善惡惡的傾向性。四端是同一道德
心靈的不同活動，分別和仁、義、禮、智互相對應。事實上，在孟子
而言，道德心靈作為人的本性，正是由仁、義、禮、智這四種「善」
所構成。這是孟子以「善」言「性」的思路。故如實言之，仁、義、
禮、智即人性本質所在。至於所謂「端」，則可理解為「端倪」，意思
是某物得以透現其自身的管道或線索。比如「惻隱之心，仁之端
也」，意思是「仁」這一善性是透過「惻隱之心」這一管道或線索而
表現出來──我乍見孩童落水溺斃，對其不幸心生惻隱，這一「惻
隱」的心理或情緒，正是我生而為人的「仁」的善性見之於外的「端
倪」。又如「羞惡之心，義之端也」，意思是「義」這一善性是藉由
「羞惡之心」這一管道或線索而表現出來──我雖然饑餓難耐，但面
對侮辱性的嗟來之食，亦可慨然不受，這一「羞惡」的心理或情緒，
正是我「義」的善性見之於外的「端倪」。要之，「惻隱、羞惡、辭
讓、是非」和「仁、義、禮、智」這兩組觀念，可看作是從不同的層
面對人類本性的兩種表述──若只尋其大意，仁、義、禮、智似著重
人性的本質義，四端則似強調人性的活動義。

　　孟子在討論「四端」後，以「擴充」觀念作結：

　　　……凡有四端於我者，知皆擴而充之矣，若火之始然，泉之始
　　　達。苟能充之，足以保四海；苟不充之，不足以事父母。

　　此處「知皆擴而充之」的「擴充」觀念，乃是「呈現」或「實
現」之謂。孟子的意思是：仁、義、禮、智之性必藉四端之心而得以

在經驗活動中得以呈現或實現。這一觀念,正可呼應上文以惻隱、羞惡、辭讓、是非為仁、義、禮、智之「端」的說法。[49]

2 人禽之辨

「四端之心」的概念,旨在肯定人類「性善」的事實。而「人禽之辨」的概念,則旨在補充說明,人類「性善」的事實,同時也是區別人性和其他物類之性的判準。這表示孟子有關「性善」的學說,本質上是有關人類的獨特性的學說 —— 人類的獨特性在於人類具有善性,因此能自發地行善。在這個意義上,人類的行為涉及價值(value)問題,而別異於其他物類僅有存在(existence)問題可說。

在〈公孫丑上〉有關「四端之心」的探討中,孟子即曾指出「無四端之心」是「非人也」。此即以「四端之心」為人類所獨有者。唯該篇未及作深入討論。進一步的說法,見於〈離婁下〉:

---

49 有關四端和仁義禮智的關係、「端」字的意義及「擴充」到底是怎樣的道德工夫等問題,涉及學人對孟子性善論的兩種相當不同的詮釋。一種詮釋認為人性之善本然具足:根據這種詮釋,仁義禮智實即人性之善,惻隱、羞惡、辭讓、是非等四「端」,即善性透現其自身的「端倪」之意。據此,所謂「擴充」,就是人性之善藉由四端而實現於經驗活動的過程。這種對孟子性善論的理解,其實就是一般所說的「人性本善論」。本節對「性善」的討論,基本上接受此一模式。而另一種詮釋則認為人性之善只是尚待發展的根苗,並非本然具足:根據這種詮釋,人性之善並不是仁義禮智,而是惻隱、羞惡、辭讓、是非四端 —— 此「端」不作「端倪」解,而是「端始」、「端芽」之意。仁義禮智只是這四種端芽經歷培植、養育而成就的品德。據此,所謂「擴充」,便不是指「呈現」或「實現」,而是指由未完成的「善端」發展至完成的「品德」的過程。這種對孟子性善論的理解,亦屬頗為常見的「人性本善論」的版本。有關這兩種孟子性善論的詮釋之基本論旨及其異同,吳啟超先生辨析審備,參讀吳啟超:〈當代新儒家與英語哲學界對孟子之「擴充」及「端」的詮釋 —— 以牟宗三、唐君毅與黃百銳、信廣來為例〉,《鵝湖學誌》第52期(2014年6月),頁81-113。

　　孟子曰：「人之所以異於禽於獸者幾希，庶民去之，君子存之。舜明於庶物，察於人倫，由仁義行，非行仁義也。」

　　人類和禽獸的相似處之多，實難盡數，但人類卻不能被簡單地視為禽獸中的一類。蓋人禽之際，尚有些微的「幾希」之異──正是這「幾希」之異，足以支撐人類獨特的道德地位。結合孟子「無四端之心，非人也」的論述，自可斷言，這「幾希」之異，就是人類所擁有的惻隱、羞惡、辭讓、是非此「四端之心」──或更徹底的說，就是仁、義、禮、智這四種「善性」。換言之，人類之異於禽獸，正在於人類的本性是善的，而禽獸的本性則否。

　　既然善性是人之所以為人的特質，那麼，君子和庶民的分別，就不是善性之「有無」的分別，而是善性之「存去」的分別。「庶民去之，君子存之」正是要指出這項分別：一般的百姓，由於缺乏教育，故對自身的本性之善，識察的能力不足，其日常生活中的行為，多在生物邏輯的範圍內打轉。相反，君子具備深厚的文化素養，對本性之善有真切的體認，以道德實踐自我期許。所謂「由仁義行，非行仁義」，正是人類異於禽獸的「幾希」的充分開拓：君子體認自身本具仁義的自我要求，並順此自我要求而有所作為。亦即，君子之行善是自律的，而非處於他律的限制下在形式上被動配合外在的態勢而已。

3　性命對揚

　　在孟子以前的古人觀念中，「人性」的意義，主要是人類在沒有外力介入時的自然生命活動。而在各種自然生命活動中，當以情欲的發用最為顯著。事實上，在商周之際，從情欲理解人性，正是多數人所抱持的普遍觀點。這裡所說的「情欲」是籠統的用法，主要是指生理上的基本滿足如饑而求飽、寒而取暖、勞而欲息等，這一意義的情

欲是非道德的（amoral）或道德上中立的（morally neutral）。但有時候，情欲會結合文化活動而產生質變，例如不僅饑而求飽，更是非美味不食；不僅寒而求暖，更是非文繡不衣；不僅勞而欲息，更是出入必待輿馬。在某種標準下，這一意義的情欲甚至會被判定為不道德的（immoral）。但不管情欲是無關道德還是違反道德，它的存在既然是不容否認的事實，便無可避免會造成性善論的內部矛盾。這樣一來，究竟如何協調「善性」和「情欲」之間的衝突，使之並行不悖，便成為孟子建立性善論必須著力之處。「性命對揚」就是孟子為化解上述的疑似矛盾而提出來的一個概念。

所謂「性命對揚」，是孟子把「性」和「命」對列為不同範疇，從而辨析二者之間的分別的一則言論。其說見〈盡心下〉：

> 孟子曰：「口之於味也，目之於色也，耳之於聲也，鼻之於臭也，四肢之於安佚也，性也，有命焉，君子不謂性也。仁之於父子也，義之於君臣也，禮之於賓主也，智之於賢者也，聖人之於天道也，命也，有性焉，君子不謂命也。」

孟子指出，人身的不同機能，對於外物可產生不同的好惡反應，如嘴巴求美味，眼睛求美色，耳朵求美聲，鼻子求芬芳，身體求舒泰等。這些反應，俱屬於情欲的發用。在一般人而言，這些情欲的發用當屬於「性」，而孟子卻以之為「命」——在古文獻中，「命」其中一個重要的意思，就是人力在它面前恆處於被動，而不得有所改變的客觀限制。孟子正是循此義將情欲歸之於「命」：嘴巴對於美味的要求，必待可口的食物入口方得解除；眼睛對於美色的要求，亦必待好看的物事現於眼前方得解除。但這種要求的解除只是暫時性的。過不多久，身體的情欲重又冒現，我們對外物也只能追逐不已。換言之，

情欲的出現不是我們能夠決定的，我們可做的，只是一次又一次藉由外物的滿足，使情欲暫時解除。我們永不能單靠意志力，就抵銷掉情欲對物質生命所構成的限制。依此，雖然情欲是人類的天然生命狀態，而常被一般人視為「性」，但孟子認為情欲對人類所造成的限制更大，其「命」的特徵更為明顯，故相較於「性」，情欲更應合於「命」之名。

與此相反，社會上各種人際關係，如父子、君臣、主賓等，一般人看作是「命」，孟子卻稱之曰「性」——一般人以為人際關係是「命」，是由於誰和誰構成何種人際關係，往往是身不由己、無法自主的。你不能點名誰是你父親，你不能選擇國籍，你也無法決定你有何種身分地位。當你來到這世上，父子關係、君臣關係和主從關係便同時被決定了。面對這些現成的關係，你的角色是被動的，你不能有所改變，所以這是「命」。唯孟子指出，在這些人際關係的選擇上，你雖然無能為力，但某人既然成為了你的父親或君主，則你對他盡孝盡義，卻是你的自由，是你可自作主張之事。換言之，誰和誰構成何種人際關係固是「命」，而在既定的人際關係中作出倫理承諾則是「性」。

在這「性命對揚」的框架中，孟子把情欲歸之於「命」，而不視之為「性」。如此，情欲的存在作為人類生命中的一個事實，既得到妥適的安置，同時也沒有牴觸以善言性、及善性為人禽之辨的基本立場。至此，孟子性善論的大致輪廓便得以勾勒出來。

（三）孟子、告子的人性論辯

〈告子上〉一章的前半部分，是孟子與告子[50]就人性問題展開的

---

50 告子的活動年代及學派歸屬，因史料匱缺，所知實甚有限。就活動年代言，錢穆先生考證告子生卒約為西元前四二〇年至西元前三五〇年，可資參考。而就學派歸屬

激烈論辯。這場論辯從不同角度展示了性善論的內涵，對於和性善論相關的倫理概念，亦頗能起到澄清意義的作用。約略區分，這場論辯涉及兩個部分：第一部分涉及三組對人性的譬喻，第二部分則關於「義外」、「義內」之分歧。

1 三組對人性的譬喻

孟子和告子曾以譬喻的方式論辯人性問題。他們所使用的譬喻共三組，可分別暫稱為「杞柳之喻」、「湍水之喻」和「顏色之喻」。茲依次論述，以明雙方人性論之重點及歧異。

（1）杞柳之喻

杞柳之喻的相關文本如下：

> 告子曰：「性，猶杞柳也；義，猶桮棬也。以人性為仁義，猶以杞柳為桮棬。」
> 孟子曰：「子能順杞柳之性而以為桮棬乎？將戕賊杞柳而後以為桮棬也？如將戕賊杞柳而以為桮棬，則亦將戕賊人以為仁義與？率天下之人而禍仁義者，必子之言夫！」

言，趙岐謂告子「兼治儒墨之道」，徐復觀先生則以為告子的人性論似與道家中的楊朱一派相關。而一九九三年郭店楚墓竹簡出土，當中儒簡的部分內容，與告子的仁內義外說頗相符，朱湘鈺先生據此推測告子或為早期儒家的一支。唯相關問題尚處於討論階段，迄今未有定說。以下為前引觀點之出處：錢穆：《先秦諸子繫年》（臺北市：東大圖書公司，2008年），頁686；〔清〕焦循撰，沈文倬點校：《孟子正義》（北京市：中華書局，1987年），頁731；徐復觀：《中國人性論史》（臺北市：臺灣商務印書館，1969年），頁187；朱湘鈺：〈告子性論定位之省思──從〈性自命出〉與告子性論之比較談起〉，《師大學報：人文與社會類》第52卷第1、2期（2007年10月），頁19-20。

　　這裡，告子以杞柳和桮棬的關係來比喻人性和道德的關係。杞柳是枝條柔韌的灌木，桮棬則泛指杯碗瓢盤等器具。杞柳作為天然的素材，必待後天的加工或外力的形塑，方能以桮棬的姿態出現。作為成品，桮棬雖由杞柳製成，卻非杞柳本來的型態。杞柳再怎麼生長，也不可能剛好長成桮棬模樣。告子循此表達其人性的立場：人性作為某種天然的生命狀態，必經後天的改造或外力的形塑，方能成為仁義的品格。作為成品，仁義雖由人性塑成，卻非人性本然面目。人性再怎麼發展，也不會自然地質變為仁義。

　　此處的重點是：杞柳「可以」而「不必」製成桮棬。杞柳成為了桮棬，乃經由一外在工序所決定，故桮棬可說是「外在於」杞柳。同理，人性「可以」而「不必」成就仁義。人性成就仁義，亦得藉外力所致，故仁義可說是「外在於」人性。在這意義上，告子的人性論可被界定為「道德外在論」（moral externalism）之一型態。

　　孟子針對告子譬喻中的一個可能的漏洞提出以下質疑：把杞柳製成桮棬，應算作是依順杞柳之性的過程，還是應算作是戕賊杞柳的作為？倘若是後者，那麼仁義便只是對人的生命的戕賊。「戕賊」意味喪失或虧損。要人有所喪失或虧損才換取到仁義，誰還要這種仁義呢？使天下人對仁義退避三舍，就是堵住了仁義的實現，這不是禍害仁義是什麼！當然，孟子硬要為告子扣上了「禍仁義」的帽子，這種訴諸激情的討論方式我們不必苟同。但孟子的立場是清楚的：杞柳既能被製成桮棬，則杞柳自當含有成為桮棬的本性。依此，「以杞柳為桮棬」的過程，自屬「順杞柳之性而以為桮棬」的過程。對比一下：一塊木頭可被刻成杯子，但空氣卻不能。夫何故？因為木頭是固體之物，把它刻成了杯子，只是因順其固體性質之作為。空氣則是無形之物，不管你怎樣運用和改造，都不可能把空氣變成杯子。從這個對比，可以這樣理解孟子的立場：「以人性為仁義」的過程，雖然多少

涉及後天影響或外力干預的成分，但單從這一點，並不能充分判定仁義外在於人性。因為人性若無道德的潛力內含其中——甚或更直白的說，若非人性內含仁義——則人性永不能成就仁義的品格。而這一點正可反過來看：後天影響或外力干預之所以能讓人性成就仁義，正是憑藉了人性所內含的道德的潛力而後可。從這一點看，「以人性為仁義」的過程，不妨看作是「順人性而為」的過程——說仁義立基於對人性的「順」，從消極面看，就是說仁義並沒有扭曲人性的本然狀態；從積極面看，則是說仁義只是人性的如實呈現。這正是「性善論」將惻隱、羞惡、辭讓、是非規定為仁、義、禮、智之「端」的要旨所在。相較於告子的「道德外在論」，孟子的性善論可被界定為「道德內在論」（moral internalism）之一型態。

（2）湍水之喻

對於孟子所說的「禍仁義」，告子並未直接回應。他的策略是藉由陳構另一譬喻，修正原先的論述，強化自身的立場，藉以化解孟子的指責。此即「湍水之喻」的論辯內容。其相關文本如下：

> 告子曰：「性猶湍水也，決諸東方則東流，決諸西方則西流。人性之無分於善不善也，猶水之無分於東西也。」
> 孟子曰：「水信無分於東西。無分於上下乎？人性之善也，猶水之就下也。人無有不善，水無有不下。今夫水，搏而躍之，可使過顙；激而行之，可使在山。是豈水之性哉？其勢則然也。人之可使為不善，其性亦猶是也。」

這裡，告子把人性比作了湍水。所謂「湍水」，或謂急流之水，

或謂漩渦之水。[51]但不管是急流還是漩渦，俱非告子此喻之重點所在。告子旨在指出，水的主要特質在於它的無方向性——導引它向東，它便向東流；導引它向西，它便向西流。你不能說哪個方向是水的天然趨勢。其實人性也是如此。人性自身並無善或不善的定向。人性往善發展，或往不善發展，就像水的活動一樣，純由外勢或他力導引所致。這樣的一個「性無定向」或「環境決定」的人性立場，屬於「道德外在論」之另一型態。

　　告子在「湍水之喻」中所表達的人性立場，對於他在「杞柳之喻」中所論，至少作了兩個補充。第一，在「杞柳之喻」中，告子談到人性和道德的關係，只說「以人性為仁義，猶以杞柳為桮棬」——這個說法有如下涵蘊：告子只斷定「善」外在於人性，卻沒有斷定「不善」也外在於人性。依此，他在此喻中所持的道德外在論，並不屬於道德中立論（a theory of moral neutrality）。而在「湍水之喻」中，告子則明確主張人性並無「善」或「不善」的本質——不止「善」是外在的，連「不善」也是外在的。依此，此喻所含的道德外在論，可納入道德中立論之列。而這樣的修正，方切合公都子對告子人性論所作的「性無善無不善」的概括。第二，杞柳的固體性，似乎會為告子之說引進一個兩難：成為桮棬的過程，不是對本性的依順，就是對其本然狀態的戕賊。就前者而言，若承認「順杞柳之性」即成桮棬，便是承認「順人之性」即成仁義，這就意味告子要接受孟子的性善論，從而牴觸了其自身以道德為外在於人性的立論。就後者而言，若承認必須「戕賊杞柳」方成桮棬，便是承認必須「戕賊人」方成仁義，如此便使得實現仁義淪落為人們在建構人生時不必要的、甚至是不可欲的選項。然而，把人性比作液態性的湍水，則可避免上述的兩難。蓋

51　有關「湍水」這兩種說法的討論，參讀〔清〕焦循撰，沈文倬點校：《孟子正義》，頁735-736。

水的流向，全是外力導引的結果。既由外力導引，則水之或東或西，俱非出自本性。且水受導引之時，並無任何結構性的破壞加諸其上。以此喻彼，則人性的走向，亦全是環境影響的結果。既由環境影響，則人性即使往善處發展，亦不得說是順其善性而如此。且環境對人性雖能產生影響，但這影響只是導引人性的活動，而非戕賊人性的結構。要之，告子轉而以湍水喻人性，既免於使自己陷入性善論的對反立場，亦不需再遭受因「戕賊人」而引起的「禍仁義」的指責。

孟子馬上指出告子對於水性的誤解：水之往東或往西，雖全受外勢或他力所導引，但這並不充分支持水的無方向性——因為不管水是往東往西，或是往南往北，全都是往「下」流動。可以說，水恆處於往下流的準備狀態，此即水的「就下」的本性。孟子的意思是：如同「下」是水的定向，「善」也是人性的定向。世上沒有不喜好行善的人，就像世上沒有不往下流的水一樣。如此一來，孟子便接上了告子的譬喻，藉著水有「就下」的本性來宣示人有「善」的本性，從而駁斥告子「人性之無分於善不善」之說。

然而，人類經常行惡，卻是一普遍的事實。此事實會否構成對性善論的挑戰，是孟子必須謹慎看待的問題。對此，孟子藉由他對水的瞭解作出回應：雖然往下流動是水的本性，但外勢或他力卻足妨害此一本性的呈現。比如用手拍打水面，水花便會上躍；發動引水裝置，也可推使水流向高處逆行。然而，水的上躍與逆行，並非出自水的本性，而是受到外勢或他力干預而產生的變態。孟子進而指出：人有不善的行為，和水的上躍與逆行一樣，只是客觀環境的影響所致，並不屬於人性的常態。這裡的重點是：正如水的「上躍」和其「就下」的本性並不矛盾一樣，人之行惡和人之性善亦可相容。

（3）顏色之喻

「顏色之喻」孟子針對告子「生之謂性」之說所提出來的一個譬喻。其相關文本如下：

> 告子曰：「生之謂性。」
> 孟子曰：「生之謂性也，猶白之謂白與？」曰：「然。」
> 「白羽之白也，猶白雪之白；白雪之白，猶白玉之白與？」
> 曰：「然。」
> 「然則犬之性，猶牛之性；牛之性，猶人之性與？」

在「杞柳」和「湍水」的譬喻中，告子的重點在說明人性和道德的關係。而在「顏色之喻」的脈絡中，告子的重點則在說明人性當中的生物性內涵。此即「生之謂性」一語所示。

所謂「生之謂性」，從字面上看，意思是把人的自然生命活動看作是人性當身。而人的自然生命活動所指為何，告子則未作出解釋。但我們可以結合其「食色，性也」（〈告子上〉）之說，對此語略作申論。「食」指飲食之欲，「色」指求偶之欲。飲食是為了延續生命，求偶是為了繁衍後代，告子以食色為人性，即以食色兩者為人性兩大內涵。這裡有兩點頗值得注意。一、飲食和求偶，正是人類的自然生命活動中最顯著的兩種。因此，「生之謂性」的「生」，正可視作食色兩者的概括性的用詞。二、飲食和求偶，並不限於人類，兩者同時是大多數生物的自然生命活動。依此，「生之謂性」一語，實反映告子理解人性的生物學進路——所謂「人性」，指的是人類和其他生物之間的共性。

對於這種生物學意義的人性，孟子持反對態度。他設喻提問：

「生之謂性也，猶白之謂白與？」用「人性」一詞來稱謂人的自然生命活動，是否如同用「白」一詞來稱謂白物那樣？告子的回應是肯定的。接下來便是孟子設喻的重點：既然凡白物俱可稱為「白」，那麼，白羽、白雪、白玉三者的白，是否彼此相同？對此告子自難否認。但關鍵在於：如果承認白羽、白雪、白玉三者的白彼此相同，那麼，我們也得接受牛之性、犬之性和人之性三者的性也彼此相同。然而這個結論卻是荒謬的——因為人之性和其他生物之性並不完全一樣。所謂「然則犬之性，猶牛之性；牛之性，猶人之性與」云云，實為一反問句，孟子乃藉此表示人之性和犬、牛之性之間未可輕易劃上等號。也就是說，對孟子而言，人性不應當立基於人類和其他生物之間的共性。

根據孟子「人之所以異於禽獸者幾希」之說，所謂人性，理應從人類和其他生物之間的差異處尋求。這個立場，和他對「生之謂性」所作的批評是一致的。孟子並不否認不同的事物之間可分享某些相同的性質，他只是反對把這些共享的性質視作那些事物的本性。其中一個反對的理由，或許是由於單從這些共享的性質出發，並不能彰示我們所談何物。舉例說，「白」一詞雖能同時稱謂白羽、白雪、白玉或其他白物，但卻不能對它們作出區別——白羽之所以是白羽而非白雪或白玉，必有別異於白雪或白玉的特質在，「白」這個性質顯然無法充當這個角色。同樣道理，牛、犬、人俱有食色之性，那麼「食色之性」雖能同時稱謂牛之性、犬之性和人之性，卻不能對這三種性作出區別——人之性之所以是人之性而非犬、牛之性，必有別異於犬、牛之性的特質在，「食色之性」顯然無法充當這個角色。

總結而言，在「顏色之喻」中，告子和孟子展現了看待人性的相當不同的視野：告子著眼於人類作為生物所具有的諸如食、色等自然生命活動，其人性的標準座落在「人禽所同」；孟子注目在人類之所

以是人類而不是其他物類的特質，其人性的標準則座落在「人禽之辨」。孟子此處所論，正與其「四端之心」及「性命對揚」諸說互相呼應。

2　「義外」、「義內」之分歧

在三組對人性的譬喻之後，告子和孟子就「義」的內外問題展開論辯。[52]所謂「義外」、「義內」的問題，其實就是道德「外在」還是「內在」於人性的問題。如前所述，道德外在論和道德內在論，正是告子和孟子在上述三組譬喻中所彰示的對反立場。因此，「義外」、「義內」的論辯，可看作是三組人性譬喻的論辯之後的一個延續。二子的論辯始於告子的發言。先看相關文本的起首部分：

> 告子曰：「食色，性也。仁，內也，非外也；義，外也，非內也。」
> 孟子曰：「何以謂仁內義外也？」
> 曰：「彼長而我長之，非有長於我也；猶彼白而我白之，從其白於外也，故謂之外也。」
> 曰：「白馬之白也[53]，無以異於白人之白也；不識長馬之長也，無以異於長人之長與？且謂長者義乎？長之者義乎？」

在此，告子明確主張「義，外也」。其所謂「義」，泛指道德行為和道德心理。其以「義」為「外」，就是以道德行為和道德心理的發生取決外在因素。這裡的外在因素泛指：獨立於作為者（agent）以

---

52 在這部分的論辯中，告子的主張應為「仁內義外」。但考慮到告子對「仁內」並無太多解釋，加上孟子回應的重點全在「義外」，因此本節僅就「義」一概念作出解說。

53 原句為「異於白馬之白也」，朱熹注載張氏曰：「上異於二字疑衍。」察其句義，此說為是，今從。說見〔宋〕朱熹：《四書章句集注》，頁458。

外的客觀存在的事物、事態及其性質。孟子先以「尊敬老人」為例，說明道德行為如何由外在因素所引發。

告子指出，當我們遇見老人時，都會作出「尊敬」的行為。此「尊敬」的行為顯然取決於對方具有「老」的性質。一如「此物是白色的」這句話之被說出，亦取決於此物具有「白」的性質。也就是說，如果一物並非白色，則我們便不會說「此物是白色的」；同理，如果對方並非老人，則我們當然不會對他作出「尊敬」的行為。綜言之，由於「尊敬」的行為由「老」這一外在因素引發，而「尊敬」的行為又屬道德行為；故推廣言之，一切道德行為必由外在因素引發。此即告子「義外」說之一型態。

孟子則認為，「顏色」和「年歲」的類比關係不能成立，因為我們對「白」的態度和對「老」的態度有頗大差別。他指出：「白馬」和「白人」俱有「白」的客觀性質，因此可用「白」字稱謂兩者；然而，對於「老馬」和「老人」，我們卻會展現不同的行為態度：我們只會尊敬老人，卻不會尊敬老馬──「不長馬之長」這個事實，對告子的「義外」說構成有力的反例。根據孟子，我們對老人和老馬之所以表現不同的行為態度，是由於我們心中只會對老人存有敬意。此即「且謂長者義乎？長之者義乎？」之意──義是存在於行敬者（長之者）的內心，而發之於外，而不是存在於作為對象的老人（長者）身上。

對孟子有關「顏色」和「年歲」之間無法有效類比的質疑，告子並未給予駁斥。他復舉一例說明「義」何以在「外」，並再次遭受孟子的批評：

> 曰：「吾弟則愛之，秦人之弟則不愛也，是以我為悅者也，故謂之內。長楚人之長，亦長吾之長，是以長為悅者也，故謂之外也。」

曰：「耆秦人之炙，無以異於耆吾炙。夫物則亦有然者也，然則耆炙亦有外與？」

在這段文本中，告子指出，當人們面對老人時，都會生出「樂於敬老」的道德心理，此即「是以長為悅者也」。由於「悅」並不因我家的老人或楚國的老人而有異，因此，我是否對一人有所「悅」，蓋取決於對方是否具備「老」此一客觀性質。推而廣之，一切道德心理全是由外在因素來決定的。此即告子「義外」說之又一型態。

針對告子此例，孟子嘗設一喻以明其謬。他指出，愛吃秦人的烤肉和愛吃自己的烤肉並沒有分別。但從這一點，卻推論不出對飲食的喜愛是由作為客觀事物的烤肉（外）所決定。孟子要表達的意思是：如果我們在本性上不喜愛進食，則我們便談不上愛吃烤肉。因此，「耆炙」應當是發乎本性的活動，而非由外物形塑的態勢，故「耆炙」在「內」而非在「外」。根據這一理解，孟子對告子的「義外」說正是要作出這樣的批評：倘若內心根本不存有尊敬老人的意念，那麼無論面對楚國的老人還是自家的老人，我們根本不會對之心生敬意。依此，所謂的「義」，只是我們固有的道德心理的向外彰顯，而非純由外因所引發的產物。

要之，告子的「義外」是指：人類的道德行為和道德心理，是客觀事物、事態或其性質所引起的一種被動反應。孟子反對此說，主張「義」乃是自決的生命狀態。在這個意義上，孟子所持的正是「義內」說，雖然他並未在字面上直言「義內」。「義內」一語，見於後續孟季子和公都子的討論：

孟季子問公都子曰：「何以謂義內也？」
曰：「行吾敬，故謂之內也。」

「鄉人長於伯兄一歲，則誰敬？」

曰：「敬兄。」

「酌則誰先？」

曰：「先酌鄉人。」

「所敬在此，所長在彼，果在外，非由內也。」

　　孟季子[54]要求公都子解釋何謂「義內」。這反映了「義內」說是公都子的主張。公都子是孟子著名弟子，則「義內」說當即本於孟子。公都子給出一個定義：「義內」即「行吾敬」之謂。所謂「行吾敬」，應是我心中先存敬意，面對適當的對象時便展現於行為態度的意思。這對於孟子以「義」在「長之者」的立場，是一個清晰、準確的說明。唯孟季子設想了一個狀況，並向公都子提問：假若鄉人比兄長年長，則你心中尊敬何人？酌酒又以何人為先？公都子答曰「敬兄」和「先酌鄉人」——他的意思似乎是：就倫序的親密性言，當然是尊敬兄長，但從酌酒的社交禮節看，則應以較年長的鄉人為優先。而不論是敬兄還是先酌鄉人，都屬於道德行為即「義」的範圍。孟季子順此指出公都子的不一致之處：既然公都子承認道德的對象會隨著公私場合的不同而轉移，這分明表示「義」是由外在因素決定。既如此，又怎可主張「義內」！

　　公都子無法應付這個質難，遂就教於孟子，其相關文本如下：

　　公都子不能答，以告孟子。

---

54 朱熹疑孟季子為孟仲子之弟，趙佑謂孟仲子則為孟子之從昆弟。從昆弟即堂兄弟，是則孟季子與孟子或為同族之誼。但在這段對話中，孟季子似站在告子的立場質疑孟子之說。朱、趙之說分見：〔宋〕朱熹：《四書章句集注》，頁458；〔清〕焦循撰，沈文倬點校：《孟子正義》，頁745。

孟子曰：「敬叔父乎？敬弟乎？彼將曰『敬叔父』。曰：『弟為尸，則誰敬？』彼將曰『敬弟。』子曰：『惡在其敬叔父也？』彼將曰『在位故也。』子亦曰：『在位故也。庸敬在兄，斯須之敬在鄉人。』」

季子聞之曰：「敬叔父則敬，敬弟則敬，果在外，非由內也。」

公都子曰：「冬日則飲湯，夏日則飲水，然則飲食亦在外也？」

　　孟子認為，「所敬在此（兄），所長在彼（鄉人）」的情況，和他所設想的下述情況是相同的：就叔父在家族中的輩分言，理應先敬叔父；但在弟弟擔任主持人的祭祀場合中，則理應先敬弟弟。這種尊敬對象的轉移，似乎證實道德行為的發生涉及明顯的外在因素。孟子想像得到，孟季子對於這一點，一定會用「在位故也」來解釋——由於弟弟在祭祀場合中具備主持人的特殊身分，這使得他受到在家族內享受不到的尊敬。也就是說，弟弟是否受到尊敬，決定於他是否「在位」。事實上孟季子聽到孟子此例時，正表現這樣的理解：在家族場合中尊敬作為長輩的叔父，而在祭祀場合中則尊敬作為主持人的弟弟，不就印證了尊敬的行為（義）會隨著場合的不同而變換對象嗎？如此，義的標準豈非在外而非在內？但孟子認為，重點不在於「位」，而在於「敬」——我們心中先存有尊敬別人的意念，才能因應各種場合投射在不同的對象。回到上文「鄉人長於伯兄一歲」的例子，在一般的情況下，我們當然尊敬兄長，這是「庸敬」，但在特殊社交場合中，我們則會尊敬年歲較長的鄉人，這是「斯須之敬」。這種隨著各種場合而尊敬不同對象的情況，從表層看，似乎印證義在外而非在內；唯自深層觀之，若非心中先存敬意，則不管身處何種場合，我們都不會尊敬任何對象。換言之，內在的敬意比之外在的場合或對象，在「義」的發生及展現上更具有決定性的意義。公都子掌握

到這一層義理，故陳構一譬喻反駁孟季子的「義外」說：人類冬天喝熱飲，夏天則喝冷飲，這種因應不同季候而變換的飲食習慣，難道佐證人類飲食的需求也是由外在因素決定嗎？當然不是如此。依公都子意，熱飲冷飲的選擇變化只是表層性的，重點在於人們具有內在的飲食需求——人們首先具有飲食需求，然後才會根據客觀氣候的差異，考量在當季最適合的飲食。設若人類是無需飲食的生物，則不論在炎夏或寒冬，所謂冷飲熱飲的選擇，只是無根之談罷了。以此釋彼，「義」的基礎並非由外來的刺激產生，我們尊敬不同的對象，只是我們內在的敬意在各種場合中恰如其分的不同展現。

（四）孟子的正名思想

孟子對於名實關係無專門討論。但從他對「君」、「王」等政治身分的討論可見，他主要還是繼承孔子的「規範性的名實關係」一路。這是說，一人若承擔某種身分地位（名），卻不恰當運用權利，或沒有履行應盡之責（實），則其身分地位便不應繼續被承認。此處以〈梁惠王下〉中孟子和齊宣王的對話為例，對此義略作申論。

首先考察孟子和齊宣王圍繞「弒君」的對話：

> 齊宣王問曰：「湯放桀，武王伐紂，有諸？」孟子對曰：「於傳有之。」曰：「臣弒其君可乎？」曰：「賊仁者謂之賊，賊義者謂之殘，殘賊之人謂之一夫。聞誅一夫紂矣，未聞弒君也。」

桀和紂分別是夏、商二朝的末代君主，他們的政權都是被臣子推翻的。齊宣王請教孟子：弒君是臣子該做之事否？孟子直接指出，當中不存在「弒君」這回事——當君主的作為，盡是些損害仁義的事情時，他就不配作君主，只是神憎鬼厭的一名匹夫而已！所以即使把他

殺掉，也不過是「誅一夫」，算不上「弒君」。這一則評論，透顯出孟子對「名」、「實」的看法：倘使君主的作為，與其君主的身分並不相符，則對其權位，人民自無需繼續承認。據此，由於桀、紂賊害仁義，未善盡為君之責，所以孟子便主動撤銷其君主的身分。既然桀、紂不再是「君」，則湯、武的革命，也就不存在「弒君」的問題。顯然，這樣一種看法，正是循規範性的角度界定名實關係：某人所從事的「實」倘不合於其「名」，則他便應當失去承擔此「名」的資格。

　　上例從反面宣示名實之不符可導致名的失喪。孟子與齊宣王展開的另外兩段對話，則從正面指出，當某人所行使的實，合於其所承擔的名，其名方得以維繫下去：

　　　　他日，見於王曰：「王嘗語莊子以好樂，有諸？」王變乎色，曰：「寡人非能好先王之樂也，直好世俗之樂耳。」……曰：「獨樂樂，與人樂樂，孰樂？」曰：「不若與人。」曰：「與少樂樂，與眾樂樂，孰樂？」曰：「不若與眾。」……「……此無他，與民同樂也。今王與百姓同樂，則王矣。」
　　　　齊宣王見孟子於雪宮。王曰：「賢者亦有此樂乎？」孟子對曰：「有。人不得，則非其上矣。不得而非其上者，非也；為民上而不與民同樂者，亦非也。樂民之樂者，民亦樂其樂；憂民之憂者，民亦憂其憂。樂以天下，憂以天下，然而不王者，未之有也。」

　　孟子建議齊宣王，必做到「與百姓同樂」或「與民同樂同憂」，方得到「則王矣」或「不王者，未之有也」的結果。此「王」字作動詞用，其所傳遞之意為：設若齊宣王能與百姓同樂同憂，自會受到更多人的擁戴。從名實關係的角度看，孟子旨在指出：作為一名君主，齊

宣王的責任是在樂人民之所樂，憂人民之所憂，簡言之，就是關懷人民的生活。此即「王」一名所關連的「實」。而齊宣王所承擔的「王」之名若要繼續保持，甚至要得到更多人的承認，則完全取決於他在「王」之「實」方面──即關懷人民的生活──作出令人滿意的表現。

四 荀子哲學

（一）荀子的生平

荀子，名況，[55]趙人，時人尊稱「荀卿」[56]，是繼孔子、孟子之後，戰國末世最重要的先秦儒者，亦公認為先秦思想的總大成人物。史遷稱其年五十至齊國游說講學，並曾「三為祭酒」，三度擔任稷下學宮主持人。惜讒於齊人，只好前往楚國另謀發展，得春申君委以蘭陵令。後春申君死，荀子亦被罷職，並於蘭陵去世。[57]荀子之生卒年，史籍未詳載，廖名春先生根據《戰國策》、《荀子》、《韓非子》、《史記》及劉向《敘錄》等文獻所記史事，及釐清《史記》所說「年五十始來游學於齊」之「年五十」非「年十五」之誤，考證荀子約生

---

55 有關荀子之稱謂，《史記》僅以「荀卿」稱之，並未言及其「名」、「字」何若。荀子名「況」，應首見於劉向。參讀〔漢〕劉向編著；石光瑛校釋；陳新整理：《新序校釋》（北京市：中華書局，2001年），頁309。

56 大致上看，古人多以「卿」為荀子尊稱，今人則多以「卿」為荀子之「字」。廖名春先生一反今說，從「史記以『卿』為尊稱」、「弟子不直稱其師名字」、「況、卿二字義不相符」幾點論證「卿」是對荀子的尊美之詞。閆平凡先生則在廖說的基礎上，進一步分析顏師古、司馬貞、李賢等古代注家不言荀子的「字」的原因，並集中批評江瑔、劉師培以「卿」為荀子的「字」之不當。上引說法分見：廖名春：《荀子新探》（臺北市：文津出版社，1994年），頁18-20；閆平凡：〈荀子之字非「卿」考〉，收入楊金廷、康香閣主編：《趙文化與華夏文明》（北京市：人民出版社，2009年），頁164-169。

57 說見《史記》〈孟子荀卿列傳〉。

於西元前三三六年，卒於西元前二三六年，其壽至百歲，[58]可備參考。今存《荀子》一書凡三十二篇，是劉向校讎三百二十二篇，並去除重複二百九十篇後所編定，最初名為《孫卿書》，《漢書》則稱《孫卿子》。《荀子》的書名，是唐代楊倞為《荀子》作注時所改，並沿用至今。[59]如同其他先秦子書的狀況一樣，《荀子》可看作是荀子本人及其學術集團成員的論文結集。雖然無法確定某篇為荀子親著或其弟子後學所作，但整體上看，仍然稱得上是研究荀子哲學的可靠材料。

（二）荀子的性惡論

在先秦儒家哲學中，人性論是一基礎部門。當中，自以孟、荀二子「性善」和「性惡」的對立至為重要，所引起的討論也最多。前篇已詳析孟子性善論的幾組重要觀念及孟告之間的人性論辯，本節則以荀子的性惡論為探討焦點。茲先明荀子對「人性」的規定，復據此梳理〈性惡〉篇的重點及其所以異於孟說。此外，荀子對「人禽之辨」的說明，亦有助於釐清性惡論的意義，因一併論述之。

1　「人性」的規定

在對「人性」的規定上，荀子和孟子一開始便有顯著不同：對孟子來說，人性就是人之所以為人的特質，若無法指認出人的特質所在，「人性」一詞的使用便告落空。因此，孟子原則上是從「人禽之辨」規定人性。而對荀子來說，人性不一定要體現出人的特質。在他看來，人與生俱來擁有些什麼，較諸人之異於禽獸的幾希究竟是什麼，似乎更能表現人性的實質。〈性惡〉篇說：

---

58 廖名春：《荀子新探》，頁23-39。

59 《荀子》一書從西漢至唐代的命名、編定及成型過程，參讀廖名春：《荀子新探》，頁49-54。

> 凡性者，天之就也，不可學，不可事。……不可學，不可事，
> 而在天者，謂之性；可學而能，可事而成，之在人者，謂之偽。

　　據此，所謂人性，就是無需經由學習、鍛鍊，生來就已自然完備
的生命狀態。此一規定，顯然遠於孟子的「人禽之辨」，而近於告子
的「生之謂性」。蓋「生之謂性」，正是把人的自然生命活動看作是人
性當身。而由於「生之謂性」可說是中國古人言「性」的傳統，因此
從這個角度看，荀子是有意恢復「人性」的傳統觀念，來抗衡當時在
人性問題上的各種異說。當然，荀子在接受「人性」的傳統觀念的同
時，亦將之引入個人龐大的哲學體系，賦予其理論上的新意。其理論
上的新意為何，或將於後面隨文提到。此處要在點出荀子對「人性」
的規定，傾向於傳統的「生之謂性」立場。

　　荀子把人性規定為人類生來業已完備的生命狀態，旨在確立一檢
驗的標準，將「自然」與「人為」清晰地互相區別。只要我們對人類
的活動有基本的瞭解，便能憑藉上述標準，判斷何者可歸入人性之
列。荀子的觀察是，人類的情緒、欲望，都是不經習練而先天地具備
的物事，因此它們方具有「人性」的資格。〈正名〉篇即循此進一步
規定人性：

> 性之好、惡、喜、怒、哀、樂謂之情。
> 性者、天之就也；情者、性之質也；欲者、情之應也。

　　荀子認為，人性是自然而有的生命狀態，而就其實質而言，不外
是好、惡、喜、怒、哀、樂諸般情緒。這些情緒一旦和外物接觸，就
表現為對外物的欲望。從這種論述看，性、情、欲不是三種不同的生
命狀態，而是同一生命狀態的三個不同面向。三者意思有別，而所指

相同，故三者之間，實屬所謂「自一」的關係。

〈榮辱〉篇對於情欲作為人性的活動，也有相當清楚的說明：

> 凡人有所一同：飢而欲食，寒而欲煖，勞而欲息，好利而惡
> 害，是人之所生而有也，是無待而然者也，是禹桀之所同也。
> 好榮惡辱，好利惡害，是君子小人之所同也。

這兩段文本沒有提到「性」字，只說及「凡人有所一同」和「君子小人之所同」。但說某種狀態或活動是所有人盡皆相同或不因人格高下而有異，事實上是要表示該狀態或活動乃是人類所普遍共具者，這無異於暗示該狀態或活動正是人性的表現。而荀子在這兩段文本中所列述的人性的表現，不外是人們日常生活中的情欲活動——如餓而欲食、寒而欲煖、勞而欲休，屬於感官的領域；此外，喜歡榮耀、討厭恥辱，喜歡利益，討厭禍患，則屬於心理的領域。

當然，人類生而具有的自然生命狀態，除情欲活動外，也包含感官功能的運作。荀子不是沒有注意到這個部分，[60] 只是與感官功能相比，情欲活動對人性和惡的關係似乎更能作出充足的說明，因此荀子才對後者著墨較多——事實上，荀子的性惡論，主要就是建立在情欲怎樣主導人類行為的經驗考察之上。把重點放在情欲活動而非感官功能，應當更能呼應下一節對〈性惡〉篇的探討。

---

60 在〈榮辱〉篇「飢而欲食，寒而欲煖」一段話後，荀子續說：「目辨白黑美惡，耳辨音聲清濁，口辨酸鹹甘苦，鼻辨芬芳腥臊，骨體膚理辨寒暑疾養，是又人之所常生而有也，是無待而然者也，是禹桀之所同也。」在此，荀子指出耳、口、鼻、皮膚等感官分別具有聽覺、味覺、嗅覺、觸覺等功能，並肯定它們是人類生而即具、無待學習而自然運作的本性。〈性惡〉篇以「目可以見，耳可以聽」這兩種感官功能例釋「人之性」，正好佐證上述立場。

2 〈性惡〉篇的重點

荀子對人性問題的看法,主要見於〈榮辱〉、〈儒效〉、〈禮論〉、〈正名〉、〈性惡〉諸篇。雖然有很多學者指出,除〈性惡〉篇外,其他諸篇的人性論不見得屬於「性惡」一路;但無可置疑的是,對〈性惡〉篇的探討仍然不失為瞭解荀子人性論的一個重要途徑。為清眉目,本節根據〈性惡〉篇的三個重點展開扼要的論述。這三個重點分別是:一、荀子支持「性惡」的理由;二、荀子藉著自我設問,說明「善」的由來;三、荀子對孟子性善論的批評。

(1) 荀子支持「性惡」的理由

所謂「性惡」,自積極面看,是指人性自身為一藉由改變世界,以不斷滿足物欲的趨力(force);自消極面看,則是指人性內部缺乏倫理框架(ethical framework)。從這兩面觀之,人類活動的自然傾向,對於生活秩序和道德價值,只能表現為背離或破壞,而無法作出任何建設或提升。荀子主張「性惡」,其所持之兩項理由,恰能對應上述兩面。

第一項理由是經驗性的理由。荀子認為,只要對人類的各種活動作經驗的考察,便會發現作惡是人類的普遍特點。可以說,作惡根本是人類的自然傾向。〈性惡〉篇開首便指出:

> 人之性惡,其善者偽也。今人之性,生而有好利焉,順是,故爭奪生而辭讓亡焉;生而有疾惡焉,順是,故殘賊生而忠信亡焉;生而有耳目之欲,有好聲色焉,順是,故淫亂生而禮義文理亡焉。然則從人之性,順人之情,必出於爭奪,合於犯分亂理,而歸於暴。故必將有師法之化,禮義之道,然後出於辭

讓，合於文理，而歸於治。用此觀之，人之性惡明矣，其善者
偽也。

　　荀子舉出「人之性」的三個項目，分別是「生而有好利」、「生而
有疾惡」、「生而有耳目之欲，有好聲色」，並認為這三種「人之性」
在經驗活動上的如實表現（順是），就是「爭奪」、「殘賊」、「淫亂」，
它們最終會導致「辭讓亡」、「忠信亡」、「禮義文理亡」的結果。這些
結果作為道德上的惡（moral badness），乃是由好利、疾惡、耳目之
欲等「人之性」的自然活動所導致。荀子正是從這個意義上宣稱「人
之性惡」。而這樣一個對「性惡」的表述，與上文所說的「性惡」的
積極面是相應的。

　　應當注意的是，從行文的表達看，荀子先是肯定人性何若，然後
再斷言人性在經驗活動上的自然表現及後果又何若。然而從論證的步
驟看，荀子應是從考察人類的經驗活動入手，然後方歸納出人性的基
本內容。也就是說，荀子不是先預設性惡，然後再據此解釋人類的惡
行；相反，荀子是根據人類活動中普遍具有「惡」的事實，總結出這
是「性惡」所致。可以說，荀子只是從人類的經驗活動中發現了惡
性──比如從人類對資源的互相爭奪中（爭奪生而辭讓亡），發現人
性只求私利的滿足（好利）；從人與人的彼此謀害中（殘賊生而忠信
亡），發現人性厭惡自己有所虧損（疾惡）；從人類對秩序的刻意干犯
中（淫亂生而禮義文理亡），發現人性只求官能的快感。正由於「性
惡」的觀點是藉由對人類活動的經驗考察歸納總結而得，因此這一項
支持「性惡」的理由，是一項經驗性的理由。

　　第二項理由則是理論性的理由。荀子說：

　　凡人之欲為善者，為性惡也。夫薄願厚，惡願美，狹願廣，貧

願富，賤願貴，苟無之中者，必求於外。故富而不願財，貴而
不願勢，苟有之中者，必不及於外。用此觀之，人之欲為善
者，為性惡也。今人之性，固無禮義，故彊學而求有之也；性
不知禮義，故思慮而求知之也。然則性而已，則人無禮義，不
知禮義。人無禮義則亂，不知禮義則悖。然則性而已，則悖亂
在己。用此觀之，人之性惡明矣，其善者偽也。

荀子指出，人們向外的求索活動，反映所求之物必為自身所欠缺
者。比如求索金銀財貨，當然是由於經濟狀況不佳；求索身分名譽，
當然是由於自身地位卑賤。假若已有的積蓄足夠我們過上優渥的生
活，或已有的地位足夠我們獲得社會的尊重，則繼續追名逐利，豈非
無的放矢。荀子由此歸納出一個理論：「苟無之中，必求於外。」這
是說，自身所欠缺的物事，只能從身外求索而得。這個理論反過來說
就是：人們對外求索的，正是人們自身所欠缺的。根據這個理論，荀
子指出：人類有著追求和諧穩定的生活的要求，此即所謂「欲為善」，
但由於這個「善」要向外求索，這便反映「善」並非人類自身所固
有──亦即，「善」不是人類單靠其天然傾向就能獲得的價值。倘使
「善」是人類不經學習的自然狀態，那麼向外求索的程序豈非多此一
舉。此即「苟有之中，必不及於外」之義。這一個看法，無異於表示
人性內部不具備倫理框架，此正是荀子言「性惡」的消極面。由於從
「人之欲為善」而言「性惡」，是立基於「苟無之中，必求於外」的
理論，因此這一項支持「性惡」的理由，是一項理論性的理由。

（2）荀子藉著自我設問，說明「善」的由來

荀子肯定「性惡」，以為人類依其自然狀態，無法表現出生活秩
序和道德價值。然而生活秩序的建立和道德價值的實現，卻也是存在

於人類社會中的事實。這個看似與人性相違的事實當如何解釋，是荀子性惡論必須面對的問題。的確，荀子在肯定「人之性惡」之餘，亦肯定「其善者偽也」；在斷言人性「固無禮義」、「不知禮義」之餘，亦斷言人能「彊學而求有之，思慮而求知之」，簡言之，就是主張人的惡性，並不妨害人能憑藉努力學習成就善德。在〈性惡〉篇中，荀子至少藉由兩次自我設問，對「人之性惡」和「善之生成」如何共容作出回應。這裡試就其所論作一析述。

第一次自我設問的主題是「禮義如何產生」。相關文本如下：

> 問者曰：「人之性惡，則禮義惡生？」
> 應之曰：凡禮義者，是生於聖人之偽，非故生於人之性也。故陶人埏埴而為器，然則器生於陶人之偽，非故生於人之性也。故工人斲木而成器，然則器生於工人之偽，非故生於人之性也。聖人積思慮，習偽故，以生禮義而起法度，然則禮義法度者，是生於聖人之偽，非故生於人之性也。

根據性惡論，人類的自然活動只能導致「惡」的結果。「惡」意味辭讓之亡、忠信之失，在此狀況中，人與人之間只有爭奪、殘賊和淫亂。如果這樣，代表著秩序和穩定——荀子以此為「善」——的「禮義」便根本無法形成。換言之，「惡性」和「善行」似乎是互相矛盾的：若主張人之性惡，便不能合理地同時主張禮義的生成。據此，問者所提出的「人之性惡，則禮義惡生？」這個問題，稱得上是正中要害，至少它能迫使荀子對其性惡論及性惡論所必須妥善安放的善、惡關係作出更詳細的釐清。

荀子引進了「性偽之分」來調和「性惡」和「禮義」的疑似矛盾。性和偽的分別，〈正名〉篇有頗具體的說明：

> 生之所以然者謂之性；性之和所生，精合感應，不事而自然謂
> 之性。性之好、惡、喜、怒、哀、樂謂之情。情然而心為之擇
> 謂之慮。心慮而能為之動謂之偽；慮積焉，能習焉，而後成謂
> 之偽。

後文將對〈正名〉篇這段文字作專門的討論。這裡僅扼要概括
「性」和「偽」的意思：「性」發乎天然，無需學習，訓練而本然具
備，主要見於生來如此的情欲，及其對外物所起到的自然反應；
「偽」則出於人為，必經學習、訓練方有所成就，主要見於心靈的思
慮、抉擇的能力，及其所引起的身體行動，也包括由此積聚而成的人
格或習慣。更扼要的說，「性」限於情欲活動，「偽」則涉及心靈的思
慮抉擇之能。

荀子認為，禮義雖非人性的自然表現，但這不代表禮義無法生
成。因為使禮義得以生成的，是「聖人之偽」。據〈正名〉篇的說
法，「偽」涉及心靈的思慮抉擇之能，而引文末段亦以「聖人積思
慮，習偽故」作為「聖人之偽」的解釋，因此可以相信，「凡禮義
者，是生於聖人之偽」一語旨在指出：禮義乃是聖人經過思慮、抉
擇，最終設計出來的成果。這是心靈的理性能力對價值的主動創造，
而不是身體的情欲對外物的被動反應。荀子通過一些譬喻來說明
「偽」和「禮義」的關係。例如一個陶匠運用陶土製作出器具，我們
只會說，器具的生成，是來自陶匠的技藝，我們不會說是出自陶匠的
本性——這種說法是不可理解的。又如一個工匠通過切割和組合木材
而製成器物，我們也只會說，器物的生成，是來自工匠的技藝，而不
會說是出於工匠的本性。這裡所謂的「技藝」，所對應的就是陶匠、
工匠的「偽」。荀子指出禮義的生成也是一樣：禮義是為社會成員而
設的規矩、制度及由此形成的生活秩序。規矩和制度要設計得合理、

實用，必須深思熟慮，甚至要經歷長期的試驗，從實踐中不斷的改進和提升。這顯然是思慮性的心靈方能承當的任務，而無法由只有物欲衝動的惡性來負責。如同陶匠、工匠必須經由思慮和學習才能練得一手好的技藝，然後方可製作精美的器具；聖人亦必須經由思慮和學習才能養成優秀的政治才幹，然後方可創制合適的禮義制度。「偽」的提出，表示「性」不是人類活動的全部。「偽」所建立的「禮義」之善，並不會與「性」所自然導出的「惡」發生衝突。

　　第二次自我設問的主題是「凡人如何成聖」。相關文本如下：

> 「塗之人可以為禹。」曷謂也？
> 曰：凡禹之所以為禹者，以其為仁義法正也。然則仁義法正有可知可能之理。然而塗之人也，皆有可以知仁義法正之質，皆有可以能仁義法正之具，然則其可以為禹明矣。

　　這裡荀子自設一問：憑什麼可以宣稱，即使是普通人，也可以成為像禹一樣的聖人？這個問題的背後，其實還是涉及惡和善之間的貌似矛盾。荀子想指出的是：普通人的本性既然是惡的，那麼說他可以成聖，這成聖的條件當然不可能是惡性。然則此成聖的條件為何？

　　荀子的回應是：禹之所以成為聖人，在於他的一切作為，俱為仁義法正的充量體現。分言之，「仁義」屬於道德價值，「法正」則是社會理想。荀子指出，對於這些價值和理想，普通人既有「可以知之質」，也有「可以能之具」，即是說，普通人對於仁義法正，既有認識的資質，也有實踐的才具。如果禹之為聖人，在於他能實現仁義法正，則普通人顯然具備相同的條件。這是「塗之人可以為禹」的原因所在。

　　這裡應當補充一點。荀子有「可以」和「能」的分別──說普通

人「可以為禹」，不等於說普通人「能為禹」。兩者的分別，荀子這樣交代：

> 故塗之人可以為禹，則然；塗之人能為禹，則未必然也。雖不能為禹，無害可以為禹。足可以遍行天下，然而未嘗有遍行天下者也。夫工匠農賈，未嘗不可以相為事也，然而未嘗能相為事也。用此觀之，然則可以為，未必能也；雖不能，無害可以為。然則能不能之與可不可，其不同遠矣，其不可以相為明矣。

根據「可以為，未必能」和「雖不能，無害可以為」二語，「可以」和「能」的分別，約略相當於「必要條件」（necessary condition）和「充分條件」（sufficient condition）的分別。這裡可用「足行天下」的例子來說明二者之別。顯然的，有了雙足，不一定能走遍世界每一角落，因為要達成此願望，除了雙足以外，尚需其他條件的配合，例如有足夠的時間、充裕的金錢、健康的身體等等。但沒有雙足，一定不能「走」遍世界每一角落。因此，「雙足」就是「遍行天下」的必要條件而非充分條件。故「足可以遍行天下」的「可以」一詞，所表述的正是「必要條件」一義。根據這個理解，荀子要在指出，普通人所具備的「可以知／能仁義法正之質／具」，只是成聖的必要條件，而非充分條件。亦即，具備這些質具，不一定能成聖，但沒有這些質具，則一定不能成聖。此所以荀子用「可以」而非「能」來描述成聖之質具。荀子沒有明說的是，普通人要成聖，除具備成聖之質具外，尚需其他條件的配合，例如師法之化、禮義之導、以及求學的意志與恆心等。當這些其他條件一概齊備，「可以知／能仁義法正之質／具」才會在成聖的關口上被激活，繼而發生作用。而尤需細辨的是，雖然「可以知／能仁義法正之質／具」是任何人生而即有的

內部條件，但它們並不具備「人性」的資格。因為對於荀子來說，人與生俱來不需習練而能自然運作的，才稱得上是「人性」。但成聖的質具，一來無法自然運作，二來又有待於後天習練始得成長。因此肯定成聖質具的存在，並不意味著人性當中含有善端。如此一來，成聖質具和惡性之間的貌似矛盾，遂得以消解。

（3）荀子對孟子性善論的批判

在〈性惡〉篇中，荀子嘗引述孟子三則言論，並逐一予以批駁。這些批駁對孟、荀立說之異及荀子「性惡」之義，頗有澄清的作用。茲分析如下。

第一則言論涉及「性善」與「學」之關係問題：

> 孟子曰：「人之學者，其性善。」
> 曰：是不然。是不及知人之性，而不察乎人之性偽之分者也。凡性者，天之就也，不可學，不可事。禮義者，聖人之所生也，人之所學而能，所事而成者也。不可學，不可事，而在人者，謂之性；可學而能，可事而成之在人者，謂之偽。是性偽之分也。

孟子所持之立場是：人之所以要學習，目的是使善性得以表現。這是說，人雖然生具善性，但善性自身一開始只處於潛伏的狀態，而學習旨在喚醒善性，讓善性成為生命的主導力量。

荀子認為，孟子這樣理解「善性」和「學習」的關係，只顯示了他對何謂人性的無知，因為他混淆了「性」和「偽」這兩種相當不同的人類活動。根據荀子，性、偽的其中一個主要區別，在於性是無需學習、鍛鍊而能自然運作者，而偽則是有待於後天人為努力而得以成

全者。依此，人性如果是善的，則人類根本無需學習、受訓，自然地
就能作出善行。倘如孟子所說，學習的目的是要使善性得以呈現，這
無異於說不經學習的話，善性便無由呈現——這樣的說法，只能佐證
「善」是學習的成果，故「善」當屬於「偽」，而不應屬於「性」。可
以說，在「性偽之分」的檢驗下，孟子的「性善」概念是一內含矛盾
的概念——善若是性，則善理應是自然運作的活動，但說善有待於
學，又意味善並非自然運作的活動。無怪荀子譏曰「不察乎人之性偽
之分也」！

第二則言論涉及「惡」的起因問題：

> 孟子曰：「今人之性善，惡皆失喪其性故也。」[61]
> 曰：若是則過矣。今人之性，生而離其樸，離其資，必失而喪
> 之。用此觀之，然則人之性惡明矣。所謂性善者，不離其樸而
> 美之，不離其資而利之也。使夫資樸之於美，心意之於善，若
> 夫可以見之明不離目，可以聽之聰不離耳，故曰目明而耳聰也。

孟子所持之立場是：人的本性是善的，所謂「惡」，其實是善性
無法表現出來的一種狀態。

荀子認為這種對善、惡關係的理解是錯誤的。首先他針對孟子所
說的「惡」的起因提出質疑。他指出，說人性具有某狀態，而又說該
狀態在人出生之後便馬上失喪，這一說法，和宣稱人性根本不具有該

---

61 原句為「今人之性善，將皆失喪其性故也。」劉師培認為「將」為「惡」之誤。梁
啟雄認為「故」下脫「惡」字，原句或為「今人之性善，將皆失喪其性，故惡也」。
從荀子的批評看，其所引孟子之言應涉善、惡關係，故二說俱在理。李滌生先生即
根據二說這樣解釋孟子之言：「人性本來是善良的，惡是由於失喪了他的本性。」今
從。說見李滌生：《荀子集釋》（臺北市：臺灣學生書局，1979年），頁542-543。

狀態，可謂全然無別。易言之，如果主張善性在人出生之後無法自然
呈現，那其實等於宣判人性之中根本沒有善。問題在於：如果孟子亦
同意「惡」是「失喪其性」的結果，那至少表示「惡」是人出生以
後，不經習練就能自然表現的活動，這豈非「性惡」之證！

　　荀子繼而指出，性善論只容許一種解釋。這唯一的解釋就是：
「所謂性善者，不離其樸而美之，不離其資而利之也。」所謂
「樸」、「資」，指的是「善」的狀態；所謂「美之」、「利之」，指的是
「善」的狀態的自然呈現。所謂「不離」，指的是「善」的狀態沒有
失喪。合言之，「性善」的意思就是：人性自身就是一「善」的狀
態，人出生之後，此狀態非但沒失喪，且能自然呈現為經驗活動。通
俗地說，所謂「性善」，就是「天生就會自然行善」之意。這情況跟
「目明」和「耳聰」一樣：「目明」的意思就是眼睛不僅能看，而且
看得明白；「耳聰」的意思就是耳朵不僅能聽，而且聽得清楚。「看得
明白」和「聽得清楚」是眼睛和耳朵這些官能在運作時的自然狀態。
同理，「性善」的意思是人性自身不僅能活動，而且其活動只能是善
的——「善」是人性在運作時的自然狀態。可以反過來作一假設：倘
若我們一出生就是盲子或聾子，則我們顯然不能合理地宣稱「目是明
的」或「耳是聰的」；而根據相同的理由，倘若沒有人一出生就能行
善，則我們顯然不能合理地宣稱人性是善的。

　　第三則言論則是對「性善」的肯定：

　　孟子曰：「人之性善。」
　　曰：是不然。凡古今天下之所謂善者，正理平治也；所謂惡者，
　　偏險悖亂也：是善惡之分也矣。今誠以人之性固正理平治邪，
　　則有惡用聖王，惡用禮義哉？雖有聖王禮義，將曷加於正理平
　　治也哉？今不然，人之性惡。故古者聖人以人之性惡，以為偏

險而不正，悖亂而不治，故為之立君上之埶以臨之，明禮義以
化之，起法正以治之，重刑罰以禁之，使天下皆出於治，合於
善也。是聖王之治而禮義之化也。今當試去君上之埶，無禮義
之化，去法正之治，無刑罰之禁，倚而觀天下民人之相與也。
若是，則夫彊者害弱而奪之，眾者暴寡而譁之，天下悖亂而相
亡，不待頃矣。用此觀之，然則人之性惡明矣，其善者偽也。

在此，荀子對於「人之性善」之說，提出一個類似歸謬法（redu-
ctio ad absurdum）的批評。約言之，歸謬法的證明方式是：先假定一
主張為真，復根據該主張進行推論。當推論所得結果為假，遂可反證
該主張亦為假。荀子的思路正是如此：設若人性果真是善，則人類不
需著力，就該懂得行善，如是「正理平治」的社會秩序亦會自然形
成。這樣一來，聖王創制禮義便屬不必要之事。因為聖王創制禮義，
無非是要建立「正理平治」的社會秩序，避免社會混亂下去。這是以
性善論為真的前提所作的必然推論。然而荀子指出事實剛好相反：從
經驗可見，根本沒有人會自然行善，反而行惡方為人類的常態，正因
這樣，人類世界才會一團糟。此所謂「偏險而不正，悖亂而不治」。
古聖王正是目睹此一事實，才會建立國家、推廣禮義、施行刑法，以
提升人類的素質，並軌範其行為。要之，若性善論為真，則行善便是
人類常態，如此聖王和禮義便不會存在，亦不需存在。然而在人類社
會中，行惡方為常態，聖王和禮義亦早出現，這些事實，不僅構成性
善論的反例，同時也是性惡論的明證。

3　荀子對「人禽之辨」的說明

在〈性惡〉篇中，荀子主張凡人皆有「可以知仁義法正之質」、
「可以能仁義法正之具」。這些質具，寬鬆地說，主要涉及認識道德

價值、制度意義的思考能力，以及體現道德、遵行制度的實踐能力等。雖然荀子沒有明確宣稱這些能力是「人禽之辨」，但這些能力顯然是人類所獨有者。上面也曾指出，這些質具是成聖的質具，是「塗之人可以為禹」的內部條件。如果聖人是「善」的典範，或至少是最能表現「善」的一種人格，那麼，這些作為人禽之辨的質具，和「善」無疑有著密切的關係。在這個問題上，〈非相〉篇和〈王制〉篇作了正式的討論。試就相關文本申說其義。

〈非相〉篇從「辨」看人禽之辨：

> 人之所以為人者何已也？曰：以其有辨也。飢而欲食，寒而欲煖，勞而欲息，好利而惡害，是人之所生而有也，是無待而然者也，是禹桀之所同也。然則人之所以為人者，非特以二足而無毛也，以其有辨也。今夫狌狌形狀亦二足而無毛也，然而君子啜其羹，食其胾。故人之所以為人者，非特以其二足而無毛也，以其有辨也。夫禽獸有父子，而無父子之親，有牝牡而無男女之別。故人道莫不有辨。

荀子認為，人類之所以在各種生物中脫穎而出，在於人類擁有「辨」此一特質。所謂「辨」，主要是指人類劃分各種社會身分，並為各種社會身分制訂相關的權利、責任的能力。荀子以「父子之親」和「男女之別」為例說明這一點。他指出，人類和禽獸的不同，在於禽獸只有血緣上的父子關係和生物學意義的雌雄之分。但人類則能根據父子在血緣上的親密性和雌雄在生物學特徵上的差別性，進一步發展出「父子之親」和「男女之別」。所謂「父子之親」，意即父和子之間互相對待的合理方式，例如父母慈愛兒女，兒女孝順父母等。而這種慈愛和孝順的互相對待的方式，乃是立基於父子之間的血緣而制訂

出來，即：由於兒女的生命是父母所生，在某種意義上，兒女就是父母生命的延續，這樣一來，父母對於作為自己生命延續的兒女，在對待方式上便應當有別於與自己沒有生命延續關係的其他人，這種對待方式，在儒家而言就是「慈愛」──原則上，父母只應慈愛自己的兒女，而不應慈愛其他人──或者說，父母對其他人的善意，不應當以「慈愛」來表達。反過來看，兒女對待自己的父母也應基於相同的原則：是自己的父母──而不是其他人──賜與自己生命和養育自己成人，因此，兒女對待自己父母的方式，便應當和其他人有別，這種對待方式，在儒家而言就是「孝順」。要之，禽獸只有血緣上的父子關係，但人類則能根據血緣上的父子關係，設計出適用於此關係的互相對待的方式。在荀子，這就是人類「辨」的能力的運用。

「男女之別」亦然。禽獸固分雌雄，但牠們只有生物學上的性徵之分。這種性徵之分，若謂有何特別的意義，至多只是體現在繁衍後代的交配行為上。但人類不同。人類不僅有生物學上的雌雄性徵之分，更有「男女之別」，即：人類能根據男女在生物學上的差異，為各自的社會生活作出合理的安排，例如男性氣力較女性大，故男性負責耕作狩獵，女性主理家務事宜；男女身體特徵有別，對異性易生反應，為免不必要的糾葛，故人類有男女不同室的要求，等等。要之，禽獸只有生物學上的雌雄之分，但人類則在此基礎上發展出「男女之別」，即在人類社會中，男和女被賦予了不同的生活方式，這些生活方式，關連到男女不同的社會地位，以及不同的權利和責任。如同「父子之親」一樣，這種「男女之別」，也是人類「辨」的能力的運用。

「父子之親」和「男女之別」只是人類社會生活的兩個環節。事實上，荀子認為「人道莫不有辨」，人類社會生活的各個層面，無不涉及身分，以及身分背後的權利、責任的劃分。除父子、男女之外，例如師生、君臣、傭傭、主奴等，都是人道的「辨」。這些「辨」的

運用和設置，主要是藉由身分的界定和權責的分配，使人人在一套集體接受（collective acceptance）的建制（institution）中，得以安於其位，各取所需，從而形成有秩序的社會狀態。用荀子的話來說，就是形成「正理平治」——夫「正理平治」，實即「善」的具體化之謂。依此，「辨」這種劃分社會身分的能力，乃是為禽獸所無、而由人類所專有者；而此能力的廣泛運用，乃可形成有條理的社會生活——即形成「正理平治」之「善」。

〈王制〉篇則從「義」看人禽之辨：

> 水火有氣而無生，草木有生而無知，禽獸有知而無義，人有氣、有生、有知，亦且有義，故最為天下貴也。力不若牛，走不若馬，而牛馬為用，何也？曰：人能群，彼不能群也。人何以能群？曰：分。分何以能行？曰：義。故義以分則和，和則一，一則多力，多力則彊，彊則勝物；故宮室可得而居也。故序四時，裁萬物，兼利天下，無它故焉，得之分義也。

荀子主張，人類和其他存有物的不同，在於人類在物質、生命、知覺之外，尚擁有「義」這項特質。此人類所以為萬物之靈。據古義，「義」是合宜、恰當、中理。在此，荀子主要用「義」字稱謂判斷一個事情是否合理或應該的道德意識。正因人類擁有這種道德意識，人類才能突破生物的界限，形成群居的社會，過著有秩序的生活。這就是「人何以能群？曰：分。分何以能行？曰：義」這段話的主題：「群」指眾人共同組成的社會。而社會之所以能組成，是由於成員們擁有彼此不同的身分，在各自的崗位上，行使不同的權利，承當不同的責任，從而對社會作出不同的貢獻，這就是「分」。而這種「分」之所以能維繫、運作、發展，是由於人擁有「義」這一道德意

識，判斷「分」對於人類的生存而言是合理、應當的。

綜言之，「辨」是指劃分的能力，「義」是指道德的意識，兩者俱為人類的特質，屬於「人禽之辨」的範圍。並且，這兩項特質的運作和推廣，正所以構成人類社會的秩序性。據此，「善」之為物，若要追究其源頭，其實還是離不開人類固有的條件或人類生命的天然機制。但必要辨明一重點：不論是有關「仁義法正」的成聖質具，還是「辨」的能力和「義」的意識，俱不能看作是人性的部分。根據〈正名〉篇，人性不僅是「生之所已然」[62]，更且是「不事而自然」，人性乃是這兩個條件之相加，這兩個條件的任何一個，都不足以單獨構成人性。可以說，在荀子的理解中，人性是生而即具而又自然運作的狀態或活動。[63]據此，成聖的質具，以及「辨」、「義」的特質，雖是

---

62 按1：「生之所已然」原作「生之所以然」。讀「以」為「已」，主要是接納張岱年先生的意見。說見張岱年：《中國倫理思想研究》（上海市：人民出版社，1989年），頁96。

按2：「生之所以然」和「生之所已然」在意義上分別頗大：前者是指使生命成為如此這般的根據或原因，後者則是指生而完具的條件或狀態。兩種意義相較，後者比前者更貼近荀子對生命或人性的看法。荀子是經驗的性格，他的哲學興趣只在經驗範圍以內可觸可感的對象，而不在經驗背後或經驗之外的形上（metaphysical）或超越（transcendental）的物事。這種經驗的性格放在人性問題上，便只看人類的現成活動是什麼，或只看人類既有的能力是什麼。荀子屢言人性是「生而有」、「天之就」，正體現了這種經驗的性格。「生之所已然」的「已然」，正是現成、既有、當下如此的意思，這一改動，正可與「生而有」、「天之就」諸語相呼應。

63 〈正名〉篇對「性」有一段相當重要的論述：「生之所以然者謂之性；性之和所生，精合感應，不事而自然謂之性。」在這段論述中，荀子對「性」作出了兩組說明，分別「生之所以然」和「性之和所生，精合感應，不事而自然」。根據學界的一般看法，這兩組說明是對「人性」的兩個界說（definition）。筆者曾撰文提出異說，主張這兩組說明，只能算作是「人性」的兩個必要條件（necessary condition）。這兩個必要條件的相加，方構成「人性」的充分條件（sufficient condition）。亦即，「生之所以然」和「性之和所生，精合感應，不事而自然」這兩組說明的相加，方構成「人性」一詞的完整界說。具體的論證詳參拙作〈荀子性善說獻疑〉，《東吳哲學學報》第34期（2016年8月），頁61-96。

「生而所已然」，是人類生命中固有之物，但它們可不像情緒、欲望那樣「不事而自然」——對仁義法正的掌握不是先天的本能，而是經由學習、實踐方可形成的才幹；劃分社會等級的「辨」，以及判別事情之是非或應當與否的「義」，亦需要在吸收歷史文化知識和人際交往的基礎上方逐步被激活。從這方面看，辨、義和成聖的質具這些「人禽之辨」，雖然和「善」或「善」的形成有關，但由於它們只是「生之所已然」的固有條件，而非「不事而自然」的自發活動，因此它們都未能滿足「性」的界說。甚至可以說，由於它們涉及「可學而能」、「可事而成」的成分，所以說它們近於「偽」似乎更為合適。這樣的立場，和〈性惡〉篇有關禮義是「生於聖人之偽，非故生於人之性」的說法，乃是互相支持的。

（三）荀子的天論

在古代中國哲學的語境中，「天」主要有兩個基本涵義。一是超乎人力以外的某種存有或力量；二是自然如此、不經人為的狀態。荀子有〈天論〉一文，當中對「天」的論述，也包含了這兩個基本涵義。就第一個涵義而言，荀子的「天」主要表示一「自然之天」，即科學意義或物理意義的自然界及其所展現的物理規律。自然界的存在不立基於人力，物理規律的運作亦獨立於任何生物的意志。這正是荀子言「天」的基本立場。而就第二個涵義而言，荀子的「天」主要表示人類所具有的天然條件，包含各種天生的活動、官能、性向及生活方式等。

1　自然之天

〈天論〉篇起首數語，為荀子言自然之天的總綱，文曰：

> 天行有常，不為堯存，不為桀亡。應之以治則吉，應之以亂
> 則凶。

這裡的「天」是自然界的意思。「天行有常」，即自然界的運行有
其常軌，此常軌並不因人類社會的治亂與衰而有所變更。然而，只要
人類好好掌握自然界運行的常軌，將當中有利的部分應用於人事，社
會即可致治，否則便將造成禍害。顯然的，荀子表面上言天的常則，
但其關懷的重點實在於如何經營人事。是故荀子接著說：

> 彊本而節用，則天不能貧；養備而動時，則天不能病；脩道而
> 不貳，則天不能禍。故水旱不能使之飢，寒暑不能使之疾，祅
> 怪不能使之凶。本荒而用侈，則天不能使之富；養略而動罕，
> 則天不能使之全；倍道而妄行，則天不能使之吉。故水旱未至
> 而飢，寒暑未薄而疾，祅怪未至而凶。受時與治世同，而殃禍
> 與治世異，不可以怨天，其道然也。故明於天人之分，則可謂
> 至人矣。

舉例說，只要平日勤於農耕，節約資源，即使遇上水災或旱災，
也會有足夠的糧食儲備應付過去；反之，倘使荒廢農事，浪費食材，
就算沒有天災，亦難免受饑渴問題所困。又如平日飲食均衡、多做運
動，體魄自然強健，遇到氣候突變，亦不會輕易生病；然而如果平日
便不注意飲食和運動，即使氣候溫和合宜，亦難有健康的身體。約言
之，荀子的意思是，只要人們願意努力，即使自然界發生不利於人類
生存的狀況，人們亦可解決問題，保障基本的生活；反之，假若人們
不願意努力，那麼自然界的有利條件再多，也無法抵銷人事上的荒
廢。而瞭解到天道和人事上述的界限，亦即瞭解到人事而非天道方為

改善人類生活的著力點之所在，就是瞭解到「天人之分」。

荀子既強調人事上之努力，因此他認為，人們對於「天」，實無需花費時間和精神研究其背後的原理，故有「不求知天」一論旨之提出：

> 不為而成，不求而得，夫是之謂天職。如是者，雖深、其人不加慮焉；雖大、不加能焉；雖精、不加察焉，夫是之謂不與天爭職。……列星隨旋，日月遞炤，四時代御，陰陽大化，風雨博施，萬物各得其和以生，各得其養以成，不見其事，而見其功，夫是之謂神。皆知其所以成，莫知其無形，夫是之謂天功。唯聖人為不求知天。

自然界展現了各種規律和現象，例如日月星辰的運行、春夏秋冬的交替，陰陽風雨的施化等。使這些規律和現象出現，是自然界的職任，這叫「天職」；而這些規律和現象為萬物提供了生成存活的資源，是自然界的功勞，這叫「天功」。荀子認為，自然界及其所呈示的規律和現象，固是人類所能「見」、所能「知」的，但自然界為什麼會存在，其規律和現象背後的原理又何若，則是人類所不能「見」、不能「知」的。也就是說，作為人類，我們只知自然界的「然」的表層；至於自然界的「所以然」的深層，則非人類的感官感力和理智能力所能掌握。因此，對於自然界的「所以然」的深層，我們實在不需耗費精力去思考、介入、研察，這叫做「不與天爭職」，又叫做「不求知天」——由於荀子主張，我們只消知道瞭解自然界之「然」而不需瞭解其「所以然」，因此，所謂「不求知天」，其完整的語意，實即「不求知天之所以然」。我們要知道的，只是自然界在經驗上告訴了我們什麼，至於自然界超出經驗的部分，例如它的本根或

本體如何，其規律和現象基於什麼原理而是如此而非那樣，則非我們的理性和感官所能及，亦非我們的責任所應及。之所以有這個分別，是由於荀子的哲學任務始終是在禮義社會的建立，對前者的掌握有利於這個任務的完成，而後者則流於神學或形上學的研究，這畢竟不是荀子的興趣所在。

2　人類所擁有的天然條件

人類所具有的天然條件，例如人類各種天生的活動、官能、性向及生活方式等，亦為荀子言「天」之重點，相關文本如下：

> 天職既立，天功既成，形具而神生，好惡喜怒哀樂臧焉，夫是之謂天情。耳目鼻口形能各有接而不相能也，夫是之謂天官。心居中虛，以治五官，夫是之謂天君。財非其類以養其類，夫是之謂天養。順其類者謂之福，逆其類者謂之禍，夫是之謂天政。

荀子認為，在自然界的「天職」、「天功」之下，萬物得以生成、存活、發展。人類作為萬物之一，亦從自然界的孕育中獲得了形體和精神。而形體和精神，便構成了人類完整的自然生命。這個自然生命，涉及各種與生俱有的活動、官能、生活方式等。例如好惡喜怒哀樂等情緒活動，這叫「天情」；耳目口鼻四肢等接觸外界訊息的感官，這叫「天官」；處於人體的中心地位、並指揮天官運作的心靈，這叫「天君」；裁制其他物類以供養人類的生活方式，這叫「天養」；「天養」管理得宜，便有利人類生存，否則即生禍患，這叫「天政」。荀子以「天」字稱呼上述的活動、官能、性向等，旨在表示這些都是人類所具備的天然條件。然則何以要考察人類的天然條件？荀子續謂：

> 聖人清其天君，正其天官，備其天養，順其天政，養其天情，
> 以全其天功。如是，則知其所為，知其所不為矣；則天地官而
> 萬物役矣。其行曲治，其養曲適，其生不傷，夫是之謂知天。

據此，必先指認出人類具有些什麼天然條件，對其功能、範圍和限制有足夠的理解，然後要建構人類美好生活，方知何者當為，何者不當為，這就是「知天」──瞭解人類天生具有各種官能、情欲，瞭解人類擁有理性的能力，瞭解人類是藉由裁制其他物類以維繫自身之生存。先要瞭解這一切，方能進而思考對人類來說，合理美好的社會生活應當如何規劃。這正是聖人治世應為之事。而「知天」之成效，在使政事的施行無不中理，在使人民得到適當的照料，亦在萬物的得以保全及生生不息。

3　「不求知天」和「知天」的調和

根據前述分目，在談及「自然之天」和人類的天然條件時，荀子分別提出「不求知天」和「知天」這兩個在字面上互相矛盾的說法。而這個矛盾，實可從兩方面得到調和。試就此予以論析，作為本節之總結。

首先，如上文所述，「不求知天」和「知天」此二語中的「天」字，彼此意指不同，故兩者之間，實無真正的矛盾。「不求知天」的「天」字，指的是自然界，或更確切地說，指的是自然界及其規律之所以如此的原因或根據，亦即自然界的「所以然」的部分。因此，荀子說聖人「不求知天」，應被理解為聖人「不求知天之所以然」。反之，「其行曲治，其養曲適，其生不傷，夫是之謂知天」的「天」字，指的則是人類生而具備的生命狀態，例如天生的情緒活動、官能反應及人類藉由宰制其他物類以供養己類的生活方式等，荀子以「天

情」、「天官」、「天君」、「天養」、「天政」等概念予以概括。據此，「不求知天」和「知天」，是聖人對兩個不同問題所提出的不同主張，並非理論內部的不一致也。

指出「不求知天」和「知天」並無矛盾，只是消極的調和方式。至於積極的調和方式，則涉及這兩種主張背後共同預設的經驗主義立場。根據這個立場，荀子只推崇在生活經驗上得到印證，以及可落實推行、能引發良好效應的言論，此即〈性惡〉篇「凡論者貴其有辨合，有符驗。故坐而言之，起而可設，張而可施行」一段話的主旨。荀子所說的「不求知天」和「知天」，意思雖有別，但俱立足於上述的經驗主義立場。因為所謂「不求知天」，是指不求瞭解「天之所以然」這一層屬於人類經驗範圍以外的物事；而所謂「知天」，則是指瞭解人類天生所擁有的「天情」、「天官」、「天君」、「天養」、「天政」等身心條件和生活方式。兩者俱是藉由感官和理智對天和人的現存狀態的充足掌握，進一步尋求建構合理美好的社會的基礎。依此，「不求知天」和「知天」，俱是將立論的根據及其預計達成的效應鎖定在經驗範圍之內。

（四）荀子的正名主義

荀子繼承孔子的正名主義，以為為政之要務，首在確立彼此相符相應的名實關係。唯荀子之有進於孔子者，據〈正名〉篇所論，至少從三點得之。一、孔子提出「正名」，旨在規範當世未必盡如人意的國君或統治者；而荀子言「正名」，則是寄託於一理想中之聖王，藉由此理想中之聖王的謹守名約，引領其民眾、官吏和儒者的一切作為，盡合於名實相符之要求。二、孔子只是強調「正名」在政治上的重要性。荀子則後退一步，反思制名不可不察之三事——分別是制名所達成之目的、制名所依據之基礎及制名所遵守之原則，此即「所為

有名」、「所緣以同異」和「制名之樞要」三說。三、孔子言「名不正則言不順，言不順則事不成」，以為「名不正」將引發連鎖性的惡果。荀子則把「名不正」區分為三種型態，分別是「用名以亂名」、「用實以亂名」和「用名以亂實」此「三惑」；復指出制名的功用、基礎及原則，可分別對治這三種「名不正」的亂象。以上三點，構成了荀子正名思想的基本內容。茲辨析其重點如下。

1　正名的背景

如同孔子提倡「正名」是出於「名不正」的社會現實，荀子撰〈正名〉篇一文，亦是基於相同的考慮。他這樣描述當世「名不正」的亂象：

> 故王者之制名，名定而實辨，道行而志通，則慎率民而一焉。故析辭擅作名，以亂正名，使民疑惑，人多辨訟，則謂之大姦。其罪猶為符節度量之罪也。故其民莫敢託為奇辭以亂正名，故其民愨；愨則易使，易使則公。其民莫敢託為奇辭以亂正名，故壹於道法，而謹於循令矣。如是則其跡長矣。跡長功成，治之極也。是謹於守名約之功也。今聖王沒，名守慢，奇辭起，名實亂，是非之形不明，則雖守法之吏，誦數之儒，亦皆亂也。若有王者起，必將有循於舊名，有作於新名。然則所為有名，與所緣以同異，與制名之樞要，不可不察也。

荀子指出，他所身處的戰國末世，是一個是非混淆、黑白顛倒的時代。在這時代中，人民昧於真理，彼此爭訟不休，即使是最遵守禮法的官吏和儒者，對這個混亂的局面亦無力稍變。而這個混亂的局面之所以形成，是由於「今聖王沒，名守慢，奇辭起，名實亂，是非之

形不明」。本來，古聖王所制定的各種「名」，乃是「名定而實辨，道行而志通」，能起到彰明是非、建立治道的功用，可惜至於當世，統治者多慢於名守，甚至「析辭擅作名，以亂正名」，撇開古聖王的遺制，對語言概念、以及身分和權責的關係，擅自設定私人標準，因而使是非不明、名實殽亂，人人無所適從。荀子的理想，並不是如孔子那樣，期待以「正名」的要求約束當世的統治者，而是寄望有一王者誕生，結束上述「名不正」的亂象：一方面，這位王者對於古聖王遺留下來的舊名，能吸收、發展具實效性的部分；另一方面，對於新世代中出現的新事物、新問題，也能創立人人普遍適用的新名。如此一來，名實關係歸於正軌，民眾、官吏和儒者俱知所適從，便能「壹於道法，謹於循令」，社會因此致治也。

2 制名三事

　　荀子認為王者之制名，不管是「有循於舊名」還是「有作於新名」，有三件事是不可不察的，分別是「所為有名」、「所緣以同異」和「制名之樞要」。「所為有名」是制名所達成之目的，「所緣以同異」是制名所憑藉之基礎，「制名之樞要」是制名所遵守之原則。可以說，在這三事上具備正確的認識，是王者制名的必要條件。

(1) 所為有名

　　所謂「所為有名」，實即「有名所為何事」之意。它問的是制名的目的何在。荀子論述如下：

> 異形離心，交喻異物，名實玄紐，貴賤不明，同異不別；如是，則志必有不喻之患，而事必有困廢之禍。故知者為之分別制名以指實，上以明貴賤，下以辨同異。貴賤明，同異別，如

是則志無不喻之患，事無困廢之禍，此所為有名也。

　　荀子認為，萬物形態各異，在人們心靈中所產生的印象也不相同。所以人們在互相交流對萬物的認識前，如果不先對名實關係有明確、一致的規定，那麼同異之間便難再作區別，貴賤的界限也將變得模糊。前者的後患是心志無法讓別人瞭解，後者的禍害是事情無法順利完成。顯然的，荀子有關「同異」、「貴賤」的區分，約略相當於前章所說的「標籤性的名實關係」和「規範性的名實關係」的區分。「同異」主要涉及人們用相同或不同的「名」去標籤外物的種類、樣態及其所含性質。倘若你我共同一名，而不知所指之實相異，或所用之名相異，而不知所指之實相同，則我們之間的交流，就如同「雞同鴨講」，無法達到喻志的效果。這是「標籤性的名實關係」之一例。「貴賤」則主要涉及人們的社會地位及背後的權利分配和責任歸屬。社會地位是其「名」，而背後的權利責任則是其「實」。倘若每個國家成員對於不同社會地位及其權利責任的關係有不同的認定或期待，則他們對於自己應做什麼或不應做什麼便無法形成共識。如此，人與人之間便難以合作，公共事務也只能停擺作罷。這是「規範性的名實關係」之一例。

　　因此，荀子所說的「制名以指實」，實涉及「標籤性」和「規範性」兩種型態。對荀子來說，「規範性的名實關係」至關緊要，故曰「上以明貴賤」──即是說，制定各種社會身分、等級、地位以及其相應的權利、責任，是王者制名的工作中最重要的一環。次者則是「下以辨同異」，對於天地萬物和人類社會中的各種器物，必須統一名目，以利喻志和溝通。做到了「同異別」，「貴賤明」，人們的心志就能清楚的表達出來，與他人互相瞭解；並且，一旦每個人都清楚自己在社會中擔當了何種角色，便能在各自的權利責任的範圍內互相合

作，使公共事務得以順利進行。荀子認為，王者之制名，必須以實現
上述兩項目的為職志。

（2）所緣以同異

所謂「所緣以同異」，問的是人們憑藉哪些條件或能力，而得以認
識事物在種類、樣態、性質等感官所可及的各方面的同異。荀子說：

> 然則何緣而以同異？曰：緣天官。凡同類同情者，其天官之意
> 物也同。故比方之疑似而通，是所以共其約名以相期也。形
> 體、色理以目異；聲音清濁、調竽、奇聲以耳異；甘、苦、
> 鹹、淡、辛、酸、奇味以口異；香、臭、芬、鬱、腥、臊、漏
> 庮、奇臭以鼻異；疾、養、滄、熱、滑、鈹、輕、重以形體
> 異；說、故、喜、怒、哀、樂、愛、惡、欲以心異。心有徵
> 知。徵知，則緣耳而知聲可也，緣目而知形可也。然而徵知必
> 將待天官之當簿其類，然後可也。五官簿之而不知，心徵知而
> 無說，則人莫不然謂之不知。此所緣而以同異也。

荀子發現，人類之所以能認識事物之間的種種同異，主要憑藉兩
項生物學上的條件。一是「天官」，即人類生而即具的、可對外物產
生各種感覺印象的感官機能，例如眼可以辨形、耳可以辨聲、鼻可以
辨臭、口可以辨味等。並且，由於同類的感官結構是相同的，因此，
同類藉由感官接觸外在世界，所獲得的感覺印象也都是相同的。對此
人類也不例外。二是「心有徵知」。荀子指出，人類感官與外物相
交，首先只是受到外物的刺激。這些刺激所帶來的資訊，會按不同的
感官進行分類。然而，這些分類好的資訊，必須經由心靈的理智能力
加以檢核，才能形成特定的感覺印象，此即「心有徵知」。在荀子看

來，「天官」和「心有徵知」這兩項生物學條件，正是人類能夠設計
共用的語言，將世界的一切符號化，以便成功地互相溝通——亦即荀
子所謂「制名以指實」、「名定而實辨」——的根據所在。

（3）制名之樞要

所謂「制名之樞要」，問的是制名所應遵守的原則為何。在此，
荀子主要提出制名的兩個原則，並交代制名的幾個分類單位。先看第
一個原則的相關文本：

> 然後隨而命之，同則同之，異則異之。單足以喻則單，單不足
> 以喻則兼；單與兼無所相避則共；雖共不為害矣。知異實者之
> 異名也，故使異實者莫不異名也，不可亂也，猶使異實者莫不
> 同名也。故萬物雖眾，有時而欲遍舉之，故謂之物；物也者，
> 大共名也。推而共之，共則有共，至於無共然後止。有時而欲
> 徧舉之，故謂之鳥獸。鳥獸也者，大別名也。推而別之，別則
> 有別，至於無別然後止。

荀子指出，在經過「天官之當簿其類」和「心有徵知」的程序
後，人們便能對外在世界產生共同的感覺印象，此時便可著手為萬物
制名。而制名的第一個原則，就是「同則同之，異則異之」——事物
之間形態、性質或活動模式相同者，便歸入同一名稱；其相異者，便
以不同名稱區別之。此一原則，可暫稱為「同同異異原則」[64]。此一
原則，還涉及「單名」、「兼名」之別。單名是以一字為事物之名，兼

---

64 此處「同同異異原則」和後文「約定俗成原則」的稱呼及相關詮釋，主要接受馮耀
　明先生的觀點。參讀馮耀明：〈荀子的正名思想〉，《哲學與文化》第16卷第4期
　（1989年4月），頁37-40。

名是以二字或以上為事物之名。依荀子意，在一語境中，若單名便足以表達心志，便使用單名，若單名不足以表達心志，便當使用兼名。而兼名的使用之所以在某些語境中比單名更合適，當然是由於兼名對外物的描述更為具體和廣泛之故。而這又必須預設各人的感官和心知對外物能產生相同的感覺印象。

此一「同同異異原則」，涉及兩個不同的層次。一是「使異實者莫不異名」，一是「使異實者莫不同名」。這兩個層次看似矛盾，實則不然，因為此二層次中的「實」字各自表述不同的意思。「使異實者莫不異名」的「實」字，主要是就事物的種類（type）而言。這是說，某些事物具有某一特徵，而另一些事物具有另一特徵，而特徵之不同，便構成事物之間在種類上之不同。而對於不同種類的事物，便分別給予不同的名。至於「使異實者莫不同名」的「實」字，則是就事物的個體（individual）而言。這是說，有些個殊的事物之間明顯具有相同的特徵。我們可根據這相同的特徵，將這些個殊的事物組成同一類，並設一名以概括之。前一層次的「名」，旨在識別事物之間的差別性；後一層次的「名」，旨在指認事物之間的共同點。譬如說，我們看到某些生物飛於天上，而某些生物則游於水中，針對此二種生命活動之不同，故分立「鳥」、「魚」二名以區別之，這是「使異實莫不異名」。而有些個別的生物之間，雖然在體型、樣態、顏色、習性各方面俱不同，但卻共同擁有「飛行」的本事，故立「鳥」一名予以概括，這則是「使異實莫不同名」。

「同同異異原則」所涉及的這兩個層次，約略相當於「共名」和「別名」之別：「使異實者莫不同名」的層次相當於「共名」；而「使異實者莫不異名」的層次則相當於「別名」。根據荀子，共名的功能在「遍舉」。「遍舉」即指出事物之間的普遍性質或共同性質之謂。例如「物」字就是一個共名——物與物之間差異不管有多大，只要它是

存在的，甚至於只要它可被談論，我們都可以稱之為「物」。故不同的事物，都可以「共」享「物」此一「名」。由此看來，「共名」其實就是以同名稱謂異實，亦即「使異實莫不同名」之意。相較於此，「別名」的功能則在「徧舉」。「徧舉」即指出事物之間的獨特性質或不同性質之謂。例如「鳥」和「獸」就是別名——「鳥」指稱飛行的生物，「獸」則指稱行走的生物。[65]亦即，「鳥」、「獸」二名，實源於生物之間的某些活動或行為傾向上的差異。由此看來，「別名」其實就是以異名稱謂異實，亦即「使異實莫不異名」之意。[66]

　　第二個原則可暫稱為「約定俗成原則」，相關文本如下：

　　　　名無固宜，約之以命，約定俗成謂之宜，異於約則謂之不宜。
　　　　名無固實，約之以命實，約定俗成，謂之實名。名有固善，徑

---

65 以「鳥」、「獸」分別指稱飛行或行走的生物，只是為說明問題而採取的方便說法，不表示凡是飛行或行走的生物都可分別稱之為「鳥」、「獸」。

66 必須指出，「共名」和「別名」的區分並不是絕對的。所謂「不是絕對的」，意思是一個名可相對於不同的標準，而同時具有「共名」和「別名」的身分。一個名不會因為它被用作「共名」，而喪失成為「別名」的可能性，反之亦然。以荀子所舉的「鳥」、「獸」為例，雖然荀子以「鳥」、「獸」為「別名」，但不表示「鳥」、「獸」只能是「別名」。事實上，「鳥」、「獸」可相對於某一標準而為「共名」。「鳥」、「獸」可用為「別名」，是因為二名可「徧舉」鳥、獸之間不同的特質——鳥是飛行的生物，獸是行走的生物，故分立不同的名，以相區別。因此，以「鳥」、「獸」為「別名」，意思是「鳥」、「獸」等名所指的事物，具有其他事物所沒有的特質。至於「鳥」、「獸」可用作「共名」，是因為二名可「徧舉」各自的類別之內所有個體事物的共同性質——「鳥」一名是要徧舉所有飛行的生物，「獸」一名是要徧舉所有行走的生物。相對於所有飛行的生物而言，「鳥」就是一「共名」；相對於所有行走的生物而言，「獸」就是一「共名」。由這些分析看來，荀子以「鳥」、「獸」為「別名」的例子，其實並不恰當（至少在解說上並不完整），因為以「鳥」、「獸」為「別名」，只能相對於其「徧舉不同類之間的特質」的功能而成立。倘若著眼於「徧舉同類中各事物的共同性質」的功能，則「鳥」、「獸」反而可被用來例釋何謂「共名」了。

易而不拂，謂之善名。……此制名之樞要也。後王之成名，不
可不察也。

荀子指出「名」的兩個特性：一是「名無固宜」，一是「名無固
實」。「宜」者「意思」（sense），「實」者「指涉」（reference）。「意
思」是文字符號所承載的內容；「指涉」是文字符號所代表的對象。
荀子認為，一文字符號所具備之意思，或所指涉之項目，並非先天固
有的語言現象，而是必須藉由語言社群的共同約定，並通過實際的使
用而逐漸釐定下來，此即所謂「約定俗成」。根據這一制名的原則，
一符號一旦被共同約定具有某意思或指涉某對象，便成為專門表達該
意思或指涉該對象的「名」。這樣一來，當我們對該「名」的使用合
乎共同約定，此一使用就是對的；不合乎共同約定，此一使用就是不
對的。

3　對「三惑」的駁斥

上文已指出，孔子的「正名」，乃是針對當世「名不正」之現實
困境而提出來的一個思想觀念。其批評的重點，幾乎全在當權者之實
不當名上。故孔子言名實關係，實以「規範性」一層為首要。而荀子
有進於孔子者，一方面在其倡言「上以明貴賤，下以辨同異」，在名
實關係上，兼重標籤性和規範性兩層；另一方面則在其對於當世「名
不正」之亂象，系統地概括為三種迷惑人心、並有害於治道的狀況，
即「凡邪說辟言之離正道而擅作者，無不類於三惑者矣」中的「三
惑」。值得注意的是，荀子對三惑的說明，是以當世諸子百家的言論
作例釋。這反映荀子已超出孔子的範圍，把有害治道的根由從名實不
符的當權者擴大至擾亂名實、顛倒是非的思想家。試扼要說明荀子駁
斥三惑的論述。其說如下：

「見侮不辱」，「聖人不愛己」，「殺盜非殺人也」，此惑於用名以亂名者也。驗之所為有名，而觀其孰行，則能禁之矣。「山淵平」，「情欲寡」，「芻豢不加甘，大鐘不加樂」，此惑於用實以亂名者也。驗之所緣以同異，而觀其孰調，則能禁之矣。「非而謁楹」，「有牛馬非馬也」，此惑於用名以亂實者也。驗之名約，以其所受，悖其所辭，則能禁之矣。

　　據此，「三惑」包含「用名以亂名」、「用實以亂名」、「用名以亂實」三者。茲分別說明如下。

（1）用名以亂名

　　所謂「用名以亂名」，是指由於語言概念的不同用法或意義而引起思想上的混淆。荀子以三例歸於此惑，今試以「見侮不辱」、「殺盜非殺人」二例略釋其義。「見侮不辱」是宋鈃的主張，荀子於〈正論〉篇嘗斥其說。從字面上看，「侮」是來自他人的無理欺壓，「辱」是受委屈的心理感受。在一般情形下，他人對我施以無理的欺壓，我心必會產生受辱的情緒，「侮」、「辱」往往相伴而生，故「見侮則辱」方為世間的常態。然而宋鈃倡言「見侮不辱」，以為他人之侮與自我之辱分屬二事，無需連成因果。荀子以為此說只是「用名以亂名」，蓋「辱」字實有兩種相反的用法，而宋鈃未及細辨，遂誤分「侮」、「辱」為二事。荀子於〈正論〉指出，「辱」有「義辱」和「勢辱」之分。「義辱」是指「流淫汙僈，犯分亂理，驕暴貪利，是辱之由中出者也，夫是之謂義辱」，「勢辱」則是指「詈侮捽搏，捶笞臏腳，斬斷枯磔，藉靡后縛，是辱之由外至者也，夫是之謂勢辱」。簡單說，「義辱」是指自己甘於墮落、不思長進，「勢辱」則是指他人無理欺壓，故心生委曲不忿。「義辱」和「侮」互不相干，而「勢

辱」則由外侮而生。故宋鈃的「見侮不辱」，只能就「義辱」言，而違反一般人從「勢辱」理解「見侮則辱」的習慣。也就是說，宋鈃在「辱」和「侮」的關係的討論中，其對「辱」字的用法實與語言社群相違，因而作出了似是而非的論斷。

「殺盜非殺人」是墨家後學近名家一系的著名論題，語出《墨子》〈小取〉[67]。荀子沒有明確指出它何以犯有「用名以亂名」的毛病，但或可這樣分析：根據一般人的認定，「盜」和「兵」、「商」、「農」、「士」、「師」一樣，都是「人」在社會中所能擁有的眾多身分中的其中一種。亦即，在一般人的理解中，「人」和「盜」的關係，乃是總類和子類之間的關係。根據這個關係，人可以不必為盜，但為盜者必定是人。依此，說「盜」進行著某活動，其實便已預設是「人」在進行著該活動。在這個意義上，有一盜被殺，亦即表示有一人被殺。這是一般人所理解的「人」、「盜」關係。然而，在「殺盜非殺人」此一論題中，墨家後學卻似乎沒有遵循一般人的用法，把「盜」視作「人」這一總類中的子類，而是把「盜」看作是和「人」平等並列的概念：墨家後學似乎主張，「盜」是一個職業概念，而「人」則是一個物種概念。由於「職業」和「物種」不能混同，因此這兩個概念所涉及的行為者的活動也不能混同。依此，作為職業的盜被殺，不等於作為物種的人被殺。故曰「殺盜非殺人」。然而這樣一個論題，實際上是對於「盜」和「人」這些「名」之間的關係作出不同於常人的理解。亦即，墨家後學是藉由對「盜」、「人」這些「名」提出某種特殊規定，來擾亂一般人對這些名的慣常用法，從而在字面上產生某種弔詭性。故「殺盜非殺人」可歸入「用名以亂名」之列。

---

67 〔清〕孫詒讓撰；孫啟治點校：《墨子閒詁》（北京市：中華書局，2004年），頁418。按：書中凡引《墨子》悉據此本，不另標註腳。

荀子認為，要避免受到「用名以亂名」的語言現象所困惑，做法是「驗之所為有名，以觀其孰行」，亦即檢驗所使用的語言概念當初是基於何種目的而被設計出來，以及考察其實際使用的情形。例如「辱」和「侮」二名之被設計出來，乃是立足於人際關係中一常見現象：當受到他人欺負（侮），我們心中必定冒生委曲忿恨的情緒（辱）。亦即，受辱的心理現象，乃起於外侮的客觀事態。「辱」、「侮」二名的設計，及「見侮則辱」此一關係的釐定，旨在反映上述現象。只消瞭解這一點，便可判定「見侮不辱」必定有違制名者制作「辱」、「侮」二名時的初衷。同理，「盜」一名的制作，本意是要指稱人類從事某種社會活動時的身分。亦即，「盜」一名已預設「人」的概念。然而，由於「殺盜非殺人」一論題排斥上述預設，因此，只要指出「盜」一名的原初設計旨在指稱某種人類活動，便足以否斥上述論題。

（2）用實以亂名

所謂「用實以亂名」，是指對於事實有不當認識而造成語言的誤用。「山淵平」即為一例。從我們作為人類的視覺經驗來看，山和淵無疑是高低有別的。但從其他生物——比如一隻飛鳥——的視覺經驗來看，山和淵只是同一平面上的兩個圖案。上述的差異之所以發生，主要取決於我們有著和飛鳥完全不同的生活方式——人類是陸地的生物，眼睛是從橫面看世界，只見到山和淵的高低之別。而根據這一視覺經驗，「山淵不平」方是「名」的正確使用。反之，飛鳥是天空的生物，牠們的眼睛是從縱線看世界。對牠們來說，一切的事物只構成一個平面，沒有高低的立體性可言。此為荀子批評的重點所在：所謂「山淵平」，只能根據這種鳥瞰式的視覺經驗而成立，它不能適用於一般人日常的視覺經驗。從一般人日常的視覺經驗看，「山淵不平」方是事實。據此，「山淵平」乃是違反人類視覺經驗的錯誤論斷，故

犯有「用實以亂名」之弊。

「情欲寡」亦為宋銒所倡，〈正論〉引其說云：「子宋子曰：『人之情，欲寡，而皆以己之情，為欲多，是過也。』」據此，所謂「情欲寡」，意思是依人性之一般表現，人類所欲求的本甚寡淺。但荀子以為這與人性的事實不合。他指出：「古之人為之不然。以人之情為欲多而不欲寡，故賞以富厚而罰以殺損也。是百王之所同也。」古時的聖王以賞罰治國，正是由於人性是欲多而不欲寡──正由於人類在天性上要求所獲得的利益愈多愈好，所以聖王才能利用厚賞誘使臣民出力，以及利用重刑阻嚇臣民犯罪。前者是積極地使臣民取得利益，後者是消極地防止臣民失去利益。因此，在荀子看來，人性充斥情欲，時時要求滿足，方合於大多數人的本性。順此，情欲是「多」而非「寡」方為「名」的正確使用。以「寡」描述情欲的狀態，只是亂名之舉而已。

「用實以亂名」尚有一例，即「芻豢不加甘，大鐘不加樂」。荀子未曾辨析此說，唯尋繹其意，應是指人類並不以為酒肉和歌舞為美──更一般的說，這是指人類並沒有逐取感官享樂的本性。此說之被視作「用實以亂名」，理由應如「情欲寡」一樣，是由於此說所描述的事態並不合於常人對「芻豢」和「大鐘」的判斷──在常人看來，酒肉是甘美之物，歌舞可帶來愉悅的感受，因此非常值得追求。「芻豢不加甘，大鐘不加樂」正好牴觸人們的感覺經驗，故犯有「用實以亂名」的謬誤。

荀子認為，要避免受到「用實以亂名」的語言現象所困惑，做法是「驗之所緣以同異，而觀其孰調」，亦即檢驗所使用的語言概念所描述的事態是否符合或適切於人類的生活經驗。例如從人類的視覺經驗出發，山和淵是高低不平之二物；從人類逐取外物的行為常態出發，人類往往貪多務得。以這些生活經驗為準，便能判定「山淵

平」、「情欲寡」等論題，只是基於對事實認知有誤而導致語言使用有誤的產物而已。

（3）用名以亂實

所謂「用名以亂實」，是指用名不合共同約定，而造成對事實的曲解。「非而謁楹」一語意義不明，諸家異說，迄無定見，故略而不論。試就「有牛馬非馬也」一說辨析此惑。此說或出自《墨子》〈經下〉「牛馬之非牛，與可之同，說在兼」。根據〈經下〉的說法，「牛馬」和「牛」的不同，在於「牛馬」是「兼」而「牛」則否。「兼」即兩者相加的總體之謂。這是說，「牛馬」一詞指稱由牛隻和馬匹相加的總體，而「牛」一詞則只能指稱「牛馬」此一總體內屬於牛隻的部分。顯然，總體和部分並不互相等同，故曰「牛馬之非牛」。荀子所批評的論題雖然是「有牛馬『非馬』也」而不是「有牛馬『非牛』也」，但此一用詞之別並不偏離宏旨，因為它所表達的意思仍然是「總體不等於部分」——「馬」只指稱由牛隻和馬匹相加之總體內屬於馬匹的部分，而不能指稱由牛隻和馬匹相加之總體本身，因此「馬」和「牛馬」不能彼此等同。此即「有牛馬非馬也」之義。

此說何以有「用名以亂實」之弊，或可循下述分析得之。案「非」字是一複義詞，它可有「不等同」、「不屬於」或「沒有」諸種用法。在「有牛馬非馬也」的論題中，「非」字是「不等同」之義——「牛馬」的總體不等同於總體當中「馬」的部分。這個說法當然是真的，但卻是「真」而「多餘」（true but trivial）——因為總體由至少兩個部分構成，因而總體的外延在邏輯上必然大於部分的外延，乃是顯明得無需特意提出來的一個道理。然而，論題的提出者其實是有意造成對事實的曲解。按照一般人的認知，「牛馬」的總體包含「馬」的部分，對他們而言，「牛馬有馬」方能表達上述的認知。

而「牛馬非馬」由於表達了「牛馬的總體中沒有馬的部分」這層意思，故為一錯誤的主張。「有牛馬非馬也」這個論題的提出者正是利用了「非」字的「不等同」和「沒有」的歧義性，試圖以「牛馬不等於馬」此一無人否認的廢辭，混淆大眾對「牛馬中含有馬」此一事實的認知。

荀子認為，要避免受到「用名以亂實」的語言現象所困惑，做法是「驗之名約，以其所受，悖其所辭」，亦即檢驗所使用的語言概念是否符合語言社群的公共約定，並以語言社會的公共約定為準，否斥亂名者對某些語言概念所立的私人規定。例如當談及「牛馬有馬」時，依大眾的約定，這是指牛馬的總體「含有」馬的部分，因此「牛馬非馬」必然錯誤，其錯誤是依於「牛馬的總體『沒有』馬的部分」而成立。我們只消指出這一廣為大眾所接受的用法，以反駁把「牛馬非馬」強解作「總體不等於部分」之私人規定，便能禁止這種「用名以亂實」的語言亂象了。

第二章
道家哲學

一　概說

先秦道家，途分流別，舉其大者，可有老子、莊子、黃老三系。本章試循此三系，分述道家哲學要旨。而在此之前，應先明其源流問題及學說特色。

道家的源流問題頗為複雜。學人之間不一其說。略言之，諸說可分二型。第一型可稱「單一起源論」，主張道家各系同出一源，以某子為道家哲學之所從出。自司馬遷以來的傳統學術史觀點，當為此型代表。根據此一觀點，道家首創於春秋末年與孔子同時之老子。戰國莊學與黃老思潮，乃分從人生哲學和政治哲學踵承其說，並各成一家之言。唯清末民初有所謂古史辨運動，一反史遷舊說，倡《老子》成書於戰國之季，故老子其人，當較莊子晚出。老子既後於莊子，自不得復為道家之始宗。[1] 由是論者之間，或謂莊子為道家之源頭，如錢穆先生所論；[2] 或以戰國初年的楊朱為道家第一人，如馮友蘭[3]、唐君毅[4]諸先生所倡。迨一九九三年湖北郭店楚墓三組《老子》簡文重現

1　此說頗多學人贊同。主要論述的歸納整理，參讀張鴻愷：《先秦至漢初《老子》思想之發展與變遷》（臺北市：萬卷樓圖書公司，2009年），頁1-6。

2　錢穆：〈關於老子成書年代之一種考察〉，收入氏著：《莊老通辨》，頁21-60。

3　馮友蘭：《中國哲學史》，頁105。

4　唐君毅：《中國哲學原論・原道篇（卷一）：中國哲學中之「道」之建立及其發展》（臺北市：臺灣學生書局，1986年），頁264。按：唐先生以楊朱為道家起源，與馮友蘭同，而又較能詳其說。案馮友蘭以楊朱發起道家，老、莊二子皆繼其緒。唐先

人世，可證老子思想早在戰國中期便已盛行楚地，道家源出老學之說，遂有復甦之勢。以上各個觀點，不論是老子影響莊子和黃老，還是老學繼承莊學，抑或楊朱先於老莊，實皆預設道家的單一始源。但這一思維在解釋上稍嫌簡單，於道家起源及形成實況，固未能充分反映。

第二型可稱「多邊形成論」。此論主張道家起源不止一途。這些不同的起源經由分流發展和交相影響、融合、提升，遂構成先秦道家的大致輪廓。例如王樹民先生主張莊子、老子和黃老俱屬道家，而源頭性質俱有別：莊子是道家之首出，《莊子》內七篇是系統性的理論；《老子》非成於一人，實為集合眾說以成，且別於莊學而主入世；黃老學派則無統一開創人，諸黃老文獻如《黃老帛書》、《管子》、《鶡冠子》等皆各自為政，其學術有明顯法家傾向。[5] 王葆玹先生則認為先秦無統一的道家。據其說，莊學雖讀老子，其所奉宗師仍為莊子，且反對黃老學派的刑名法術。在秦代以前，此二系並未發生明顯的思想聯繫。[6] 劉榮賢先生則從戰國時期「天道大格局」的學術思維探討道家起源問題：「黃老」和「老子」，乃戰國天道思潮下兩個思維方向，唯兩者同屬「君道」思想，而與莊子相別。[7] 莊子的思維，劉先生在另文謂之「臣道」思維，並主張老子和莊子乃是分途發

生則以為楊朱作為始端，先分作「宅囂、魏牟」和「陳仲、史鰌」二支，復發展出彭蒙、田駢、慎到三子思想，然後老莊道家，始得成型。換言之，在唐先生而言，老莊道家並非單純是楊朱的後繼者，而是對整個早期道家的總結及新的轉出。在這問題上，紀俊吉先生作過翔實的整理和辨析，前面所論，主要參酌其說。詳見紀俊吉：〈道家別宗——唐君毅對「道家」先行思想論與析〉，發表於國立中興大學中國文學系主辦「2020經學與文化全國學術研討會」（2020年12月4日），頁13-42。

5 王樹民：〈黃老學派的起源和形成〉，收入氏著：《曙庵文史雜著》，頁97-116。

6 王葆玹：《黃老與老莊》（北京市：中國人民大學出版社，2012年），頁12-15。

7 劉榮賢：《莊子外雜篇研究》（臺北市：聯經出版事業公司，2004年），頁7-9。

展的兩個學術源流。[8]又明清以迄當代，復流行所謂「莊子儒門說」。[9]
此說以莊學為孔門旁支，非老學之流裔。總言之，學者多已放棄單一
起源論，並較能接受多邊形成論的解釋；唯道家各邊派系孰為先後，
彼此間如何滲透，仍屬爭訟不休的重要問題。

　　至於道家整體學說特色，可藉由與儒家對照，而得其大旨。前章
嘗謂儒家之學，可有「經學」和「子學」之分。「經學」是指孔子編
纂六經的文化工程，「子學」則是指先秦儒者們的哲學，特別是有關
「仁義」的學說。前者是人文知識的結晶，後者是人事實踐的原則，
粗言之，俱屬「人道」的範圍。故儒家的本旨，重在以「人道」為建
構學說的方向。道家則稍有不同。道家不是輕視人道，而是認為相對
於「人道」而言，「天道」的地位更為根本。此處所稱「天道」，泛指
宇宙本體或存有本根，以及此本體的性格、此本根的質能及運動模式
等，而這些性格、質能及運動模式，則主要藉天地萬物的活動而得體
現。道家主張人道上的施設，應當是出於對天道的仿效和倡應。能良
好掌握天道，人事上便無需著力，一切自然妥順安適。相較於儒家單
言人道，道家則是天道和人道並重。此一學說特色，學界簡稱為「天
人關係」。

　　唯道家諸系，對於「天道」概念，不止稱謂互異，在天人關係
上，重點亦各有側重，頗難一概而論。如老子以「道」為存有本根。
道對待萬物時所展示的「柔弱」、「無為」的性格，以及其呈現為萬物
生命歷程的「反」、「復」規律，足可構成侯王治國理民的通則及人事

8　劉榮賢：〈從老莊之異論二者於先秦為不同的學術源流〉，《東海中文學報》第12期
　　（1998年12月），頁75-100。

9　較詳細的討論，參讀徐聖心：〈「莊子尊孔論」系譜綜述——莊學史上的另類理解與
　　閱讀〉，《臺大中文學報》第17期（2002年12月），頁21-66；楊儒賓：〈儒門內的莊
　　子〉，收入氏著：《儒門內的莊子》（臺北市：聯經出版事業公司，2016年），頁125-
　　171。

活動的儀範。而莊子言「道」，則扣住「氣」而言。言氣則重變化，
非單一規律可盡，故莊子言人事，重因循物勢、隨順應變，別於老子
依「弱者道之用」而專言守柔。而黃老所言天道，更為繁雜不一。
《黃帝四經》的「天道」，主要指自然界的本質及態勢，當中涉及陰
陽兩端的對立及陽主陰從的關係。由是《四經》言為政，歸於德刑兼
備及先德後刑二說，蓋天道明則人道明也。再如《管子》、《呂氏春
秋》的「天道」，含義更為廣泛，在老子及《四經》的意義外，更包
括各種人、事、物所具有的性質及理則。如量才授官、因性任物，或
藉外勢限定個人言行，以求主客間的一致與應和，皆為人事合於天道
之例，此名之為「靜因之道」和「道貴因」。由此數例可見，強調天
道及據此指導人事，足為道家哲學的主軸。

二　老子哲學

（一）老子其人其書之關係

　　先秦史事，真偽雜混，老子之難解，尤為諸子之冠。試分兩面言
之。就老子其人而言，漢初司馬遷撰《史記》，對於老子的身分，已
頗有猶豫之詞。其謂老子姓李，名耳，字聃，楚人，於周室任職守藏
室之史，嘗答孔子之問禮，並於歸隱出關之時，應關令尹喜之請，著
書上下篇，言道德之意五千餘言。唯亦稱另有一「老萊子」言道家之
用，亦孔子時之楚人，復有一「太史儋」晚孔子百廿九年，世人或謂
其即老子云云。[10]當中作為周守藏室之史的李耳，雖多被視為道家始
宗，但不同的意見，亦所在多有。如馮友蘭先生以為老聃是莊子所稱
「古之博大真人」，李耳則為戰國時人，司馬遷誤以為一人，遂錯認

---

10 說見《史記》〈老子韓非列傳〉。

《老子》早出。[11]郭沂先生則以為太史儋方為道家的老子。[12]梅廣先生更主張《老子》只是道家集團人物將流傳於集團內的格言結集而成的輯本，老子只是偽託之聖人。[13]可以說，雖然以老子首創道家，已成一主流觀點，唯關於老子的身分、年代，仍有待凝聚共識。

　　至於《老子》其書，情形則遠為複雜。東漢以後流傳的《老子》，主要有河上公的本子和王弼的本子。一般稱為「傳世本」。唐宋直至當代的《老子》版本，以及各種碑本、刻本，主要就是以傳世本為底本。[14]傳世本《老子》共八十一章。第一章至第三十七章多言「道」，且第一章以「道可道，非常道」起首，故學界俗稱《道經》。第三十八章至第八十一章則多言「德」，且第三十八章以「上德不德，是以有德」起首，故學界俗稱《德經》。兩部分經文，字數約五千上下。一九七三年湖南長沙馬王堆漢墓出土一批秦漢帛書，當中兩卷《老子》抄本，正能填補東漢以前《老子》文本演變的若干空白。這兩卷抄本，帛書整理小組以甲本、乙本定名。經考證，甲本抄寫於劉邦稱帝前，乙本則抄寫於劉邦稱帝後。[15]其與傳世本最大的不同，就是《德經》在前而《道經》在後，且無八十一章的章次之分。二○一三年公布的《北京大學藏西漢竹簡老子》，其抄寫年代以武帝朝為

11 馮友蘭：《中國哲學史》，頁131。

12 郭沂：《郭店竹簡與先秦學術思想》（上海市：上海教育出版社，2001年），頁521-524。

13 曹銀晶：《老子其人其書——梅廣先生訪談錄》，收入鄭宗義主編：《中國哲學與文化》第十一輯（桂林市：灕江出版社，2014年5月），頁288-289、299-300。

14 有關《老子》各部傳世本的介紹，參讀蔣錫昌：《老子校詁》（臺北市：東昇出版事業公司，1980年），頁1-20。

15 甲本時間上早於乙本，見於幾項文本證據：一，甲本文字為篆體，乙本則為隸書。篆體為秦朝官方文字，隸書成於秦而流行於漢。二，甲本無避諱，乙本則避「邦」字。知甲本必早於漢。三，甲本多古字，乙本則多今字。粗略比較，甲本固早於乙本，但二本差別甚大，說明彼此來源不同，屬漢初兩種不同傳本。詳細說法，參讀高明：〈帛書老子校注序〉，《帛書老子校注》（北京市：中華書局，2011年）。

下限，亦屬「德先道後」的體例，分七十七章，約五千餘言，與帛書
《老子》大同小異。[16]可推知傳世本「道先德後」之體例及八十一章
之編排，當為東漢以後之事。[17]

從帛書甲乙本和北大本可見，《老子》在秦漢之際，體例兼含
《德》、《道》，字數約合五千，與史遷所述，實甚一致。這幾個本
子，當然不會就是《老子》祖本。但它們是否反映祖本大略面目，則
或有待商榷。郭店楚墓竹簡《老子》的出土，使問題更形難解。郭店
《老子》分三組，竹簡整理小組以甲組、乙組、丙組命之。甲組最
古，乙、丙次之，其抄寫年代，一般認為約在戰國中期，至少必早於
墓葬年份即西元前三〇〇年。[18]這三組文本特色有二。一是字數偏
少：甲組千餘，乙組三百餘，丙組二百餘，合一千七百餘，字數不足
帛書本和傳世本的五分之二。二是主題分明：甲組專論天道，乙組偏
重修身，丙組多言治國。問題是：甲、乙、丙三組是《老子》原貌
否？有學者根據「節選本」的概念解釋三組不同主題的情形：必有一
類似帛書本或傳世本《老子》的完整祖本首先存在，甲乙丙三組的編
輯者方能根據個人的特殊興趣或需要，從祖本中選取主題相類的文句
或章段，編綴成組，以便閱讀，此即甲乙丙三組主題不同的原因。[19]

---

16 相關考證詳參韓巍：〈西漢竹書《老子》的文本特徵和學術價值〉，收入陳鼓應主
　編：《道家文化研究》第27輯（北京市：生活・讀書・新知三聯書店，2013年），頁
　1-35。

17 嚴遵所撰《老子指歸》，《道經》早佚，僅《德經》四十篇尚存。其序文〈說二經
　目〉有「上經四十」和「下經三十有二」之語，可知嚴遵的本子是以《德經》為上
　經，亦即以《德經》先《道經》後為體例也。詳參〔漢〕嚴遵著、王德有點校：
　《老子指歸》（北京市：中華書局，1994年），〈點校說明〉，頁19。按：嚴遵（西元
　前86年至西元10年）為西漢末年人。知東漢以前，《老子》並不以《道經》為前篇。

18 相關考證和討論，參讀丁四新：《郭店楚墓竹簡思想研究》（北京市：東方出版社，
　2000年），第一章〈簡本《老子》考及其與帛書本、通行本的比較〉，頁1-11。

19 例如王博先生即主其說。詳見王博：〈關於郭店楚墓竹簡《老子》的結構與性

但從「輯錄本」的概念出發，其解讀正相對反：早期道家集團成員並非根據個人的特殊興趣或需要，對祖本作節選；而是根據個人的特殊興趣或需要，針對某特定議題發表言論。這些言論積聚日久，後繼者為便於整理分類，便將之輯錄成具鮮明主題性的不同結集，此即甲、乙、丙三組分言「天道」、「修身」、「治國」的主因。而自戰國末陸續面世的帛書本、北大本等，乃是甲乙丙三組或性質類似的輯錄本的進一步統合。因此，《老子》並無所謂「祖本」存在，其書之成，乃是秦漢以前數百年道家集團成員的言論總集。[20]竹簡本及帛書本，究其本質，乃是《老子》成書過程的階段性成果。

　　從上文得知，老子其人其書，實為先秦史一大公案。民國以來，中國學術受西學影響，強調研究方法，提倡懷疑精神，古史中的疑點和錯謬，經常被放上檯面詳加檢驗。老子的真偽，即受此文化背景激發之一大辯題。然限於史料匱乏，許多問題的探討只能點到為止。隨著晚近數十年幾種《老子》簡帛本的出土，學人原以為可藉此解決老學公案，惜彼此前見互異，詮釋方法也不同，面對同樣的材料，所得結論往往南轅北轍。從這個角度看，新材料的出現不一定能中止爭論，有時反會激發出更紛歧的觀點，使難題更形糾結。此一學術弔詭，正從老子公案中得到印證。

質——兼論其與通行本《老子》關係〉，收入陳鼓應主編：《道家文化研究》第17輯（北京市：生活・讀書・新知三聯書店，1999年），頁149-166。

20 類似的觀點，呂思勉（1884-1957）先生早發其端。他認為《老子》辭義古樸，推崇女權，材料自古相傳，不必成於一人，至老子乃書之竹帛。據此說，《老子》材料成於眾手，老子其人僅具編者身分。梅廣先生則進一步否認老子的存在。他從郭店竹簡本、帛書本和傳世本的比較出發，指出《老子》只能是材料的積累。老子其人作為一假託，或是道家集團一種政治謀略。以《老子》為一材料的漸次積累，寧鎮疆先生亦頗詳其說。上引觀點分見：呂思勉：《先秦學術概論》（南京市：譯林出版社，2016年），頁20-21；曹銀晶：《老子其人其書——梅廣先生訪談錄》，頁299-304；寧鎮疆：《《老子》「早期傳本」結構及其流變研究》（上海市：學林出版社，2006年）。

（二）宇宙本原論

老子的哲學體系，是藉由對宇宙本原的考察，來探求人事領域如政治、倫理、語言諸方面應當遵循的理則。因先述其宇宙本原論，復循此引介其政治觀念、倫理思想和語言哲學。

所謂「宇宙本原論」，是探究天地萬物從何而來、或存有的根本原因的一種學說。在老子以前，主要是商周之際，一般以為具有人格的「天」是宇宙本原，此即所謂「主宰之天」。老子則一反此說，認為「天」的存在不是最基本的，「道」方是最基本的。也就是說，「道」而不是「天」方具有宇宙本原的資格。此外，由於宇宙萬物的生命及持續存在悉源出於道，因此，道——主要是道在運動時所呈現的性格——便成為作為受造物的人類效法的典範。茲從道的本原地位及其性格二面，略述老子的宇宙本原論。

1 道的本原地位

在《老子》中，直接以道為宇宙本原的言論，主要見於下述三章：

> 道沖而用之，或不盈。淵兮，似萬物之宗。……湛兮，似或存。吾不知誰之子，象帝之先。（第四章）[21]
> 有物混成，先天地生。寂兮寥兮，獨立而不改，周行而不殆，可以為天下母。吾不知其名，字之曰道，強為之名曰大。（第二十五章）
> 道生一，一生二，二生三，三生萬物。萬物負陰而抱陽，沖氣以為和。（第四十二章）

---

21 〔魏〕王弼著、樓宇烈校釋：《王弼集校釋》（臺北市：華正書局，1992年），頁12。
按：書中凡引傳世《老子》悉據此本。為省篇幅，僅隨文附以章號，不另標註腳。

據上，道本身所具有的兩個特性，足以支撐其宇宙本原的地位。

首先是「自因性」。所謂「自因」，是指一物就是它自身存在的原因，其存在並非在一因果系列內作為他物的存在所導致的結果。例如「不知誰之子」一語即透出此意——由於「子」是「母」所產生的結果，因此，說道「不知誰之子」，便是說道並非一產物，而為一永恆自存者。所謂「萬物之宗」、「有物混成」或「獨立不改」，就是對道的自因性的肯定的說法。

其次是生成性。對老子而言，道的存在非但不需要依賴任何條件，相反，道更是宇宙萬物得以存在的根本原因。亦即，道具有生成宇宙萬物的功能，是之謂「生成性」。所謂「天下母」即表述此義：由於「母」是生成「子」的原因，因此，說道為天下（宇宙萬物）之母，便是說宇宙萬物是道所生成的「子」。至於「道生一，一生二，二生三，三生萬物」一語，以為道生成萬物的過程，是一由簡單而漸次複雜的過程，尤肯定了道所具有的生成萬物的功能。

除「道」字外，老子時或使用其他詞語表達道的本原地位：

> 無名，天地之始；有名，萬物之母。（第一章）
> 谷神不死，是謂玄牝。玄牝之門，是謂天地根。綿綿若存，用之不勤。（第六章）
> 反者道之動，弱者道之用。天下萬物生於有，有生於無。（第四十章）

「無名」和「有名」俱是對道的不同描述。以「無名」為「天地之始」，即以道為天地的開端之謂。其義近於「萬物之母」的「母」字。「玄牝」的「牝」是「雌性」之意，引申為「母體」。以道為具有神奇孕育功能的母體，乃是對道的本原地位的另一表達。此外，《老

子》書亦多用「無」字指代道。以「無」生「有」，繼生天地萬物，參之以第四十二章「道生一，一生二，二生三，三生萬物」一語，「無」字明顯是指作為宇宙本原的道。

2 道的性格

在老子而言，道之能生成萬物，並獲得了萬物的歸附，是由於道在創生過程中展現了「無為」的性格。「無為」是相對於「為」而言的。老子相信一物之自然狀態對於該物之生存而言，是一最理想、最恰如其分的狀態。對一物有所「為」，意即以巧智私欲加諸其上，強求其合於己意，因而造成了對該物之自然狀態的戕賊。要之，在老子的觀念中，「為」泛指具破壞性的負面行動。依此，所謂「無為」，從字面上看，乃是指對「為」這種負面行動的否定或拒斥。述其要旨，則是對萬物之自然狀態不妄行介入或橫加干涉，而消極地因任之、成全之的意思。道生成天地萬物的過程，即展現了這種「無為」的性格。老子說：

> 道常無為而無不為。（第三十七章）

道對萬物的生成，只是消極的不加干預，而非積極的指手劃腳。此即道的「常無為」。因此對萬物而言，自我的存在發展彷若出自本性，而不是來自某種外勢的限定，其生長遂成無不順當，此即「無不為」一語所示。

老子有時不用「無為」一詞，而是直探「無為」的內涵，以呈現道對萬物的態度：

> 道生之，德畜之，物形之，勢成之。是以萬物莫不尊道而貴

德。道之尊，德之貴，夫莫之命而常自然。故道生之，德畜
之。長之，育之，亭之，毒之，養之，覆之。生而不有，為而
不恃，長而不宰。是謂玄德。（第五十一章）

「道生之」即道生萬物。道生萬物的方式，老子以「夫莫之命而
常自然」稱之。「莫之命」即不發施號令強求服從，「常自然」即順任
物性。這種說法，顯然通於前述的「道常無為而無不為」。而所謂
「生而不有，為而不恃，長而不宰」，是說道生萬物之後，並不企圖
占取、把持、操控萬物的既成狀態及其後續發展。這種放任萬物的態
度，到底也還是道的「無為」性格的體現。

又如另章所述：

大道氾兮，其可左右。萬物恃之而生而不辭，功成不名有。衣
養萬物而不為主，常無欲，可名於小；萬物歸焉而不為主，可
名為大。以其終不自為大，故能成其大。（第三十四章）

此章不言無為，而無為之義顯。依老子，道之生養萬物，只是消
極的不予干涉，而無任何的強制性迫令萬物曲從己意，此道之「常無
欲」。而萬物既成之後，道亦不自居其功，視萬物為可任意擺佈之私
有物，此道之「功成不名有」。道於萬物面前所展現的「無欲」和
「不有」，實為一「不為主」之胸懷，即不以高高在上的主宰身分自
我標榜之謂。末句「以其終不自為大，故能成其大」，實即「無為而
無不為」的例釋：「不自為大」即道不以主名自尊，「故能成其大」即
道不以主名施壓於萬物，反而贏得了萬物的歸趣，而成就自身之廣
大。前者是「無為」，後者則為「無不為」也。

(三) 政治觀念

老子提出道論，專言道的本原地位及其無為性格，其最大的目的，在於確立人事上應當遵循的理則。夫人事之大者，莫如政治。而政治之首務，又端在君道之建立。從類比的關係看，道對於萬物的本原地位好比君主對於人民的統治地位。依此，道以其「無為」對待萬物，並由此成為萬物所歸，遂構成君主在處理君民關係時所應效法者。此為老子政治觀念的重心所在。《老子》中屢言聖人或侯王必須「行無為之事」（第二章）、「守無為之道」（第三十二章、第三十七章）、「取天下常以無事」（第四十八章）、「我無為而民自化」（第五十七章）等，均佐證此一觀點。

然而說老子在政治上主張君道無為，只是一原則性的說法。君主如何將道的無為應用於具體的政治實踐，才是應該考察的重點。老子對這問題的討論，可從三點得之。

1　簡約的政治事務

老子言君道無為，首見於其在政治事務上鼓吹極簡主義。他說：

> 不尚賢，使民不爭；不貴難得之貨，使民不為盜；不見可欲，使民心不亂。是以聖人之治，虛其心，實其腹，弱其志，強其骨。常使民無知無欲。使夫智者不敢為也。為無為，則無不治。（第三章）

依老子觀察，人們有兩種常見的行為，一是「爭」，一是「盜」。但不管是爭是盜，無非都是逐取私利的表現。而人們之所以有逐取私利的行為，甚至以此為生活最大目的，老子以為是統治者求治太切、動作太多，從而造成價值紊亂所致。老子說「不尚賢，使民不爭；不

貴難得之貨，使民不為盜」，其實就是反面表示，統治者之「尚賢」和「貴難得之貨」，乃是造成人民「爭」和「盜」的原因。亦即，人民為求利益互相衝突，甚至為非作歹，乃是統治者在政治上太積極有為所導致的結果。舉例說，所謂「尚賢」，可被理解為對某種專業技能的推崇。這是說，假如一人掌握某種專業技能，便能獲得統治者的重用。但這樣一來，人們為獲得重用，便在被推崇的專業領域中互相鬥爭，從而產生人際之間的磨擦與衝突。而技不如人者，藉由走後門、通關節，以求倖進，甚至心生嫉妒，謀害對手，此等下作之事，亦是社會常態，這種「爭」的亂象，俱是源自統治者「尚賢」之作為。又如統治者為發展文化、提升文明，往往鼓勵科技發明，或推廣有利於打造精緻生活的商品。如此，商品之間的價值或價格，便出現貴賤高下之分。其價值或價格之高昂者，便是所謂「難得之貨」。難得之貨可引發人們的物欲。當購買力不足時，人們往往非法盜取，總之就是得之而後快。這種「盜」的亂象，亦是源自統治者「貴難得之貨」之作為。在「尚賢」的人才政策執行之前，人民對於某技能的有利與否本無任何認知；而在「貴難得之貨」的商業活動進行之前，人民對於某種特定的商品亦未必有強烈的物欲。因此，人民的「知」和「欲」，並非其自身所固有者，而是統治者的政治作為所構成的制度性的產物。知和欲的起伏波動，易使人心邪詐，見之於言行，就是社會的動亂。老子認為問題的根源，實在於統治者施政上的積極有為。其有為之極，卻適得其反，而失喪其初衷。故老子主張反其道而行，在政治上倡「不尚賢」、「不貴貨」之論。倘專業不分賢與不肖，貨物亦無貴賤高下，人民便將「無知無欲」，「爭」、「盜」的行為遂得從根消解。這種無需費心治事的簡約施政，老子以「為無為，則無不治」加以概括。知所謂「不尚賢」、「不貴貨」云者，實即體現「無為」精神的政治實踐。

2　寡小的國家規模

老子言君道無為之另一要點，見於其小國寡民之說：

> 小國寡民。使有什伯之器而不用，使民重死而不遠徙。雖有舟
> 輿，無所乘之，雖有甲兵，無所陳之。使人復結繩而用之，甘
> 其食，美其服，安其居，樂其俗。鄰國相望，雞犬之聲相聞，
> 民至老死，不相往來。（第八十章）

「小國寡民」的最大特色，在於不求器物文明和精神文明的進
步，讓人民的生活僅維持在初階的文化層次。如「什伯之器而不用」
是指不發展科技和商業；「雖有舟輿，無所乘之，雖有甲兵，無所陳
之」是指不發展交通和軍事；「使人復結繩而用之」是指不發展語言
文字；「甘其食，美其服，安其居，樂其俗」則是指讓人民安於基本
的生活，不做任何形式的開創和突破。這些描述和上述體現無為精神
的簡約政治，顯然是相同的義理。而統治者一旦實行這樣省事的管
理，自然無需太多人民投身於任何促進國家富強的事務，亦沒有必要
對外用事擴張版圖，是之謂「小國寡民」也。

「小國寡民」雖是為政簡約之自然結果，但社會何以要維持這樣
精簡的規模，在老子實有不得不然的理由。對此，學界似乎少有談
及。今請試作辨析。這首先要回頭補充說明老子對道的運動的理解。
老子以為道的運動是「無」和「有」之間的交替循環：道從「無」出
發，而向「有」邁進。而「有」走到極處，必向相反方向退卻。如
此，道又歸返於「無」，去取得重新出發的動力，使「有」重又實
現。道便在由「無」而「有」，再由「有」復歸於「無」的往來循環
中恆久存在。此即「反者道之動」（第四十章）。「反」者「循環」之
謂。「反」的循環運動有兩個特點：一、「有」是道運動的極限。故道

走到「有」的階段，便無法再進，只得向反面退卻。這一特點呈現於
萬物的活動，便象徵著萬物達致巔峰狀態時，必定由強轉弱、由盛變
衰，此謂「物壯則老」（第三十章），如「飄風不終朝，驟雨不終日」
（第二十三章）所示。二、「無」是生命力的來源。道之所以永恆存
在，是由於它在「無」和「有」的循環中，往往歸返於「無」，作為
向「有」前進的立腳點。此「無」的狀態是一柔弱、虛靜的狀態，故
老子曰「弱者道之用」。這一特點呈現於萬物的活動，便意味著萬物
之能長久持存，乃因其保持虛靜、柔弱所致。如老子謂「夫物芸芸，
各復歸其根。歸根曰靜，靜曰復命。復命曰常」，而「知常」才能
「久」和「沒身不殆」（第十六章）。「靜」（虛靜）者無知欲障蔽，不
作剛強之舉，故能物我相安，此蓋「柔弱者生之徒」（第五十章）之
意。道的「反」的這兩個特性，正可為「小國寡民」作註腳：一方
面，國家規模太巨，就是處於巔峰狀態，而巔峰狀態，實難持久，非
為政者所樂見。另方面，國家規模維持寡小，意味善於守柔，而「柔
弱者生之徒」，如此則永有向上發展的可能。在老子，「守柔」即「無
為之道」。依此，「小國寡民」作為國家的柔弱狀態，其實還是統治者
遵守無為之一表現。

3　不得已的用兵原則

　　君道無為之思想亦可施之於軍事，而有「不得已」的用兵原則。
老子說：

> 以道佐人主者，不以兵強天下。其事好還。師之所處，荊棘生
> 焉。大軍之後，必有凶年。善者果而已，不以取強。果而勿
> 矜，果而勿伐，果而勿驕。果而不得已，果而勿強。物壯則
> 老，是謂不道，不道早已。（第三十章）

> 夫佳兵者，不祥之器，物或惡之，故有道者不處。君子居則貴
> 左，用兵則貴右。兵者不祥之器，非君子之器，不得已而用
> 之，恬淡為上。勝而不美，而美之者，是樂殺人。夫樂殺人
> 者，則不可以得志於天下矣。（第三十一章）

　　統治者擴張領土的欲望，往往藉由戰爭展現出來。但戰爭造成人命傷亡，破壞社會建設，必然引起百姓的厭惡和反抗，因而最終難以保存和享受戰事勝利的成果，是之謂「其事好還」。這種為求滿足侵占物欲而發動的戰爭，顯然是破壞性的負面行徑，因而屬於老子所規定的「為」的範疇。但「為者敗之」（第二十九章），固非持存之道。然而先秦亂世，交戰實不可免。由是老子提出「不得已」的軍事原則。「不得已」其實是一種以自我保存為底線的處事原則。這一原則應用於軍事，就是說戰爭的目的，並不在從事侵略，而只在抵抗外侮，維持國土的完整。依老子，這涉及兩個應用的層次：一是交戰的動機，即所謂「不得已而用之，恬淡為上」。「恬淡」是指少私寡欲的修養。統治者達到這種修養，便沒有侵略他國的打算，發起軍事行動，也只是為勢所逼，為求存活而不得不如此者。二是交戰的結果，即所謂「果而不得已」。當成功抵禦外敵，求存的目的已達，統治者必須不為已甚，勿反過來炫耀勝利，甚或進行報復或反侵略。這種「不得已」的戰爭原則，要求統治者培養恬淡的人生態度，在軍事上不要有太多干犯他人的動作，其實正是「無為」的表現方式。同時，老子所謂「樂殺人者不可以得志於天下」及「物壯則老，不道早已」，反過來看，就是說具有恬淡修養、不好殺人、勿矜勿驕的統治者，方可得志於天下，並使其治理得以長久。而這一層意思，正是「無不為」的結果。因此，老子在軍事上倡「不得已」，以為可避免「不道」和「不得志」，乃是對作為宇宙本原之道的「無為而無不為」的效法。

（四）倫理思想

　　老子對道的理解，不僅應用於政治論，而有為政清簡、小國寡民、戰爭之不得已等建言，亦落實為日常生活中做人處事的方法。廣義上看，這是倫理學所欲探討的一般問題。要之，老子的倫理思想，提倡素樸的生活方式，以及不爭的處世態度，以為合理美好的人生，不循此無由建立。這兩點，顯然是取資於道的無為。茲概述如下。

1　素樸的生活方式

　　老子倫理思想一大特色，見於他在物欲昌盛、逐利風氣流行的春秋戰國時代，特意反其道而行，提倡一種素樸的生活方式。他說：

> 五色令人目盲，五音令人耳聾，五味令人口爽，馳騁畋獵令人心發狂，難得之貨令人行妨。是以聖人為腹不為目，故去彼取此。（第十二章）

　　所謂「五色」、「五音」、「五味」、「馳騁畋獵」、「難得之貨」等，都是存在於物質富裕、文明發達的社會中的物事和活動。這些物事和活動，雖然象徵著人類豐碩的文化成果，也能帶給人們高度的身心享樂，但沉溺失度，不止傷身害性，更將令人行止失常。故文化的昇進和生命的沉淪，往往相伴而生。唯生命沉淪已極，文化的昇進亦不可能。因此老子認為，一理想的統治者，應當讓人民安於基本生理需求的滿足，而不要讓人民形成錯誤的觀念，以為生活的意義，全在感官的放縱享樂。此即所謂「聖人為腹不為目」。「為目」者「逐物欲」之謂。「為腹」為「為目」之對反，表示消解物欲、求生活素樸之意。老子言「小國寡民」的理想時，有「復結繩而用之」、「甘其食，美其服，安其居，樂其俗」之語，即讓社會維持簡單的文化程度，並教人

民安於現狀，不思進取。這些說法，正涵有一素樸的生活方式的觀念，而可與第十二章的義理彼此貫通。

提倡素樸的生活方式，其實就是在「基本的生理需求」和「感官享樂」之間劃下界線，重前者而輕後者。重前者，就是調整觀念，以前者為理想生活的範限，這是「知足」；輕後者，就是認識到後者是生命的反常，為一切人生活動所不應及者，這是「知止」。老子說：

> 名與身孰親？身與貨孰多？得與亡孰病？是故甚愛必大費，多藏必厚亡。知足不辱，知止不殆，可以長久。（第四十四章）

「知足」和「知止」，就是維持素樸的生活型態，其效應在於使言行中理，無有偏失，也在於使身心機能不致損耗過度，讓生命得以長久。是之謂「不辱」、「不殆」也。顯然，這樣一種倫理學，其實還是貫串了「道論」的思維。蓋資源的獲取，本意在豐富物質生命和提昇社會生活層次，但享用過度，卻使得官能衰敗，乃至言行失理，正是適得其反。此即「物壯則老」的「不道」之表現。由是老子指出一逆向思維，以為抱守無知無欲的素樸狀態，然後體理的保存和安穩的社會生活的維持，方有長久的可能。這一倫理思考，所走的正是「道常無為而無不為」的路子。

2　不爭的處世態度

老子倫理思想另一特色，是強調不爭的處世態度。所謂「不爭」，即不露鋒芒、持守卑弱之意。他說：

> 不自見故明，不自是故彰，不自伐故有功，不自矜故長。夫唯不爭，故天下莫能與之爭。（第二十二章）

　　在此，老子向世人推薦一處世態度。這一處世態度，統言之，曰「不爭」；分言之，曰「不自見」、「不自是」、「不自伐」、「不自矜」。「不自見」和「不自是」義近，即不賣弄才能學識。「不自伐」即不炫耀功勞，「不自矜」即不唯我獨尊。要之，「不自見」和「不自是」是不爭才，「不自伐」是不爭功，「不自矜」則是不爭名。老子認為，必培養此不爭之德，然後自身之才識乃見，所得的功勞才被承認，也方能獲得民眾的信任，而居於領導的地位。

　　這種藉由「不爭」的處世態度而獲得「爭」的積極成果的方法，乃是取法於天地萬物的運行之理。老子嘗以「水」和「江海」作例釋。老子如此言「水」之德：

　　　　上善若水。水善利萬物而不爭，處眾人之所惡，故幾於道。居善地，心善淵，與善仁，言善信，正善治，事善能，動善時。夫唯不爭，故無尤。（第八章）

　　萬物的生機，悉離不開水的潤澤。可以說，水存在的目的，是為萬物提供存活的條件，它從不與萬物爭奪資源。此正是水之所以「幾於道」者。依老子意，道之於萬物，乃是生成之、衣養之，而又不加干涉與宰持。水的不爭之德，顯然通於道的「無為」性格。故人效法於水的不爭，而有「不爭才」、「不爭功」、「不爭名」的德行，無非亦是實踐無為之道。「江海」之喻，亦是相同的義理：

　　　　江海所以能為百谷王者，以其善下之，故能為百谷王。是以欲上民，必以言下之。欲先民，必以身後之。是以聖人處上而民不重，處前而民不害。是以天下樂推而不厭。以其不爭，故天下莫能與之爭。（第六十六章）

依一般人的思考，群山愈高，則其谷愈深，如此所蓄之水益多。故求水之多，必仰仗谷之深，而求谷之深，則必仰仗山之高。唯老子認為，江海之下，實遠勝山谷之深，故其蓄水之量，非任何山谷可及。故江海甘於賤下，不與群山爭高，此其所以為「百谷王」者。此江海以其「不爭」的消極態度，而能獲得「爭」的積極成果也。這一「不爭」之德落實於人事，可見於統治者之淡泊謙退、慎於發言，不以其尊榮的權位施壓於民眾，而此等作為，正為民眾樂於推舉其人為國家領導的主因。故聖人以其「不爭」，反得「爭」的成果，正體現「道常無為而無不為」之理。

（五）語言哲學

儒家的「正名」思想，是指安頓名實關係，以求兩者之間的一致和相應。這是儒家的語言哲學的重心所在。相較於儒家的「正名」，老子的語言哲學則可概括為「無名」。在《老子》文本中，所謂「名」，不是「正名」觀念所說的名實關係，而是泛指語言的功能和語言的運用。依此，所謂「無名」，就其基本的意義而言，乃是否定語言的功能，或至少不以語言的積極運用作為表述真理、達成社會效應的有效途徑。此「無名」的論旨，可循三個角度析之。

1　語言無法充分表述真理

從認知活動的角度看，「無名」是指語言無法觸及真理，或至少無法觸及真理的全貌。案所謂「真理」，在中國哲學的語境中，可有二義：一是存有根源，一是合乎事實的陳述。老子所說的「道可道，非常道；名可名，非常名」（第一章），正指出語言在傳達上述兩種真理時的限制性。

首先，老子的「道」具有宇宙本原的地位，為一切存有之總根。

唯道雖開拓一經驗世界，從中生化天地萬物，其自身卻不是經驗世界中某一個殊之物。人的感官能力，只能（部分地）認識經驗性的物事，而無法越出經驗的範圍，去觸及經驗以外的超越的項目。換言之，人只能認識經驗性的天地萬物，而不能認識非經驗性的道。而所謂的語言，不外是對在經驗活動中所認識的物事進行符號化的工具。所以經驗是語言的必要條件。語言的有效性，不得不限定在經驗的範圍。而由於道是孕生經驗物事的存有根源，其自身不屬於任何經驗物事；因此，語言對於非經驗性的道，便失其效用，無法作出如實的表述。根據上述的語言和道的關係，如果有人斷言他所表述的道，就是那作為存有根源的道，則只能反證出他所表述的必定不是那作為存有根源的道。是之謂「道可道，非常道」也。

「道可道，非常道」旨在指出語言在表述非經驗性的存有根源時所遭到的限制。至於「名可名，非常名」，則連語言充分反映經驗事實的功能，也一併否定掉。此一主張的提出，涉及老子對天地萬物的運動的本質的理解。在老子，道一直處於「反」的運動之中。天地萬物即在道的運動中源源而生。而「反」的運動所涉及的無、有之間的往復循環，也同時構成天地萬物的運作模式，故老子曰「夫物芸芸，各復歸其根，歸根曰靜，是謂復命」（第十六章）。可以說，天地萬物恆常在「變」，無有止息之時。而所謂「變」，並不限於時空位置的轉換，亦涉及質地、樣態等內外條件的起伏轉化。故萬物實無定相可說。而問題在於：當我們運用語言去表述事物時，至多只能觸及事物運動變化中某一時空片段，而無法完整涵蓋事物運動變化之全體。譬如以「綠葉」描述綠葉，只反映葉子處於綠葉階段之暫時面目。唯葉子是變動之物。你說它是綠葉，它卻慢慢變成黃葉。而當你復以黃葉稱之，它卻漸趨於溶爛，而化作泥塵矣。故藉語言反映經驗事實，只可得其偏，而無以蓋其全。依此，用一名去稱謂一物，僅能捕捉該物

在變動歷程中某一面目。故事物的變動,證明了語言的有效性只是暫時的,而不是恆常的。是之謂「名可名,非常名」也。

2 無待於語言的管治模式

從政教活動的角度看,「無名」是指不以語言作為管治民眾的手段。此一主張,可說是超越了一般人對管治的本質的既定印象。一般所謂管治,主要涉及兩種作為,一是教育,一是法令。不論是教育還是法令,俱是要告知並規範人們在言行上「應當如何」及「不應當如何」。這必然涉及語言的運用。而這一語言的運用,在型態上,並不屬於表達意念、反映事態的「以言表意行為」(locutionary act),而是其自身就是某種行為的「以言施事行為」(illocutionary act),以及藉此「以言施事行為」對民眾產生影響的「以言取效行為」(perlocutionary act)。可以說,管治就是對民眾施行權力,而權力的施行就是語言的運用。如果權力是管治的本質,則語言也是管治的本質。唯老子認為,藉由教育的推行和法令的頒布,以求民眾服從,只會構成民眾的壓力。民眾壓力益重,便會不甘服從,以求壓力的釋放。因此以教育和法令進行管治,結果只會破壞管治,正是適得其反。由是老子反其道而行,而提出「行不言之教」(第二章)一觀念——「不言」就是統治者不藉由教育和法令伸張權力。民眾沒有受到權力的壓迫,便會甘於現狀,進行良好的自我管理。如此一來,君民相安無事,社會局面自然穩定。是無管治之動作而有管治之功效也。老子所謂「悠兮其貴言」(第十七章)、「希言自然」(第二十三章),其義正通於「不言之教」。

3 正言若反的表達方式

從上面兩個角度可見,老子的表達方式,主要是一種「正言若

反」（第七十八章）的表達方式。這正是老子「無名」思想的語言使用特色所在。所謂「正言若反」，主要涉及兩種語言現象：一是語言的效用，反倒證明了語言的無用。二是正面的事理，應當循其反面彰顯。這兩種現象，恰好分別對應前述「道可道，非常道；名可名，非常名」和「不言之教」這兩組說法。首先，在「道可道，非常道；名可名，非常名」這一說法中，老子旨在指出語言的一個弔詭：語言創制的目的，本是為了表徵客觀實在，這是語言預期達成的效用。但在語言的實際運用中，我們卻發現語言無法充分表徵客觀實在——我們愈是使用語言，愈是發現語言的侷限性。也就是說，創制語言的結果，反倒證明創制語言是無用處的。這是「正言若反」之一型。其次，在「不言之教」這一說法中，「言」象徵統治者的權力。權力是規範民眾在言行上該做和不該做的分限，從而達成良好的管治，此之謂「教」。唯「言」到了盡處，將惹來民眾的反感和反抗，反而造成失治的局面。故老子以為，管治民眾是正面的事理，但此事理要得到彰顯，必須從其反面——即不管治——入手。不管治即是對民眾沒有權力的干預，亦即沒有任何教育上的建議和法令的逼迫，這樣民眾便安於其德、甘於現狀，而天下自然定靜。故「不言」的反面進路，正所以彰顯「教」的正面事理。「教」不應立足於「言」，否則適得其反；而當立足於「不言」，而「教」之功自成。此則為「正言若反」之另一型也。

　　「正言若反」的這兩種型態，和道的「反」有密切關係。「反」是無和有之間的往復循環。這個循環至少含有兩個階段：一是「有」到了極處，便退而為其反面之「無」。二是道返回「無」的始點，取得重新出發的生命力。前一階段，稱為「物壯則老」（第三十章）；後一階段，叫作「歸根復命」（第十六章）。「正言曰反」的前一型，以為愈使用語言，便愈證明語言的無用，正是「物壯則老」的規律在認知性

的語言活動中之體現。「正言曰反」的後一型,以為從「不言」的反面入手,才是說明理想管治之正途,正是「歸根復命」的規律在規範性的語言活動中之體現。前一型表示有為之極,反無所成,正是「為者敗之,執者失之」(第六十四章);後一型表示安守無為,而萬物乃順,正是「無為而無不為」(第三十七章)。是則老子的語言哲學,和其政治觀念、倫理思想一樣,亦以道論為背景,復以無為思想作綱領。

三　莊子哲學

(一) 莊子的生平

　　莊子,名周,宋國蒙地人氏。他是繼老子之後,先秦道家另一重要代表。據司馬遷所述,莊子與梁惠王、齊宣王同時。考孟子嘗與惠王、宣王遊。知莊子活動時限,當略同於孟子。又莊子學術,重個人生命幅度之拓展,以為投身於政治經濟之實踐,埋首於社會文化之建設,適足以殘身損性,故嘗辭楚威王為相之請,對於積極用世的儒、墨諸家,批判亦至力。且莊子學兼百家,宣稱無所不窺,究其大旨,則歸於老子之言。[22]故莊子之學,實乃老學進一步發展。[23]所謂老莊

---

22 說見《史記》〈老子韓非列傳〉。

23 莊學淵源於老學,乃是自史遷以來的思想史舊說。歷來持異見者大不乏人。譬如有以莊學源於楊朱,有以莊學歸宗儒門,也有以莊學獨成一格,與老學分屬不同學術源流等。唯各種異見,出發點俱同,即以今本《莊子》三十三篇作為辨析莊學型態之依據。晚近楊儒賓先生則從另一面向探索莊學淵源。他指出今本《莊子》乃西晉郭象之刪定本。郭象以前流傳之《莊子》,內容性質頗與《占夢書》、《山海經》同。《占夢書》、《山海經》之主題,與原始宗教特別是巫文化息息相關。王叔岷先生嘗從各類古文獻中抽繹多條不見於郭象本的《莊子》佚文。與今本相比,這些佚文宗教色彩濃厚,巫風特質極其鮮明。楊儒賓先生以此立腳,復結合莊子之故地及其所受殷商文化與燕齊神話之影響,斷定《莊子》古本思想源頭,可上溯至遠古的

之學，公認先秦道家之主體。

今存《莊子》一書是研究莊子哲學的主要材料。從戰國末年的分篇流傳開始，中歷漢初淮南王劉安學術集團的搜錄，復經西漢末劉向、東漢班固「五十二篇」的匯編，及至西晉司馬彪、郭象「內篇」、「外篇」、「雜篇」的分類，《莊子》一書的成型過程，漫長而又曲折。[24]今本《莊子》是郭象的定本，分作內篇七，外篇十五，雜篇十一，篇數凡三十三。學界一般認為，內七篇較能代表莊子本人的哲學，外、雜篇則是莊學集團內的後學子弟對莊子哲學的引申發揮。當中雖有近於內篇思想的成分，但整體上看，與內篇思想已頗有差距。劉笑敢先生嘗提出「述莊派」、「無君派」、「黃老派」此一分類系統，以區別外、雜篇中三種哲學立場，[25]頗可釐清莊子內篇和外、雜二篇的學說異同。唯限於篇幅，外、雜篇之說明只好從略。下文引介莊學，一仍學界慣例，以內篇材料為主。同時，為突顯道家依天道以言人事之哲學特色，茲先明莊子「氣化」的形上學之要旨，復比次析述其「齊物」的知識論、「因是」的倫理學及「無情」的人性觀三部門。

（二）「氣化」的形上學

以形上知識探求人事原則，是先秦道家一大特色。老子藉由對道的運動及其性格的研察，作為人事上應當持守無為卑弱之依據，正是此一特色的典型。莊子的方法進路未嘗不然。唯莊子言「道」，其核心在「氣」，「氣」為萬有之「本質」。此與老子以「道」為萬有之

巫教。相關討論參讀楊儒賓：〈莊子與東方海濱的巫文化〉，收入氏著：《儒門內的莊子》，頁63-124。

24　《莊子》從先秦至西晉之流傳狀況及成書過程，參讀劉榮賢：《莊子外雜篇研究》，頁13-47。

25　劉笑敢：《莊子哲學及其演變》（北京市：中國社會科學出版社，1988年），頁58-98。

「本原」，自不可等量齊觀。扼要言之，莊子的形上學，主要圍繞兩個論旨展開討論。

1 萬物有無始源

老子以「道」為天地萬物之所從出，故其所謂「道」，自有一宇宙本原的地位。對於道的本原義，老子嘗用其他語言概念來表達，如「無名，天地之始；有名，萬物之母」（第一章）、「玄牝之門，是謂天地之根」（第六章）、「天地萬物生於有，有生於無」（第四十章）等。當中，「始」、「母」、「根」、「生於無」等字詞和片語，顯然是「本原」之義。唯莊子指出，以道為宇宙本原，或更一般地說，以為萬物的出現總有其始源，這種看法必會遭到極大的理論難題。莊子說：

> 有始也者，有未始有始也者，有未始有夫未始有始也者。有有也者，有無也者，有未始有無也者，有未始有夫未始有無也者。俄而有無矣，而未知有無之果孰有孰無也。（《莊子》〈齊物論〉）[26]

在這段文本中，莊子旨在對「始」和「無」作出質疑。如上所見，「始」和「無」是老子道論中的本原概念。所以這一段話，可看作是對老子「道生萬物」說的批評。要之，莊子的主張是：萬物是否來自一個始源的問題，是人類的理性能力無法解答的——若假定萬物有一個始源，則似乎可以說這個始源有其尚未起始之時，此之謂「未始有始」。然而，「未始有始」所指涉的乃是萬物的始源尚未出現之前的狀態。我們可以像質疑「始」有其尚未起始之時一樣，去質疑這一

---

26 〔清〕郭慶藩著，王孝魚點校：《莊子集釋》（北京市：中華書局，2004年），頁63。按：書中凡引《莊子》悉據此本，不另標註腳。

「未始有始」的狀態亦有其尚未起始之時，此之謂「有未始有夫未始
有始也者」。易言之，倘若說萬物有其始源，則我們也可說此始源亦
有其始源，以及作為萬物始源的始源自身亦有其始源。而同樣的質問
可以一直延續下去。如此，對萬物始源的理性探究，便會落入無限後
退（infinite regress）的困境，永遠無法對萬物存在的原因有一確定之
說法。

2　氣為萬物本質

從上一問題可知，萬物為何存在，是理性無法探索的領域。然而
與此相較，萬物的存在，卻是理性不容否認、也不需質疑的事實。因
此莊子主張，與其探究萬物從何而來，不如探究萬物如何構成。前一
問題探究萬物之本原（cause），後一問題探究萬物之本質（essence）。
莊子以為萬物之本原不可知，唯本質則在於「氣」。據此，莊子的形
上學，並非「道生萬物」的宇宙本原論，而是「通天下一氣」的萬物
本質論：

> 氣也者，虛而待物者也。（〈人間世〉）
> 陰陽之氣有沴，其心閒而無事。（大宗師）
> 彼方且與造物者為人，而遊乎天地之一氣。（〈大宗師〉）
> 人之生，氣之聚也，聚則為生，散則為死。若死生為徒，吾又
> 何患！故萬物一也。……通天下一氣耳。聖人故貴一。（〈知北
> 遊〉）

綜言之，對莊子而言，充斥於天地之間者，莫非一氣之流行。萬
象的分合，人物的生死，自根柢言之，純是氣的散聚的過程。從這一
規定看，所謂「氣」，乃是指構成萬事萬象的流動性的基始物質。據

此，所謂「萬物」，乃是氣的不同排列而構成的各樣項目。故「氣」是一總名，「萬物」則為分稱；氣乃形上之本體，萬物則屬形下之現象。簡言之，「氣」可稱萬物所共享的同質性。

應補充說明：根據這樣一種氣論，莊子所謂「道」，自非老子意義的宇宙本原，而只是天地萬物的流動變化之總稱：

> 氣也者，虛而待物者也。唯道集虛。(〈人間世〉)
>
> 物固有所然，物固有所可。無物不然，無物不可。故為是舉莛與楹，厲與西施，恢恑憰怪，道通為一。(〈齊物論〉)
>
> 凡物無成與毀，復通為一。唯達者知通為一。……通也者，得也。適得而幾矣。因是已。已而不知其然，謂之道。(〈齊物論〉)

氣虛而成物，而曰「唯道集虛」，可知「道」即氣之活動之總體。自表層看，萬物形態互異；而自深層看，萬物皆一氣之變。故自「氣」此一同質性言之，萬物互異而可相通，而統合成一存有之整體，故曰「道通為一」。「一」者整體之謂。知莊子之「道」，實即萬物之整體；而萬物之本質，又可歸之於「氣」。莊子之道論，實即氣論之一型態。

唯莊子之氣論，實有超出萬物的同質性一義者。蓋萬物俱一氣之變化。而既曰「萬物」，則物與物之間的樣態、性質及活動律則，自亦各各不同，無法一概而論。故氣之變化，乃所以成萬物及萬物間之差異者。氣的此項特質，可稱作「變化性」：

> 若夫乘天地之正，而御六氣之辯，以遊無窮者，彼且惡乎待哉！(〈逍遙遊〉)

命物之化，而守其宗也。(〈德充符〉)

萬化而未始有極也。(〈大宗師〉)

「六氣之辯」即「六氣之變」。變者活動之謂。氣的活動同時是物的活動，故曰「物之化」。而物類多途，未可盡舉，故曰「萬化」。子輿病重之寓言，言氣化尤詳：

> 俄而子輿有病，……曰：「亡，予何惡！浸假而化予之左臂以為雞，予因以求時夜；浸假而化予之右臂以為彈，予因以求鴞炙；浸假而化予之尻以為輪，以神為馬，予因以乘之，豈更駕哉！……」(〈大宗師〉)

「化予之左臂」、「化予之右臂」、「化予之尻」的「化」字，是指氣的活動變化[27]——氣可化雙臂以為雞雉和彈珠，化雙足以為車輪，子輿便順從這些轉化後的物事，在活動上與之相適相應。據此，莊子是借子輿之口，主張氣在活動時所展現的變化性足以打通人和物的界限。

又氣是無限定者。它可成此物，也可成彼物，而不著一端。可以說，氣沒有成為某限定之物的特定目的，此所以成全萬有的無窮。氣的這一特質，可稱為「無目的性」：

> 氣也者，虛而待物者也。唯道集虛。(〈人間世〉)

> 凡物無成與毀，復通為一。唯達者知通為一。……已而不知其然，謂之道。(〈齊物論〉)

---

27 例如成玄英即以為此「化」字是指「陰陽二氣」之「漸而化」。說見〔晉〕郭象注，〔唐〕成玄英疏：《南華真經注疏（一）》（北京市：中華書局，1991年），頁101。

汝遊心於淡，合氣於漠，順物自然，而無容私焉，而天下治
矣。(〈應帝王〉)

「虛而待物」、「不知其然」諸語，俱指氣之活動變化，並非一目
的性的作為，而純是一自然如此的態勢。這些說法，正與所謂「物自
然」相呼應。

要之，莊子的形上知識，旨在以「氣」言「道」。其人事原則，
悉由此「氣論」導出。這是道家依天道指導人事的思路。前述氣的三
項特質，恰好和莊學三大部門相應：「同質性」對應「齊物」的知識
論，「變化性」對應「因是」的倫理學，「無目的性」對應「無情」的
人性觀。試分別言之。

(三)「齊物」的知識論

此處「知識論」採廣義，指探究主體對世界的信念（belief）與
世界的實情是否符合一致，以判定該信念是否有資格成為知識
（knowledge）的一種學說。莊子主張，自表層言之，萬物固有種種
不同，例如型態之不同、價值之不同、效用之不同等。唯自深層言
之，萬物無一不是氣的聚現。萬物有表層上的種種不同，是由於人們
預認某種看問題的視野或假定某種是非標準，從而對萬物進行切割和
排序所致。然而這種視野或標準乃人為產物，並非世界自身固有之實
情。因此，萬物在表層上有種種不同，即便可說是多數人的信念，卻
不能說是他們的知識。在莊子的語言中，這種自設視野和標準、因而
缺乏客觀實在根據的所謂信念，乃是師心自用的「成心」(〈齊物
論〉)，固非登假於道的「真知」(〈大宗師〉)也。反之，視萬物在深
層上彼此相通的信念，由於得到「氣聚而成物」此事實的支持，所以
具有成為「知識」的資格。在莊子的語言中，「齊物」即是這一個知

識之稱謂。若採取一較完整的說法，所謂「齊物」者，就是認識到「氣化」是萬物本質的事實，並在此事實的引導下，把目光由萬物間的差異處轉焦於萬物間的齊同處。

莊子屢言「一」。「一」即物之齊同之謂：

> 天地，一指也；萬物，一馬也。（〈齊物論〉）
> 其分也，成也；其成也，毀也。凡物無成與毀，復通為一。唯達者知通為一。（〈齊物論〉）
> 物視其所一，而不見其所喪。（〈德充符〉）

天地萬物繁雜紛紜，究其實質，終無別異，故曰「一指」、「一馬」。又天地萬物，從表面觀之，似恆常處於分且成、成且毀的歷程中，各物起伏不斷，旋起旋滅，彼此之間，難言齊同。唯所謂分、成、毀只是就「物」而言。若就「氣」而言，則純是「一」的內部的運轉，只有「態勢」的變動而無「質量」的增減。譬如伐木為橋，橋之成，意味著木之毀。故兩者相對以觀，必有成、毀之分。唯自本體言之，木、橋俱為氣之變化。木毀不表示氣有所損，橋成也不表示氣有所益。故在物有成毀，在氣則無成毀。而凡物者皆氣，故可謂「凡物無成與毀」、「不見其所喪」也。

「朝三暮四」和「莊周夢蝶」二寓言，乃莊子「齊物」思想之所寄。先看「朝三暮四」：

> 狙公賦芧，曰：「朝三而暮四。」眾狙皆怒。曰：「然則朝四而暮三。」眾狙皆悅。名實未虧，而喜怒為用，亦因是也。是以聖人和之以是非，而休乎天鈞，是之謂兩行。

　　眾狙只著眼於「朝三暮四」和「朝四暮三」在表面上的分別，而未察兩者之總數俱為「七」，如是而冒生或喜或怒的情緒。莊子藉此暗示：天地萬物間的不齊，只是人們的偏見，自本質上看，萬物俱屬一氣，而可歸於齊同。正如「三四」和「四三」兩者，察其序次，得以「不齊」稱之；而觀其總體，俱屬「七」之總數，而終究無別也。此喻示世人只看萬物表象之不齊，而不識萬物本質之齊同。此從反面倡齊物之論。

　　「莊周夢蝶」則從正面倡之：

　　　　昔者莊周夢為胡蝶，栩栩然胡蝶也，自喻適志與！不知周也。
　　　　俄然覺，則蘧蘧然周也。不知周之夢為胡蝶與，胡蝶之夢為周
　　　　與？周與胡蝶，則必有分矣。此之謂物化。

　　在覺醒時，莊周只知自己是人；在夢境中，莊周只知自己是蝴蝶。故覺、夢相對以觀，乃有人、蝶之分；唯自本質言之，則徹頭徹尾只是一個莊周。莊子認為：若我們可從覺的角度宣稱他是一個人，那同樣可從夢的角度宣稱他是一隻蝶。故人、蝶之分，只是覺、夢的角度取向不同使然。從這對反的角度往上超升，則兩者同歸於「莊周」此一不變的主體。此寓言旨在藉由觀點的調整而打通物我，而對齊物之論有一積極的倡應。

（四）「因是」的倫理學

　　「因是」一詞，主要見於〈齊物論〉的幾個段落，分別是：

　　　　是以聖人不由，而照之於天，亦因是也。
　　　　唯達者知通為一。為是不用而寓諸庸。庸也者，用也；用也

者，通也；通也者，得也。適得而幾矣。因是已。已而不知其
然，謂之道。

一與言為二，二與一為三。自此以往，巧歷不能得，而況其
凡乎！故自無適有，以至於三，而況自有適有乎！無適焉，因
是已。

上述三項用例，以首例最堪重視。在此，莊子以「照之於天」來
界定「因是」。「天」是指事物的自然之理。「照之於天」，就是掌握事
物的自然之理，以之作為立身行事的基準之意。「因是」這一內涵，
也體現在另外兩個用例中。如第二例的「因是」就是順道而行之意。
所謂「道」，實即氣所構成的萬物的流動變化。第三例以「一」、
「二」、「三」借代萬象的複雜性。其所謂「因是」，意即擺脫私智巧
見，因循事物各自的條理。概括言之，「因是」一詞所欲表達者，就
是以因循、順應萬事萬物的質性和條理，作為人生在世最合理的行事
原則。必須再次強調，這樣一個原則，其實正是立足於氣的變化性。
蓋氣的變化，正所以成就萬物的變化。人與物的往來進退，頗難以單
一模式遍舉。故莊子嘗謂「化則無常也」（〈大宗師〉）——人與物相
接，並無定律可說，也無常則可用。其背後的觀念，正是以行事上的
彈性作為氣的變化性之體現。

「庖丁解牛」和「顏闔傅衛靈公太子」二寓言，正表述這種「因
是」的倫理學。先看「庖丁解牛」：

庖丁為文惠君解牛。……文惠君曰：「譆！善哉！技蓋至此
乎？」庖丁釋刀對曰：「臣之所好者道也，進乎技矣。始臣之
解牛之時，所見无非牛者。三年之後，未嘗見全牛也。方今之
時，臣以神遇，而不以目視，官知止而神欲行。依乎天理，批

大郤，導大窾，因其固然。技經肯綮之未嘗，而況大軱乎！良
庖歲更刀，割也；族庖月更刀，折也。今臣之刀十九年矣，所
解數千牛矣，而刀刃若新發於硎。彼節者有間，而刀刃者无
厚，以无厚入有間，恢恢乎其於遊刃必有餘地矣，是以十九年
而刀刃若新發於硎。……」

當中，「依乎天理」和「因其固然」二語正可與「因是」之說互
相發明。庖丁宰割牛隻，並非硬憑己意任性而為，其下刀的手法，乃
是對牛體天然脈絡的配合與順應，此之謂「依乎天理」和「因其固
然」。在此寓言中，牛體喻示複雜艱難的社會現況，解牛喻示對這些
社會現況的應對方式，「依乎天理」和「因其固然」則喻示應對方式
中之最為理想者。要之，莊子借庖丁表示：面對變化萬端的世情，最
合理的應世之道，乃是棄私去己，勿要橫衝直撞，全由環境引導身心
的運轉。遵守這樣一種因任自然的原則，而後生命方得最佳的存養。

「顏闔傅衛靈公太子」亦有相類的義理：

顏闔將傅衛靈公大子，而問於蘧伯玉曰：「有人於此，其德天
殺。與之為無方，則危吾國；與之為有方，則危吾身。其知適
足以知人之過，而不知其所以過。若然者，吾奈之何？」蘧伯
玉曰：「善哉問乎！戒之慎之，正汝身也哉！形莫若就，心莫
若和。雖然，之二者有患。就不欲入，和不欲出。形就而入，
且為顛為滅，為崩為蹶。心和而出，且為聲為名，為妖為孽。
彼且為嬰兒，亦與之為嬰兒；彼且為無町畦，亦與之為無町
畦；彼且為無崖，亦與之為無崖。達之，入於無疵。」

顏闔將任衛太子師。唯太子秉性殘刻，又乏自省能力。與他同流

合污，等於危害國家；倘以直道相待，又無異自找麻煩。當此兩難之境，實在無法自處。遽伯玉教導顏闔一個行事原則：假如太子才智像嬰孩般愚鄙，你就不要指責他不夠聰明；假如太子做人像荒野般毫無章法，你就不要教導他講求規劃；假如太子處事不講原則，你就不要強迫他循規蹈矩。要之，在與物相接之先，你不能預設立場。你的一切行事，必須是對所接之物的恰如其分的順應。滿足這個條件，方能存性養命，免受外間侵害。這種強調空乏知欲、依從物理的說法，正與「因是」的倫理學之要旨相合。

（五）「無情」的人性觀

莊子「氣」的形上立場，亦引導其對人性問題的考察，此即以「無情」為核心觀念的人性觀。要之，莊子以人性為一無知無欲的素樸狀態，並認為合理的人生，首重知、欲之清除。「無情」即「無知無欲」的概括之詞。這種視「情」為外加之物、並對之予以否斥的人性觀，其形上的根據，乃是氣在構成萬物時所展現的無目的性。[28]「無情」之說，見於〈德充符〉中莊子與惠子之辯：

> 惠子謂莊子曰：「人故無情乎？」莊子曰：「然。」惠子曰：「人而無情，何以謂之人？」莊子曰：「道與之貌，天與之

---

28 莊子以「無情」界定人性之本然，固以氣的無目的性為理論背景，道家言人性之傳統，亦是其立說的淵源。在道家的立場，人的社會化的過程，或人接受文明洗禮的過程，同時也是人性漸次淪落、失喪的過程。此所以老子批判人在現實社會中的剛烈行為，並以復歸於赤子的虛靜柔弱之德為人生要務。老子這種去大偽以返其真的說法，學界一般以「性真論」稱之。莊子論「無情」，與此頗有相通之誼。彼認為人在現實生活中諸多言行反應，恆與知、欲相勾連，唯此非出於人性之本然，而是文化知識和社會價值觀影響之產物。人性本無知、欲之障蔽，自形上立場看，正通於氣構成萬物時的無特定意向的自然性；而自道家傳統看，乃出於對政教文化和禮樂文明使人性變質的批判。

形，惡得不謂之人？」惠子曰：「既謂之人，惡得無情？」莊
子曰：「是非，吾所謂情也。吾所謂無情者，言人之不以好惡
內傷其身，常因自然而不益生也。」惠子曰：「不益生，何以
有其身？」莊子曰：「道與之貌，天與之形，無以好惡內傷其
身。今子外乎子之神，勞乎子之精，倚樹而吟，據槁梧而瞑。
天選子之形，子以堅白鳴！」

　　莊子對「人故無情」的論旨表示認同。「故」通「固」。「固」者
本有、天生、內具之謂。故所謂「人故無情」，乃是以「無情」為人
類的本然生命狀態。簡言之，就是以人性為一「無情」物。而以人性
為一「無情」物，即意含「情」並不屬於人類自然生命狀態的一部
分。據此，必先明「情」字所指為何，而後「無情」之確義，始得彰
顯。概言之，莊子所謂「情」，主要涵蓋二面向，一是「是非」，一是
「好惡」。

　　就「是非之情」而言，莊子說「是非吾所謂情也」。此語有兩種
斷句方式，一是「是非，吾所謂情也」，以「是非」為情之內容。郭
象、成玄英取此讀法。[29]二是「是，非吾所謂情也」，「是」指惠施之
言，「非」謂莊子所言之「情」與惠施異。這裡採取前者以「是非」
為「情」的解釋。至於所謂「是非」，莊子指的是禮樂文化、物質文
明加諸人類身上的一切意識形態，包括各種經驗知識、價值系統及行
為規範。依此，所謂「人故無情」，意思就是人類天然生命狀態，並
不包含上述那些物事。依〈齊物論〉「未成乎心而有是非」一語，是
非實依成心而立。故謂是非之情非人類生命所本有，即意味著成心亦
非人類生命所本有。由於是非和成心和「知」有關，因此，莊子以為

---

29 郭象注謂「以是非為情」，成玄英疏曰「吾所言情者，是非彼我好惡憎嫌等也」。說
　　見〔晉〕郭象注，〔唐〕成玄英疏：《南華真經注疏（二）》，頁84。

人類無有是非和成心，其實無異於斷言「無知」是人性之本然。

　　而就「好惡之情」而言，莊子在「是非，吾所謂情也」之後，立言「吾所謂無情者，言人之不以好惡內傷其身，常因自然而不益生也」。好惡是情欲之發動，「不以好惡」義近於〈養生主〉的「哀樂不能入」。好惡哀樂是來自行為主體的「成心」──即對世界的主觀劃分及不當猜想；因此，莊子以為人類天生而沒有成心，即涵蘊人類天生而沒有好惡。亦即，莊子在此斷言「無欲」是人性之本然。

　　合言之，莊子所理解的「情」，以「是非」和「好惡」為兩大面向。是非屬於「知」，好惡屬於「欲」。所謂「人故無情」，是以知、欲兩者並非人類原初之生命狀態。莊子以知、欲之氾濫為文明累進之負面產物，正可與此理解互相印證。要之，「人故無情」一語，其核心的主張，正是一無知無欲的人性觀。

四　黃老之學

（一）黃老之學的背景

　　今之所稱道家，固以老莊二子為主體。唯從思想史角度觀之，黃老之學方為先秦道家之主流。茲分從「『黃老』之名與實」、「思想特徵」及「起源與形成」三線索，交代黃老之學的背景。

1　「黃老」之名與實

　　「黃老」一詞，乃黃帝、老子的合稱。黃帝是遠古傳說中首位統一中原各個部落的政治領袖。老子則是春秋末年作為「周室守藏室之史」、孔子曾向他請教周禮、並在歸隱前譔述道德之意五千餘言的學術領袖。自戰國早期伊始，下迄中、晚期，黃老學者的活動持續不

斷。《黃帝四經》、《管子》、《呂氏春秋》、《尸子》、《鶡冠子》等黃老
文獻的出現，尤為黃老之學在學理上趨於成熟的象徵。可以說，黃老
之學作為一股道家思潮，實貫串起戰國二百餘年的思想史發展。唯應
注意者，不少戰國學者和文獻雖可歸於「黃老」之列，但「黃老」一
詞實不見於任何先秦文獻。要到漢武帝朝司馬遷撰《史記》，「黃老」
方作為一正式學術名目，展現於歷史的舞臺。例如司馬遷對若干先秦
學者有如此描述：

> 申子之學，本於黃老而主刑名。(〈老子韓非列傳〉)
> 韓非者，韓之諸公子也。喜刑名法術之學，而其歸本於黃老。
> (〈老子韓非列傳〉)
> 慎到，趙人。田駢、接子，齊人。環淵，楚人。皆學黃老道德
> 之術，因發明序其指意。(〈孟子荀卿列傳〉)

在此，司馬遷稱申不害和韓非之學「本於黃老」，又謂慎到、田
駢、接子、環淵「學黃老道德之術」，此即表示黃老之學，在戰國時
期曾發揮過頗大影響力。故黃老之學的存在，是先秦學術史上的一項
事實。而這一項事實，更延至漢初，成為帝國政治的指導方針：

> 聞膠西有蓋公，善治黃老言，使人厚幣請之。……參於是避正
> 堂，舍蓋公焉。其治要用黃老術，故相齊九年，齊國安集，大
> 稱賢相。(〈曹相國世家〉)
> 參為漢相國，出入三年。卒，謚懿侯。子窋代侯。百姓歌之
> 曰：「蕭何為法，顜若畫一；曹參代之，守而勿失。載其清
> 淨，民以寧一。」(〈曹相國世家〉)
> 及至孝景，不任儒者，而竇太后又好黃老之術，……及竇太后

崩，武安侯田蚡為丞相，絀黃老、刑名百家之言，延文學儒者
數百人。（〈儒林列傳〉）

太后好黃老之言，而魏其、武安、趙綰、王臧等務隆推儒術，
貶道家言，是以竇太后滋不說魏其等。（〈魏其武安侯列傳〉）

　　漢初立國，高祖封其子劉肥於齊，令曹參為相。參求教於蓋公，
以黃老術為治齊之要，國乃大治，時人皆賢之。後代蕭何相，法度一
仍其舊，不加一毫損益。所謂「守而勿失」、「載其清淨」，乃黃老治
術之應用。又竇太后好黃老言，拒斥倡儒術治國的一干能吏。其所著
重，正是以黃老之術為唯一施政原則。當留意者，司馬遷說魏其、武
安、趙綰、王臧等儒者「貶道家言」，而好黃老之言的竇太后「不
悅」，此表示所謂「黃老之言」或「黃老之術」，其意義正相當於「道
家」，或至少屬於「道家」之一重要部門。

　　要之，戰國時期雖未有「黃老」之「名」，但已有黃老之「實」。
「黃老」一名，乃司馬遷對戰國某股哲學思潮之概括。甚至可以說，
在漢初學術界的話語中，「黃老」幾乎是「道家」的同義詞。遷父司
馬談著〈論六家要指〉，當中所稱「道家」，其內涵全屬黃老之術，足
代表漢人對「黃老」和「道家」之關係的一般看法。關於這一點，後
文將詳細探討。

2　思想特徵

　　至若黃老之學的思想特徵，則可從三點得之。

　　黃老之學既稱「黃老」，自應與黃帝、老子這兩位人物有密切關
係。前文指出，黃帝乃政治領袖，老子則為學術領袖。故黃老之學的
思想特徵，首見於若干黃老文獻之藉黃帝言行，以宣傳老子哲學。例
如黃老文獻中最重要的著作《黃帝四經》，其第二篇〈十六經〉諸文

如〈觀〉、〈正亂〉、〈雌雄節〉、〈成法〉、〈順道〉等，載述不少黃帝的
政治發言、人事安排和軍事行動。這些政治發言、人事安排和軍事行
動，究其內涵，無非老子「道生萬物」、「居後處弱」、「安守素樸」、
「物極必反」諸觀念的實際應用。《列子》〈天瑞〉引述所謂《黃帝
書》[30]，中有「谷神不死，是謂玄牝。玄牝之門，是謂天地之根。綿
綿若存，用之不勤」數語，更是出自傳世本《老子》第六章。《上海
博物館藏戰國楚竹書（五）》中被竹書整理小組定名為〈三德〉[31]的一
篇文本，記述「皇后」即「黃帝」[32]教人立身行事的原則。這些原則
如「毋為角言，毋為人昌」、「毋害常」、「毋滅崇，毋虛藏」等，從義
理言之，實通於老子之「不爭」、「以言下之」、「知常曰明」、「處無為
之事」諸說。可知戰國之世，藉黃帝故事展示老學義理，是相當普遍
的哲學書寫形式。[33]

---

30 楊伯峻：《列子集釋》（北京市：中華書局，1979年），頁4-5。

31 此文本收入馬承源主編：《上海博物館藏戰國楚竹書（五）》（上海市：上海古籍出
版社，2005年），頁287-303。

32 這是曹峰先生的考證，今從。相關討論參讀曹峰：〈〈三德〉所見「皇后」為「黃
帝」考〉，收入氏著：《近年出土黃老思想文獻研究》（北京市：中國社會科學出版
社，2015年），頁288-293。

33 所謂「未必盡合於老子之意」，可有兩個意思。第一個意思，就是未必盡合老子的
「動機」（motivation）。寬泛言之，黃老學者均具有強烈而積極的淑世精神。他們援
用老子的觀念，旨在藉由這些觀念的指導，來達到奮發有為的政治目的，此與老子
強調守柔居後、重視返樸歸真的意向，自相迥殊。譬如在老子而言，「物壯則老」
是道的運動之一律則。老子意在藉著這一律則，教人處下守柔，勿矜勿持，以成全
生命和事功的長久。而黃老文獻如《黃帝四經》則將「物壯則老」一觀念從老學的
脈絡中抽離，作為軍事上克敵制勝之一方略。例如〈正亂〉記力黑討伐蚩尤，其方
法是讓蚩尤驕狂自滿，以鬆懈其鬥志，復趁其勢虛而展開攻擊。這一軍事策略顯然
是「物壯則老」律則的運用。一般地說，老學無疑是黃老文獻的思想資源，但在
老學的運用上，黃老文獻顯然比老子更講究實效性，更強調事功的積極創造。至於
第二個意思，就是未必盡合於老學的「內涵」（content）。老學的內涵，以批判工作
為其本質。老子批判當世政治，故倡無為之事、不言之教；批判文化價值，故倡小
國寡民、見素抱樸；批判奮發積極的人生態度，故倡不爭處下、致虛守靜。唯黃老

　　第二點思想特徵，是百家學說的融匯綜合。

　　如前一分目所述，漢人所言「黃老」，和「道家」幾無分別。因此漢人對道家的理解，其實就是對黃老之學的理解。司馬談〈論六家要指〉對「道家」的說法，正代表這樣一種視野。他說：

> 道家無為，又曰無不為，其實易行，其辭難知。其術以虛無為本，以因循為用。
>
> 道家使人精神專一，動合無形，贍足萬物。其為術也，因陰陽之大順，采儒、墨之善，撮名、法之要。

　　「無為」、「無不為」、「虛無」是老子道論的重要概念。其為道家思想之主幹，自無疑義。較受注目的是，司馬談主張道家在「術」的應用層面，可兼容百家學說如陰陽、儒、墨、名、法各派之精粹。在這個意義上，所謂「道家」，其實就是以老學為骨架，並緣飾以其他學派特長的一種思想學說。不難發現，在諸如《黃帝四經》、《管子》、《呂氏春秋》等公認的黃老文獻中，這種融匯百家之學的思想特徵是相當明顯的。後文對《黃帝四經》和《管子》的引介，在這一點上將作出更多的討論。

　　第三點思想特徵，是矯正老莊之學消極治世、反對文明之偏失。

　　自技術層面看，老莊立論固多殊異，唯自根本立場觀之，可以說二子在治世上趨於消極，對文明、文化反對尤力。老子倡「小國寡民」之論，以為人民安於素樸，不思進取，方為最理想的生存狀態；莊子教人憑「齊物」視野亙平一切相對價值，藉「順物自然」和「無

學者所倡老學，實為一套經過精密理論改造的老學。黃老學者多能容受諸子百家思想，並能正面看待文明累進的價值，在學術領域和文化脈絡兩方面，均能展現廣大的包容性。可以說，老子思想重在「破」，黃老之學重在「立」。「破」是發現問題，屬哲理的思考；「立」是解決問題，屬治道的建置。

知無欲」之德性順應萬象流轉，以求生命的滌蕩與境界的超升，俱真切反映上述的根本立場。但以國家發展和文明進步之要求為標準，老莊的立場無疑是一種偏失。而這一種偏失，正由黃老之學強調積極用世、鼓勵文化提升的思想予以糾正。對於黃老之學這種矯正的效能，曹峰先生有很好的概括：

老莊道家雖然有很多高深哲理，但是缺乏落實到現實世界的方案。黃老道家……使道家從原來批判的立場、解構的立場走向了建構的立場，從以往注重超驗走向注重經驗，從過去的神秘走向了現實，從講究對道的體悟走向了對道的運用。……既有救世的情懷，又有現實的方法，同時還取得了很好的效果。[34]

而具體的矯正，則在於：

黃老之學既以道家思想為主幹，又援名、法入道，借用陰陽家之框架，重視儒家的倫理教化，不否定固有的文化傳統，而是著眼於建構現實的價值與秩序，從而完成了道家思想的現代化，成為一種極具操作性的政治思想。[35]

吸收各家思想特別是法家的刑名法術和儒家的禮樂教化，正是積極用世的表現。而在繼承文化傳統的基礎上，開拓和建立適應新時代的價值和秩序，則是對人類文明升進之一肯認態度。在這兩點上，黃老正可補足老莊之失。

---

34 曹峰：《文本與思想：出土文獻所見黃老道家》（北京市：中國人民大學出版社，2018年），頁13。
35 曹峰：《文本與思想：出土文獻所見黃老道家》，頁48。

3　起源與形成

　　本章開首指出，道家哲學的源流發展，是學術史上爭訟不休的公案。較能確定的是，道家起源不止一途，其形成亦非單線進行，但當中細節何若，鑑於年代久遠，史料匱乏，已是無法言明之事。而作為先秦道家的重要分支，黃老之學的起源與形成，也同樣不是簡單的問題。以下三點，是對學界主流觀點的綜合和概括。

　　第一點是范蠡和《黃帝四經》的關係。

　　《黃帝四經》公認為黃老道家最重要典籍。此處所說的《黃帝四經》，是指一九七三年出土於長沙馬王堆漢墓、篇題為〈經法〉、〈十六經〉、〈稱〉、〈道原〉的古佚文。《黃帝四經》成書於何地或何國人，論者迄無定說，主要有鄭人說、楚人說、齊人說、越人說等。唯自思想內涵觀之，學人多同意《黃帝四經》受范蠡思想影響至深。范蠡楚人，生當春秋末年，傳為老子弟子。其強調「贏縮轉化」、講究「因陰陽之恆，順天地之常」的天道觀，顯然從老子道論脫胎而出。學人多以范蠡為老學和黃老思想之轉關。[36]又范蠡以天道為人事法則的思想，乃源於老子以道為「式」的觀念，而為《黃帝四經》「天企」、「法式」、「法度」諸觀念之所本。[37]知《黃帝四經》兼重道法，范蠡之學當是一主要理論資源。戰國晚期成書於齊國稷下學宮的《管子》，以及秦漢之際流行於楚地的《鶡冠子》，皆為深受《黃帝四經》影響，而又在學理上有所創新的黃老文獻。可以說，要理解先秦黃老之學的起源和形成，范蠡和《黃帝四經》的關係，實為一不容忽略之線索。

　　第二點是齊國田氏政權的漂白工程。

---

36 范蠡在黃老之學形成過程中的角色地位，學人早有著論，詳其說者，可參魏啟鵬：〈范蠡及其天道觀〉，收入陳鼓應主編：《道家文化研究》第10輯（上海市：上海古籍出版社，1995年），頁86-101。

37 王博：《老子思想的史官特色》（臺北市：文津出版社，1993年），頁348-350。

　　齊國原是西周初年姜太公的封國。但自春秋末年齊大夫田乞廢齊
簡公，另立齊平公伊始，田氏即把持齊國國柄。西元前三九一年，田
和放逐齊康公，自任齊君，齊國政權遂由「姜齊」轉而為「田齊」。
田和躋身諸侯之列，雖然得到中原各國的承認和周安王的正式冊封，
但其政權畢竟是篡弒所得，難免招人非議。因此田氏奪取齊國後，便
開始進行政權漂白的工作。這工作主要藉由強調田氏和黃帝、老子的
密切關係分途進行。首先，田氏以黃帝後人自居。據古史傳說，黃帝
擊敗炎帝和蚩尤，成為首位統一中原部落的政治領袖。而齊國的姜
氏，正是炎帝的後代。因此，田齊取姜齊而代之，不過重演了歷史上
黃帝打敗炎帝的戲分。並且，如果黃帝打敗炎帝，統合中原部落，乃
是事功之最偉大者，那麼田齊逐去姜齊，或許正意味著這是齊國在先
秦亂世重振黃帝大一統聲威的契機。所以田齊的起家，有很重要的歷
史意義和當代政治意義，並不是「篡奪政權」這樣的貶辭所能拘限
的。復次，田氏並非齊國本土人氏，其故國在陳國。而在南北兩地的
學術文化領域均作出深遠影響的老子，正是出身於陳國的學術領袖。
藉著標榜和老子的關係，田齊可取得知識分子廣大的支持。並且，田
氏把老學和齊國的軍政傳統互相結合，使老學更具實效功能，也展示
田齊擁有優越的治術。而創立於齊威王的稷下學宮，正是上述漂白工
程的大本營。一方面，學宮中各個思想流派，為迎合田齊的政治目
的，紛紛宣揚黃帝的偉大事跡。黃帝遂成為在人類文化諸領域均有出
色表現的英雄人物。[38]另一方面，作為稷下學宮叢書的《管子》，固兼
採諸子百家語，唯觀其大旨，實以老子無為思想和法家刑名之學的交
匯為旨歸。此正是黃老學術特色之所在。可以說，正是出於漂白政權

---

38 有關諸子百家的黃帝言和戰國黃老思想盛行的關係，參讀李零：〈說「黃老」〉，收
　　入陳鼓應主編：《道家文化研究》第5輯（上海市：上海三聯書店，1994年），頁142-
　　157。

的需要，田氏刻意將自身溯源於黃帝、老子，以烘托田齊在政治、學術上的優勢。正是在這一背景下，諸子百氏的黃帝言及稷下之《管子》方有萌發生旺之機運。[39]

　　第三點是戰國時期各家學說合流的總趨勢。

　　據司馬談稱，先秦各學派之崛起，皆是出於「務為治」的考慮。「治」即政治社會秩序的重整。據此，先秦各學派的哲學思想，在某種意義上，其實就是為求解決現實生活種種問題所提出來的辦法或方策。然而中國社會從春秋步入戰國，由於經濟生產方式的改變，以及封建體制崩壞後眾諸侯國規模的擴大，因此帶動了當時物質文明和政治結構的發展。[40]在這一背景下，戰國時期的社會現實變化既遽，狀況也加倍複雜。各家學說各執一端，雖能對某部分問題提供解決之道，卻無法跟上社會變動的速度，面對複雜多元的現實狀況，也因為無法面面兼顧而透露很大的侷限性。故綜合各家學說，以求治術的彈性和全面性，乃是當時學術界整體上的發展趨勢。所謂黃老之學，正是戰國時期綜合各家學說的主流思潮。其起源與形成，顯然和春秋戰國以來政治社會現實的需求有異常密切的關係。[41]

（二）《黃帝四經》

　　一九七三年，長沙馬王堆三號漢墓出土一批秦漢帛書。其中有四篇附抄在帛書《老子》乙本之前，篇名為〈經法〉、〈十六經〉、〈稱〉、〈道原〉的古佚文。學人多認為這四篇古佚文正是《漢書》〈藝文志‧諸子略〉載錄於道家類的《黃帝四經》。也有論者反對此

---

39 較全面的討論，參讀陳麗桂：《漢代道家思想》（臺北市：五南圖書公司，2013年），頁390-400。

40 劉榮賢：《莊子外雜篇研究》，頁1-6。

41 劉榮賢：《莊子外雜篇研究》，頁230-231、253-254。

說，改稱之以《黃帝書》或《黃老帛書》。至其成書時間，學界尚無
定論，有謂戰國早期，有謂戰國中晚期，有謂戰國末世，更有謂晚至
漢初者。當然，由於史料有限，具體的成書時間實無法確知，但其作
為戰國黃老之學的典型，曾對《管子》、《鶡冠子》等黃老文獻及戰國
秦漢諸子的思想發生影響，當是可以肯定的。

依天道以言人事，或從形上學探求人事原則，是道家學說一大特
色。《黃帝四經》作為黃老之學的大宗，自亦不例外。因先述其以
「道」和「天道」為核心觀念的形上學，復明其形上學如何決定其
「道生法」的政治哲學立場。

1 「道」和「天道」的形上學

《黃帝四經》的形上學，可分「『道』的宇宙本原論」和「『天
道』的對立循環論」二部分。「道」作為宇宙本原，是萬物生命之所
從出。這是藉由賦予道以本原的地位，來確立道的絕對性和權威性。
由是道的一切作為——例如「天道」的對立循環——足可作為萬物特
別是人類效倣的儀範。

就宇宙本原論看，《黃帝四經》主要接受老子的「道」一觀念。其
〈道原〉一篇，單從篇名看，就是以道作為萬物本原的意思。文曰：

> 一者，其號也；虛，其舍也；無為，其素也；和，其用也。是
> 故上道高而不可察也，深而不可測也。顯明弗能為名，廣大弗
> 能為形。獨立不偶，萬物莫之能令。天地陰陽，四時日月，星
> 辰雲氣，蚑行蟯動，戴根之徒，皆取生，道弗為益少；皆反
> 焉，道弗為益。[42]

---

[42] 陳鼓應註譯：《黃帝四經今註今譯》（臺北市：臺灣商務印書館，1995年），頁470-
474。按：書中凡引《黃帝四經》悉據此本，不另標註腳。

　　此以天地間一切存有，皆取資於一廣大獨立的「道」，「道」為宇宙萬物的本原，其義甚明。當中「虛」、「無為」、「獨立」諸詞，正是老子道論的重要觀念。而文中以「弗能為名」、「不可察」、「不可測」描述道的性格，又與老子所謂「無名」（第一章）、「吾不知其名，字之曰道」（第二十五章）及「視之不見，名曰夷；聽之不聞，名曰希；搏之不得，名曰微」（第十四章）義近。

　　有些篇章段落不言「道」字，但肯定萬物有一本原，且其描述，幾與老子所稱的本原之道無異：

　　　　虛無形，其寂冥冥，萬物之所從生。（《經法》〈道法〉）
　　　　有物始生，建於地而溢於天，莫見其形；大盈終天地之間，而莫知其名。（《經法》〈名理〉）
　　　　無形無名，先天地生，至今未成。（《十六經》〈行守〉）
　　　　黃帝曰：群群□□□□□□為一囷。無晦無明，未有陰陽。陰陽未定，吾未有以名。（《十六經》〈行守〉）

　　「萬物之所從生」即「生萬物」。考《老子》第四十二章說「道生一，一生二，二生三，三生萬物」，可知「道」即是此發揮創生效用者。「先天地生」借用《老子》第二十五章「有物混成，先天地生」之語，此「先天地生」之「物」自屬「道」無疑。而所謂「莫知其名」、「吾未有以名」者，亦顯然承襲《老子》第一章「無名，天地之始」、第三十二章「道常無名」、第二十五章「吾不知其名，字之曰道」諸論。

　　而就對立循環論看，《黃帝四經》主要扣住「天道」來說。《黃帝四經》的「天道」，並非宇宙本原之道以外的另一物，而只是道在經驗世界中的顯現。其顯現的方式，乃是兩極之間的循環：

極而反，盛而衰：天地之道也，人之理也。(《經法》〈四度〉)

周遷動作，天為之稽。天道不遠，入與處，出與反。(《經法》〈四度〉)

極而反者，天之生也。(《經法》〈論〉)

明明至微，時反以為幾。天道環周，……天稽環周。(《十六經》〈果童〉)

「極而反」即事物發展至極端，必逆向而為其反面。它可指事物趨向巔峰狀態時，必轉為衰敗；也可指事物落入卑弱狀態時，必將呈現蓬勃旺盛的生機。這種循環的運動方式，乃是天道的本性，即所謂「天之生」。顯然，這種對天道的理解，正合乎《老子》第四十章「反者道之動」的思想。引文中「周遷」和「環周」二詞，意指以圓圈的路線周而復始地運行著，正可看作是天道之「反」的別名。

進一步言之，天道的循環運動，主要見於四時的不斷更替。而四時的不斷更替，其實含有對立兩端的往復循環之義：

始於文而卒於武，天地之道也。(《經法》〈論約〉)

天地之恒常，四時、晦明、生殺、柔剛。(《經法》〈道法〉)

夫天有恒幹，地有恒常。合此幹常，是晦有明，有陰有陽。(《十六經》〈果童〉)

夫天地之道，寒熱燥濕，不能并立。剛柔陰陽，固不兩行。(《十六經》〈姓爭〉)

天地之道，有左有右，有牝有牡。(〈稱〉)

「文」即「春夏」，「武」即「秋冬」。所謂「天道」，就是始於春夏、卒於秋冬，然後周而復始的自然歷程。可知《黃帝四經》的「天

道」是扣緊「四時」來說。春夏和秋冬，分別代表天地萬物對立的性質或樣態。如春夏是明、是柔、是熱、是濕、是牡，而秋冬則是晦、是剛、是寒、是燥、是牝。這兩端的對立性，可分別用「陽」、「陰」加以概括。天道的運行，自其基本面言之，只是對立兩端往復循環的歷程。

2　「道生法」的政治哲學

《黃帝四經》的政治哲學，主要是從其形上學引申而出。這一思路，可用《經法》〈道法〉首句「道生法」一語加以說明。簡單說，所謂「道生法」，就是根據對道和天道的認識來指導政治社會活動的進行。就施政而言，《黃帝四經》有如下說法：

> 天有死生之時，國有死生之正。因天之生也以養生，謂之文；因天之殺也以伐死，謂之武。文武并行，則天下從矣。（《經法》〈君正〉）
> 春夏為德，秋冬為刑。先德後刑以養生。（《十六經》〈觀〉）
> 夫并時以養民功，先德後刑，順於天。（《十六經》〈觀〉）

這幾段話表達效法天道而制訂治道的政治立場。春夏二季生機勃勃，萬物滋榮，代表對萬物之「德」，此為「天之生」；而秋冬二季氣象蕭殺，萬物凋萎，代表對萬物之「刑」，此為「天之殺」。《黃帝四經》指出，國君為政，必須是對天道的配合與倡應。故天道有生有殺，治道必具兼備文教和武事與之相應；天道先德後刑，故春夏獎勵文教，而秋冬則繼之以武事。是之謂對天道的「因」、「順」也。

除政事的施行外，軍事的決策亦當遵行天道的律則：

力黑問於太山之稽曰：蚩尤□□□驕溢陰謀，……為之若何？
太山之稽曰：子勿言佑，交為之備。吾將因其事，盈其寺，拼
其力，而投之殆。子勿言也。上人正一，下人靜之；正以待
天，靜以須人。天地立名，□□自生，以隨天刑。(《十六經》
〈正亂〉)

此謂蚩尤驕溢，力黑欲討伐之，太山之稽獻一策：「因其事，盈
其寺，拼其力，而投之殆。」這是說，你要配合蚩尤的所作所為，讓
他志得意滿，鼓動他壞事做盡，這樣他便會招來惡報，沒有好下場。
顯然，這樣的軍事決策，正是對天道「極而反」一律則的運用。

最後必須補充一點。由於道是宇宙本原，所以道之於萬物，實有
著存有論上的權威性。而且道顯現為天道，其運行恆常不變，亦非任
何人力物力所能左右。因此，對作為受造物的人類來說，天道所呈現
的對立循環，一旦施之於人事活動，便構成一種約束力：

道生法。法者，引得失以繩，而明曲直者也。故執道者，生法
而弗敢犯也，法立而弗敢廢也。(《經法》〈道法〉)
法度者，正之至也。而以法度治者，不可亂也。而生法度者，
不可亂也。精公無私而賞罰信，所以治也。(《經法》〈君正〉)

從「弗敢犯」、「弗敢廢」、「不可亂」這些用詞看，由「道」而生
的「法」實具有一種行事上的約束力。至於這種約束力的本質為何，
《黃帝四經》的立場其不清晰。初步看，這種規範力應該不是社會義
務或道德責任，而是傾向於效益意義上的趨利避禍的考慮：

世恒不可釋法而用我，用我不可，是以生禍。(〈稱〉)

　　「釋法」即「犯法」、「廢法」或「亂法」。此謂行事不從法度而代之以私見，而禍害乃生。「禍」應當是指政治利益的失喪或虧損。可知「道生法」所衍生的行事的約束力，主要出於當事人避禍的心理。下面的引文，或可反面印證此說：

　　　因天之生也以養生，謂之文；因天之殺也以伐死，謂之武。文
　　　武并行，則天下從矣。（《經法》〈君正〉）

　　因順天道之生殺而兼顧文事武備，可有「天下從」的結果。「天下從」即獲得天下人的服從與支持，這顯然是一種政治利益。也就是說，統治者之所以循道而制法，是由其趨利的心理所使然。合言之，由「道」而生的「法」之所以給人們的政治社會活動構成約束力，必須結合人的趨利避禍的心理，始能得一妥貼之理解。[43]

（三）《管子》

　　《管子》一書，是齊國稷下學宮若干學者的集體創作。其成書時間，一般認為是在戰國中晚期齊宣王執政時期。西漢末劉向整理官方藏書，《管子》的篇數，原有五百六十四篇之多。劉向去除重複、刪繁存簡、辨析真偽，最後定為八十六篇。後十篇亡佚，今存七十六篇。

---

43 應當指出，「道生法」這個論旨，已足呈現《黃帝四經》融匯各家所長的黃老思想
　　特色。從思考方式上看，「道生法」是從天道規定人道，屬於道家。「道」一詞含有
　　「天道」之義，其內涵則是陰陽二端的對立循環，屬於陰陽家。至其所謂「法」，
　　兼括「德」、「刑」兩者。「德」屬於儒家，「刑」則屬於法家。而「刑」通「形」，
　　屬於名家。故《黃帝四經》亦屢言執道者要「審其形名」（《經法》〈道法〉）、「名正
　　者治」（《十六經》〈行守〉）。根據這些分析，僅「道生法」一語，至少已囊括儒、
　　道、法、名、陰陽數家思想。此正符合漢人對道家或黃老之學的理解。這或許就是
　　班固將《黃帝四經》列作道家類的主要理由。

　　《管子》顯然是托名春秋時期齊相管仲所著。管仲輔助齊桓公稱霸，其政治的強勢和軍事的莫大成就，使他成為齊國歷史上備受尊崇的人物，也使齊國的文化傳統，植入法家思想的基因。書中多言法。其所謂「法」，或指政治體制，或指嚴刑峻法。政制之措置，要在「視時而立儀」（《管子》〈國准〉）、「王數不可豫致」（〈國准〉）；刑法之施行，要在「人之心悍，故為之法」（〈樞言〉）、「人心，禁繆而已矣」（〈山權數〉）。這兩種「法」的理解，恰與法家「世變事異」、「嚴刑止姦」的精神相接。而其書之所以托名管仲而又多言法，則主要是出於挺立齊國思想文化傳統的考慮。稷下學宮是各方游士學子的匯粹之地。他們固有功於齊國和列國的思想文化交流，但其活躍的學術生命力，勢必吞沒齊國固有的思想文化特色。基於此，學宮中一些齊國本土學者在吸收、消化異國思想文化的同時，也積極弘揚齊國自身的優勢。[44] 稱頌管仲功業，復興法家傳統，據以集成《管子》一書，便是其努力一大成果。結合稷下學風對百氏兼容並蓄的量度，便構成《管子》包羅百家而又具有濃厚法家色彩的黃老學術特色。

　　簡單說，《管子》是藉由一套有關「精氣」的形上學理論，以建立「法出乎權，權出乎道」的統治術。在《管子》，「精氣」的凝聚代表統治者達至聖人的修養之境，此之謂「道」。而此一「道」的修養之境，正能使統治者在「法」的領域達到施政上的靈治變通，此即「權」一概念所示。

---

44 白奚先生指出，由於《管子》挺立齊國獨特思想文化的編寫動機相當明顯，因此《管子》一書，應當是出於學宮中齊國本土學者之手，而不宜籠統地視作「稷下叢書」或「稷下先生著作總集」。說見白奚：《稷下學研究——中國古代的思想自由與百家爭鳴》，頁218-220。

1 「精氣」的形上學

在形上學層面，《管子》接受老子「道為萬物之始」的觀念，以說明存有界的開拓。但在《管子》的理論構造中，「道」的本原意味已大幅減弱。其所謂「道」，實即流動天地之間、作為萬物基始原質的「精氣」。換言之，《管子》乃是以「精氣」的概念，來詮釋老子「道」的概念。《管子》如此言「道」：

> 凡道，無根無莖，無葉無榮，萬物以生，萬物以成，命之曰道。(〈內業〉)
> 虛無無形謂之道。化育萬物謂之德。(〈心術上〉)
> 道在天地之間也，其大無外，其小無內，故曰不遠而難極也。虛之與人也無間。……天之道虛。……虛者，萬物之始也，故曰可以為天下始。(〈心術上〉)

據此，道被認為具有「生成萬物」的功能、「天地之始」的地位及「虛無無形」的特質。此一形上學，對老子的道論顯然有所承襲。但在這些引文中，道作為宇宙本原的意義並非《管子》立論的重點。其所強調者，毋寧是道的「虛」的性格。「虛」字何義，《管子》沒有細說，唯從大意言之，道的「虛」，即是無具體的限定性之意。所謂「無根無莖，無葉無榮」、「其大無外，其小無內」，即喻示道非任何經驗性質所能限定。正因道有「虛」性，如此方能在經驗的生成中，使各種萬有的限定性得以實現。就像水在形態上亦無具體的限定性，但可隨著客觀環境的種種約範，而呈現出無限多的限定性。由此看來，所謂「虛者萬物之始」，並不是說道在一時空歷程中生成萬物，而是說道以其虛而能成萬有之實。如同水一樣，「氣」正具備這種「虛」的性格。由是《管子》便由道論接通精氣之說：

> 凡物之精，此則為生。下生五穀，上為列星。流於天地之間，
> 謂之鬼神；藏於胸中，謂之聖人。(〈內業〉)

當中「精」即「精氣」之省。此謂精氣是生命之源。其在經驗世界的流動，不僅可具體化為五穀、列星等自然物，也可化為鬼神，甚至成為人的靈明，使人成聖成賢。可見經驗萬有中一切複雜的限定性，俱屬於「精氣」的作為。此段不言精氣之「虛」，而「虛」之義甚顯。並且，藉由對照「道在天地之間」和「凡物之精……流於天地之間」，以及「凡道……萬物以生」和「凡物之精，此則為生」等有關「道」、「精氣」的互近說法，《管子》之「精氣」，顯然可充作「道」之別名。

《管子》以「精氣」釋「道」，目的是要強調道的「虛」性。而之所以強調道的「虛」性，目的是要說明統治者必須要做到「虛」的敬德工夫。亦即是說，「虛」是《管子》貫通天人的重要觀念：

> 虛其欲，神將入舍。掃除不潔，神乃留處。(〈心術上〉)
> 天曰虛，地曰靜，乃不伐。潔其宮，開其門，去私毋言，神明
> 若存。(〈心術上〉)
> 形不正，德不來。中不靜，心不治。……敬除其舍，精將自
> 來。(〈內業〉)
> 能正能靜，然後能定。定心在中，耳目聰明，四枝堅固，可以
> 為精舍。精也者，氣之精者也。(〈內業〉)

「虛其欲」即寡欲。依中國哲學傳統，寡欲至少有二類型。一是在言行上做工夫，藉由克制和端正自身，使德行內化為德性。另一是在意志上做工夫，從源頭杜絕一切惡念，惡行遂可中止。〈內業〉的

「正形來德」和「靜中治心」，甚至更具概括性的「能正能靜」一語，恰好分別對應「虛其欲」或「寡欲」的二類型。所謂「掃除」或「敬除」，實即「虛」的別詞。總言之，《管子》認為：清除不當的欲望，端正形軀，淨化心靈，如此方能使身心成為精氣駐停其中的館舍。

　　先補充說明一點。《管子》藉「氣」來突顯「道」的「虛」性，旨在以道的無限定性貫穿人事，建言理想的君主亦必當抵達「虛」的工夫之境。據此，一位君主倘已做到「虛其欲」，便是一「有道者」（〈牧民〉、〈宙合〉）或「有道之君」（〈心術上〉、〈君臣下〉、〈四稱〉）。而有道之君的「虛」，則見於其在「法」的領域無私我偏情的障蔽，而在最大限度內達表現出對客觀事理規律的配合和順應。故《管子》言「道」、言「氣」，最後還是落實到人事上說。《管子》所以為道家者以此。

2　「法出乎權，權出於道」的政治哲學

　　《黃帝四經》言「道生法」，意思是天道的對立循環運動，足可為人事活動所遵法。《黃帝四經》言天有陰陽，故政分文武，或利用「極而反」之律則在軍事行動上克敵制勝，俱可看作是「道生法」之諸例。《管子》的政治哲學，亦是由道以言法。唯其在道、法之間，引進了「權」一環節，是之謂「法出乎權，權出於道」（〈心術上〉）。「權」者，權衡斟酌、謀定後動之謂。按《管子》意，政治活動要順利進行，或取得良好的成果，必先通盤掌握客觀事理和活動範圍所涉資訊，並能加以消化吸收，制定最有效的計畫。此之謂「法出乎權」。而對事理、資訊的全面掌握及計畫的有效性，又得先取決於君主完成「虛」的修養。此之謂「法出乎道」。合言之，所謂「法出乎權，權出乎道」，就是說君主必先具有「虛」的修養，始能掌握並靈活運用一切有用的事理和資訊，制定客觀上最有效的計畫，使政治活

動順妥完成。此一「道－權－法」的思維，涉及兩項議題，一為適時
應變的制度觀，另一為靜因無為的用人術。茲分項言之，以明其政治
哲學之精神。

就適時應變的制度觀言，《管子》認為國家制度之設置，不應出
於君主私情上的好惡，而應當是考察時勢或環境後的精細規劃：

> 故古之所謂明君者，非一君也，其設賞有薄有厚，其立禁有輕
> 有重，跡行不必同，非故相反也，皆隨時而變，因俗而動。
> (〈正世〉)

古代明君甚眾，唯所行各異，甚或互相對反。其所以如此，在彼
此時代背景或客觀環境不同，故所遇問題，亦相出入，連帶解決問題
的方法或舉措也千差萬別。這些明君之作為，並非一成不變的單一
模式，他們以何種方式治理國家，完全是順應時俗而運轉。《管子》
又說：

> 桓公問於管子曰：「國准可得聞乎？」管子對曰：「國准者，視
> 時而立儀。」……桓公曰：「五代之王，以盡天下數矣，來世
> 之王者，可得而聞乎？」管子對曰：「好譏而不亂，前變而不
> 變，時至則為，過則去，王數不可豫致。」此五家之國准也。
> (〈國准〉)

「國准」即治理國家所執行的法度。「視時而立儀」，是指國家法
度要設立得當，成為治事的典範，得先考察時代條件，然後再審慎考
慮。所謂「王數不可豫致」，是說為求實現王者之業所做的一切，並

不能脫離現實而作憑空的臆測。「不可豫致」一語，正表達「權」的
彈性和靈活性。

　　要之，在適時應變的制度觀一點上，「法出乎權，權出乎道」的
意思是：君主去知寡欲的修養，使得他能斟酌權衡一切事理和資訊，
進而為國家建立一套配合時勢、而又能發揮政治效能的制度。

　　而就靜因無為的用人術言，《管子》認為官員的任命，全是以他
們所具有的自身條件為考量的依據，君主個人的偏見或私意，不得干
預其間的運作：

　　　有道之君，其處也，若無知。其應物也，若偶之。靜因之道也。
　　　（〈心術上〉）

　　有道之君已達「無知」的工夫之境。他們考核官員，能擺脫前見
的干擾，對其性情和才幹作出如實的認識，此即「靜因之道」。「靜」
指「無知」，無私用己智的波動；「因」指「應物」，是權衡斟酌後的
順勢而為。這一段話，所對應的當是「權出乎道」一語——蓋君主之
能恰如其分的應物，是由於已先上達「無知」的得道表現。另一段
話，則涉及「法出乎權」一語：

　　　故道貴因。因者，因其能者，言所用也。（〈心術上〉）
　　　無為之道，因也。因也者，無益無損也。以其形，因為之名，
　　　此因之術也。（〈心術上〉）

　　「因其能者，言所用也」和「以其形，因為之名」義近，俱是說
根據官員的專業能力，委任他擔任合適的官職。人才的最終得用，屬
於「法」的領域；而用人的得當與否，則屬於「權」的領域。這顯然

是「法出乎權」的思想。

　　要之，在靜因無為的用人術一點上，「法出乎權，權出乎道」的意思是：君主擁有去知寡欲的修養，故能持平面對人才的優劣長短，並作合理的斟酌考量，妥善安排他們的職任。

第三章
墨家哲學

一　概說

　　墨家起於戰國初年之墨子。孟子嘗謂：「楊朱、墨翟之言盈天下。天下之言，不歸楊，則歸墨。」(《孟子》〈滕文公下〉)韓非子亦云：「世之顯學，儒、墨也。」[1](《韓非子》〈顯學〉)可知終先秦之世，墨家是與儒家、道家、法家等齊名的重要思想流派。墨子重力行、任勞苦，倡尊天明鬼、兼愛非攻、尚同尚賢，既揭發時政弊失，亦顧及百姓利益，故上及廟堂，下至民間，墨學均為一時風氣。戰國中葉以後，部分墨家學者與名家合流。墨學遂由關心政治、經濟、倫理的實用之學，轉為探討語言、邏輯、真理的純理之學。唯墨學的名家轉向，已無法應付當世經世致用之需求。加以墨學所倡「非攻」、「節用」諸論，頗有不合時宜、不近人情之弊，在漸乏時君世主支持和深受其他學派抨擊的情形下，墨家於戰國末世已趨式微矣。

　　《墨子》一書，非成於一人，亦非成於一時，寬泛言之，可被視為墨子及其後學的論文結集。當中頗多記述墨子言論及活動的篇章，亦有議論體，發揮墨子哲學精神。西漢末劉向校讎群書，定《墨子》篇數凡七十一。班固撰《漢書》，篇數亦同。自隋朝迄清朝，歷代官編史書及私藏典籍，於《墨子》之卷、編，均不一其數。今僅存篇數

1　陳奇猷：《韓非子集釋》(臺北市：河洛圖書出版社，1974年)，頁1080。按：書中凡引《韓非子》悉據此本，不另註明。

凡五十三。[2]當注意者，卷十〈經上〉、〈經下〉、〈經說上〉、〈經說下〉四篇，是墨家後學中屬名家一派之作品，西晉魯勝單獨作注，並以《墨辯》命之，惜其注已佚。卷十一〈大取〉、〈小取〉二篇，亦多名家言，與〈經上〉等四篇相類。今之學者多將此二篇列於《墨辯》，《墨辯》遂成六篇。[3]本章論墨家哲學，以「墨子哲學」為限。《墨辯》之學，俟第五章「名家哲學」補論。

二　墨子哲學

（一）墨子的生平

　　墨家雖是戰國一大學派，唯關於創派者墨子其人之姓名、國籍及確實的活動年代，古今論者尚無統一說法。舊說多以墨子姓墨名翟，略晚於孔子，其活動年代，介於孔孟之間，為戰國早中期之際。清代學者孫詒讓考證墨子生卒為周定王元年至周安王二十六年（西元前468年至西元前376年）[4]，錢穆先生則以為是周敬王末年至周安王十年（西元前480年至西元前390年）[5]。數字上小有差距，但同以墨子年壽近百。至其國籍，史遷謂墨子為「宋之大夫」（《史記》〈孟子荀卿列傳〉），歷史上遂多以墨子為宋人。孫詒讓則謂墨子應為魯人，近現代學者多從之。[6]江瑔則一反眾說，以為「墨」非姓氏，而是驟

2　有關《墨子》歷代官私藏書之編目，詳參畢沅〈墨子編目考〉，收入〔清〕孫詒讓撰；孫啟治點校：《墨子閒詁》，頁646-652。

3　譚戒甫先生對此論述頗詳。參讀譚戒甫：《墨辯發微》（北京市：中華書局，1964年），頁2-4。

4　〔清〕孫詒讓撰；孫啟治點校：《墨子閒詁》，頁693。

5　錢穆：《先秦諸子繫年》，頁103、686。

6　有關墨子其人其事的簡介及若干重要的學界觀點，參讀馮友蘭《中國哲學史》第五章〈墨子及前期墨家〉，頁65-67。

栝、勤儉、勞苦諸義，通於夏禹之尚質無文。故「墨」是學派之名，非姓氏之稱。而「翟」則或為墨子之姓。蓋古有翟國，在宋之北，其子孫以國名為姓，墨子或即其後。所謂「墨翟」，乃是繫其人之事跡或學術加於其姓之上，古人名號多有其例。[7]江氏之說，詳備新穎，頗有廓清之功，可參。

　　墨子之活動，可考者甚少。史遷謂其「宋之大夫」，知墨子嘗仕於宋國。《淮南子》〈要略〉則曰：「墨子學儒者之業，受孔子之術，以為其禮煩擾而不說，厚葬靡財而貧民，久服傷生而害事，故背周道而行夏政。」是墨子本倡孔學、操儒業，後以其道難循，故對之多所抨擊。除此以外，大抵只知其為墨者之首任巨子。從學術思想言之，「墨」為一學派；而從社會活動言之，「墨」則為一江湖組織。組織內之成員，稱作「墨者」，「巨子」即其首領之名號。以墨子為首的一干墨者，以反戰為號召，協助小國加強國防，抵禦大國侵略。彼嘗止魯陽文君攻鄭，又詘公輸盤之攻械，說楚王無攻宋（見《墨子》的〈魯問〉、〈公輸〉諸篇），孫詒讓譽為墨子事功之犖犖大者。[8]反戰以外，墨子又甘於貧賤，主張一種苛刻自苦的生活方式。《莊子》〈天下〉曰：「不侈於後世，不靡於萬物，不暉於數度，以繩墨自矯，而備世之急，古之道術有在於是者。墨翟、禽滑釐聞其風而說之。為之大過，己之大循。作為《非樂》，命之曰《節用》，生不歌，死無服。墨子汎愛兼利而非鬥，其道不怒；又好學而博，不異，不與先王同，毀古之禮樂。」墨子否認一切身心享受，非但生人不應欣賞歌舞，甚至死者也不許穿戴服飾，其生活刻薄也若此。

　　至若墨學源流，其途非一，採覽眾說，可得三點。一是史遷「務

7　江璜對於墨翟非姓名、墨為學派、翟為姓氏的相關討論及論證，詳見〈論墨子非姓墨〉一文，收入氏著：《讀子厄言》（臺北市：泰順書局，1971年），頁129-151。

8　孫詒讓：〈墨子傳略〉，收入〔清〕孫詒讓撰；孫啟治點校：《墨子閒詁》，頁681。

為治」之說。此說以為包含墨家在內的先秦各家，俱起於在當世社會撥亂反正之動機。墨子兼愛、尚同、尚賢諸論，俱屬此背景下的對治之策。二是班固「墨家出於清廟之守」之說。清廟為祭祀先祖鬼神之單位，初為巫司掌其職。巫者，通天人、事鬼神之謂。墨子尊天、明鬼，蓋承清廟之餘緒。[9]三是《淮南子》「用夏政」之說。夏禹之時，水患最烈，一切衣食喪葬、社會建設，俱非當世急務。且夏禹剔河鑿江，奮發不斷，尤見力行的價值。墨子節用，非命，固受夏禹影響至深。以下試順此三說，概述墨子哲學大要。

（二）「務為治」之學說：兼愛、尚同、尚賢

1　兼愛

（1）「兼愛」說之要旨

所謂「兼愛」，是視人如己、不分等差的互愛方式。這是墨子用以對治戰國紛亂的一個理念。他說：

> 聖人以治天下為事者也，必知亂之所自起，焉能治之，不知亂之所自起，則不能治。譬之如醫之攻人之疾者然，必知疾之所自起，焉能攻之；不知疾之所自起，則弗能攻。治亂者何獨不然，必知亂之所自起，焉能治之；不知亂之所自起，則弗能治。聖人以治天下為事者也，不可不察亂之所自起。（〈兼愛上〉）

墨子指出，如同大夫治病，必須對症下藥一樣，聖人要清理亂

9　墨家出於清廟之守一說和巫、史之關係，參讀江瑔：《讀子卮言》，頁34-35、40-41。

局，亦得先察知亂局的成因。而亂局的成因，墨子以為全在「不相愛」三字：

> 當察亂何自起？起不相愛。臣子之不孝君父，所謂亂也。子自愛不愛父，故虧父而自利；弟自愛不愛兄，故虧兄而自利；臣自愛不愛君，故虧君而自利，此所謂亂也。雖父之不慈子，兄之不慈弟，君之不慈臣，此亦天下之所謂亂也。父自愛也不愛子，故虧子而自利；兄自愛也不愛弟，故虧弟而自利；君自愛也不愛臣，故虧臣而自利。是何也？皆起不相愛。(〈兼愛上〉)
>
> 雖至天下之為盜賊者亦然，盜愛其室不愛其異室，故竊異室以利其室；賊愛其身不愛人，故賊人以利其身。此何也？皆起不相愛。雖至大夫之相亂家，諸侯之相攻國者亦然。大夫各愛其家，不愛異家，故亂異家以利其家；諸侯各愛其國，不愛異國，故攻異國以利其國，天下之亂物具此而已矣。察此何自起？皆起不相愛。(〈兼愛上〉)

在此，墨子對「亂」字下一明確定義，即人與人之間的不相愛。而所謂「不相愛」，意思是每個人只關心自己的利益，對他人的利益常思侵奪。這一「虧人而自利」的狀況，可說是每種人際關係的常態。例如在君臣關係中，臣常「虧君而自利」；在父子關係中，子常「虧父而自利」；甚至盜匪搶掠平民，大夫打擊政敵，諸侯侵略別國，俱為「虧人而自利」，因而皆屬「不相愛」之表現。這就是「天下之亂」的根本因由。墨子順此提出「兼愛」之說：

> 若使天下兼相愛，愛人若愛其身，猶有不孝者乎？視父兄與君

若其身，惡施不孝？猶有不慈者乎？視弟子與臣若其身，惡施
不慈？故不孝不慈亡有，猶有盜賊乎？故視人之室若其室，誰
竊？視人身若其身，誰賊？故盜賊亡有。猶有大夫之相亂家、
諸侯之相攻國者乎？視人家若其家，誰亂？視人國若其國，誰
攻？故大夫之相亂家、諸侯之相攻國者亡有。（〈兼愛上〉）
若使天下兼相愛，國與國不相攻，家與家不相亂，盜賊無有，
君臣父子皆能孝慈，若此則天下治。故聖人以治天下為事者，
惡得不禁惡而勸愛？故天下兼相愛則治，交相惡則亂。故子墨
子曰：「不可以不勸愛人者，此也。」（〈兼愛上〉）

墨子既察知「亂」起於「不相愛」，故要去「亂」以從「治」，則
必反其道而行，而有待於人與人之間的「兼相愛」。所謂「兼相愛」，
簡言之，即視人如己之義。墨子這裡有一假定，就是每個人都是自愛
的存有。倘將對己之愛推及他人，自愛與他愛無復有別，則虧人以自
利的情況便不再發生，如此「天下之亂」便可從根消解。故「不相
愛」則「亂」，「兼相愛」則「治」。此聖人所以治天下者。

這裡要補充說明一點。「不相愛」一詞，意思是對他人利益的侵
奪。故所謂「愛」，乃是以利益為其實質。如果對他人之愛是一種道
德，則墨子顯然是以利益來界定道德。的確，墨子以「孝」和「慈」
這兩種公認的道德表現為例子說明「愛」的內容——「虧父而自利」
是「自愛不愛父」。但如果子女「視父若其身」，則「不孝亡有」。同
樣，「虧臣而自利」是「自愛不愛臣」。但如果君主「視臣若其身」，
則「不慈亡有」。顯然，所謂「不孝」、「不慈」，乃是就「不虧父而自
利」和「不虧臣而自利」而言。

（2）「兼愛」說所遭受之批評及墨子之辯解

墨子之兼愛說，是直就當世亂局之所由起，而加以針對性的診斷——如果「不相愛」所以致亂，則「兼相愛」便所以致治。但這種簡單的兩極思維能否達成預期的效果，或會否引發其他理論上或實踐上的難題，則大有討論空間。墨子預想到其兼愛說會招致一些批評，但他認為這些批評純屬誤解。因此他站在論敵的角度，嘗試提出四個可能的批評，並藉由回應這些批評，對兼愛說的意義和效力作出更細緻的剖析。而為求焦點集中，這裡僅討論其中兩個批評。

其中一個批評，旨在質疑兼愛說缺乏生活上的實踐性。墨子說：

> 然而天下之士非兼者之言，猶未止也。曰：「即善矣。雖然，豈可用哉？」（〈兼愛下〉）

墨子指出，有些反對兼愛說的士子，會主張兼愛說無法實踐，純粹是一動聽的理論而已。但這一批評並不中理。因為兼愛說非但具有很高的實踐性，而且是人們在實踐時的優先選項：

> 子墨子曰：「用而不可，雖我亦將非之。且焉有善而不可用者？姑嘗兩而進之。誰以為二士，使其一士者執別，使其一士者執兼。是故別士之言曰：『吾豈能為吾友之身，若為吾身，為吾友之親，若為吾親。』是故退睹其友，飢即不食，寒即不衣，疾病不侍養，死喪不葬埋。別士之言若此，行若此。兼士之言不然，行亦不然，曰：『吾聞為高士於天下者，必為其友之身，若為其身，為其友之親，若為其親，然後可以為高士於天下。』是故退睹其友，飢則食之，寒則衣之，疾病侍養之，

死喪葬埋之。兼士之言若此，行若此。若之二士者，言相非而行相反與？當使若二士者，言必信，行必果，使言行之合猶合符節也，無言而不行也。然即敢問，今有平原廣野於此，被甲嬰冑將往戰，死生之權未可識也；又有君大夫之遠使於巴、越、齊、荊，往來及否未可識也，然即敢問，不識將惡也家室，奉承親戚，提挈妻子，而寄託之？不識於兼之有是乎？於別之有是乎？」（〈兼愛下〉）

墨子表示，假若「兼愛」無法實踐，就連他也反對這種學說。但事實顯非如此。他構思一個情境，以突顯兼愛說在實踐上的優先性。他首先區別「別士」和「兼士」這兩類人——「別士」無法愛人如愛己，也不會把別人的雙親當做自己的父母來奉養。所以當朋友需要幫助時，別士絕不願伸出援手。反之，「兼士」愛人如愛己，也會像侍奉自己父母般盡心照顧別人的雙親。所以朋友有難，兼士絕不袖手旁觀。面對這兩種人，墨子要我們設想：假如我們即將從軍，生死存亡未定，我們會把家人託付給誰？顯然，為了家人的利益，我們必定會把家人託付給兼士而非別士——既然「兼士」是我們的選擇，又怎可說兼愛說缺乏實踐意義呢？

另一個批評，旨在質疑兼愛說會帶來壞的後果。墨子說：

然而天下之非兼者之言，猶未止，曰：「意不忠親之利，而害為孝乎？」（〈兼愛下〉）

墨子指出，有些反對兼愛說的士子，會主張兼愛說不合乎自己父母的利益，於孝道有所虧損。墨子沒有細說這一「非兼者之言」的理由何在，但同情的瞭解，可作如是看：子女的生命是父母所賦與，能

夠長大成人，也是父母辛勞照料的成果。因此，在父母的立場，子女
與自己的關係，應當具有一種非他人可比的親密程度。而由於兼愛說
正是要打破這種親密程度，因此子女一旦實行之，必嚴重違反父母對
自己的期待。此一批評之重點，應當指此。唯墨子指出，兼愛說的落
實，非但沒有違反孝道，反而才最符合父母之利：

> 子墨子曰：「姑嘗本原之孝子之為親度者。吾不識孝子之為親
> 度者，亦欲人愛利其親與？意欲人之惡賊其親與？以說觀之，
> 即欲人之愛利其親也。然即吾惡先從事即得此？若我先從事乎
> 愛利人之親，然後人報我愛利吾親乎？意我先從事乎惡人之
> 親，然後人報我以愛利吾親乎？即必吾先從事乎愛利人之親，
> 然後人報我以愛利吾親也。」（〈兼愛下〉）

為人子女者，必定期望自己的父母被別人善待，絕不期望他們受
到傷害。而對別人的善惡作出相應的回報，則是人類的基本心理。當
你善待別人的父母，別人亦必善待你的父母。換言之，從自己父母的
利益著眼，像奉養他們那樣善待別人的父母，適可引發別人釋出同等
的善意。墨子據此主張，兼愛的實踐，非但無損孝道，反而是加倍行
孝的一種方式。

（3）軍事上的「兼愛」態度：「非攻」

墨子論兼愛要旨，有「視人國若其國，誰攻？諸侯之相攻國者亡
有」及「若使天下兼相愛，國與國不相攻……若此則天下治」之語。
這種貫穿「兼愛」觀念的軍事思想，即墨子著名的「非攻」說。
「攻」者「侵略」之謂。則墨子所非者，僅限於侵略性的軍事行動，
而非一切性質的戰爭。小國的守城戰、自衛戰，或小國之間抵抗大國

侵凌的救援戰等，固墨者之分內事也。

「非攻」為「兼愛」在軍事上之態度。故墨子倡兼愛，亦必主非攻。而其所以主非攻者，考之〈非攻〉篇，理據主要有二。一是「不合仁義」，一是「無利可圖」。茲分言之如下焉。

侵略戰爭之不合仁義，墨子嘗藉數種惡行之嚴重性以突顯之。他說：

> 今有一人，入人園圃，竊其桃李，眾聞則非之，上為政者得則罰之。此何也？以虧人自利也。至攘人犬豕雞豚者，其不義又甚入人園圃竊桃李。是何故也？以虧人愈多，其不仁茲甚，罪益厚。至入人欄廄，取人馬牛者，其不仁義又甚攘人犬豕雞豚。此何故也？以其虧人愈多。苟虧人愈多，其不仁茲甚，罪益厚。至殺不辜人也，扡其衣裘，取戈劍者，其不義又甚入人欄廄取人馬牛。此何故也？以其虧人愈多。苟虧人愈多，其不仁茲甚矣，罪益厚。當此，天下之君子皆知而非之，謂之不義。今至大為攻國，則弗知非，從而譽之，謂之義。此可謂知義與不義之別乎？（〈非攻上〉）

據墨子觀察，人們對於一行為之仁義與否，實有著清晰的自覺。例如竊人桃李、攘人禽畜，以至殺人越貨等，都公認是不合仁義之事。其所以公認不合仁義，是由於它們共同具有「虧人自利」的性質。易言之，墨子至少是以「虧人自利」作為一事「不合仁義」的充分條件。依此，由於「攻國」——發動侵略戰爭——是出於統治者「虧人自利」的動機，所以「攻國」和前述幾種惡行一樣，是不合仁義的——非但不合仁義，其為害之烈，更遠非任何惡行可比。出於一致性的要求，如果要譴責盜竊、搶掠和謀殺，那亦應當譴責侵略戰爭。

統治者發動侵略戰爭，目的是「虧人自利」，但墨子指出，這個目的其實是無法達成的。亦即，侵略戰爭終究無利可圖：

> 國家發政，奪民之用，廢民之利，若此甚眾，然而何為為之？曰：「我貪伐勝之名，及得之利，故為之。」子墨子言曰：「計其所自勝，無所可用也。計其所得，反不如所喪者之多。……為政若此，非國之務者也。」

在侵略者的角度言，發動侵略戰爭，可預期獲得至少兩種利益：一是「伐勝之名」，即勝利者的榮譽；二是「得之利」，即城池、人民、財貨等物質性之所得。唯墨子指出：計算戰事勝利的數字，並無任何實際用處；而若計算戰勝後所得到的，其實抵不上自己所喪失的。案墨子意，計算戰事勝利的數字，而自居勝利者，只是空名或虛銜，並非真實的效益。犧牲大量的社會資源去求得一個空名或虛銜，是得是失，不言而喻。況戰事勝利，雖可奪取他國的城池、人民和財貨，看似有所得益，但是備戰時所付出的成本，以及戰爭過程所耗損的人力和物力，實遠超戰勝後的所得。例如訓練軍隊時所消耗的時間、兵械和糧食，交戰時大量男丁的滅絕和社會建設的破壞，以及戰後人口的恢復和秩序的重整所需要的一切有形和無形的資本，俱非攻占幾座城池就能補償。要之，發動侵略戰爭，終究得不償失，只是無利可圖之作為而已。

2　尚同

「尚同」是以統治術為內涵的一個政治概念。它是指下位者認同上位者的是非標準，並努力予以實行的意思。案墨子之說，其主要面向有二：一是天下人上同於天子，二是天子上同於天。墨子之所以提

出「尚同」之說，和他對國家起源的看法有密切關係。茲分從「尚同」說的背景及「尚同」的兩個面向，說明「尚同」說的要旨。

(1)「尚同」說的背景

先民在形成國家概念之前的原始生存狀態，是墨子思考「尚同」說的起點。

「尚同」，是先民為求對治生存困境而提出的統治方法：

> 子墨子言曰：「古者民始生，未有刑政之時，蓋其語『人異義』。是以一人則一義，二人則二義，十人則十義，其人茲眾，其所謂義者亦茲眾。是以人是其義，以非人之義，故文相非也。是以內者父子兄弟作怨惡，離散不能相和合。天下之百姓，皆以水火毒藥相虧害，至有餘力不能以相勞，腐臭餘財不以相分，隱匿良道不以相教，天下之亂，若禽獸然。夫明虖天下之所以亂者，生於無政長。是故選天下之賢可者，立以為天子。天子立，以其力為未足，又選擇天下之賢可者，置立之以為三公。天子三公既以立，以天下為博大，遠國異土之民，是非利害之辯，不可一二而明知，故畫分萬國，立諸侯國君，諸侯國君既已立，以其力為未足，又選擇其國之賢可者，置立之以為正長。」

墨子認為，在遠古時期，無刑政之施，無政長之設，先民的生活是「其語人異義」的原始狀態。所謂「其語人異義」，不止是指人們所使用的語言符號，其意思和指涉彼此相異，更是指人們在是非、對錯、好壞、善惡等規範或價值問題上，各自持有不同甚至衝突的準則。為衛護自身的準則，人恆與異己者互相侵害，天下之亂因之形

成。這裡，墨子乃是以「無政長」所導致的「其語人異義」之現狀，作為天下之亂最根本的成因。「政長」即政治領袖或上位者之謂，「尚同」的「尚」字正呼應此義。「尚」、「上」一也。墨子認為「無政長」和「其語人異義」似有某種因果關係，此即反面表示，上位者之設置，旨在對治「其語人異義」所引致的社會亂局。「尚同」說的背景，大致如此。

（2）「尚同」的兩個面向

至於上位者對治「其語人異義」的方法，就是「一同天下之義」。墨子說：

> 明乎民之無正長以一同天下之義，而天下亂也。是故選擇天下賢良聖知辯慧之人，立以為天子，使從事乎一同天下之義。（〈尚同中〉）
> 察天子之所以治天下者，何故之以也？曰唯以其能一同天下之義，是以天下治。（〈尚同中〉）
> 察天下之所以治者，何也？天子唯能壹同天下之義，是以天下治也。（〈尚同上〉）

從「天子之所是，皆是之；天子之所非，皆非之」和「上之所是，必亦是之；上之所非，必亦非之」（〈尚同中〉）這些說法來看，所謂「義」，主要是指是非準則。而所謂「是非」，不止涉及語言符號在使用上的真假或正誤，更涉及思想、行為的對錯、好壞、善惡等規範或價值問題。在墨子，天子的是非準則一經頒布，人們的思想和行動便得以齊一，「其語人異義」的狀況便能消解，而天下之亂亦得隨而中止。這正是「尚同」最基本的面向——天下人皆上同於天子所頒

布的是非準則：

> 天子諸侯之君，民之正長，既已定矣，天子為發政施教曰：
> 「……上之所是，必亦是之，上之所非，必亦非之，……尚同
> 義其上，而毋有下比之心……。」（〈尚同中〉）
> 是以舉天下之人，皆欲得上之賞譽，而畏上之毀罰。是故里長
> 順天子政，而一同其里之義。里長既同其里之義，率其里之萬
> 民，以尚同乎鄉長，……鄉長之所是，必亦是之，鄉長之所
> 非，必亦非之。……察鄉長之所以治鄉者，何故之以也？曰唯
> 以其能一同其鄉之義，是以鄉治。（〈尚同中〉）
> 鄉長治其鄉，而鄉既已治矣，有率其鄉萬民，以尚同乎國君，
> 曰：「凡鄉之萬民，皆上同乎國君，而不敢下比。國君之所
> 是，必亦是之，國君之所非，必亦非之。……。」察國君之所
> 以治國，而國治者，何故之以也？曰唯以其能一同其國之義，
> 是以國治。（〈尚同中〉）
> 國君治其國，而國既已治矣，有率其國之萬民，以尚同乎天
> 子，曰：「凡國之萬民上同乎天子，而不敢下比。天子之所
> 是，必亦是之，天子之所非，必亦非之。……。」察天子之所
> 以治天下者，何故之以也？曰唯以其能一同天下之義，是以天
> 下治。（〈尚同中〉）

據此，是非準則由天子頒令，復由列國的國君、鄉長、里長依序
傳達，最後使得天下之百姓執守同一套是非準則。如此所謂「尚
同」，就是百姓上同於里長之是非，里長上同於鄉長是之非、鄉長上
同於國君之是非，最後是國君上同於天子之是非。而由於這套是非準
則是天子所頒令，故所謂「尚同」，自本質上看，就是天下人皆上同

於天子的是非準則之謂。墨子認為，只要國君、鄉長、里長、百姓等
國家成員俱認同並遵行天子之是非準則，那麼自里、鄉、國以至天
下，俱可得其「治」。這種由上位者「一同天下之義」所帶來的
「治」，正好能根治「人語其異義」所招致的「亂」。

　　唯「尚同」尚涉另一面向，此即天子的是非準則何所出之問題。
在墨子，天子的是非準則並非一種任意的設計，而是對「天」的好惡
的認同和遵行：

> 夫既尚同乎天子，而未上同乎天者，則天菑將猶未止也。故當
> 若天降寒熱不節，雪霜雨露不時，五穀不孰，六畜不遂，疾菑
> 戾疫、飄風苦雨，荐臻而至者，此天之降罰也，將以罰下人之
> 不尚同乎天者也。故古者聖王，明天鬼之所欲，而避天鬼之所
> 憎，以求興天下之利，除天下之害。（〈尚同中〉）

　　在墨子，「天」或「天鬼」是超越界一種制裁人間的力量。順其
所欲則有福，犯其所憎則有禍。順其所欲而避其所憎，即「上同於
天」之義。是故「尚同」的另一面向，就是天子的是非準則，必以天
的是非準則為依歸。在墨子，天的是非準則，在「興天下之利，除天
下之害」。凡對百姓生活能興利除害者，俱合於天的是非準則。倘天
子之所為，未合於上述準則，不僅天鬼將在自然界降下災殃，就連百
姓也不肯配合「尚同」的統治：

> 今王公大人之為刑政則反此。政以為便譬，宗於父兄故舊，以
> 為左右，置以為正長。民知上置正長之非正以治民也，是以皆
> 比周隱匿，而莫肯尚同其上。是故上下不同義。若苟上下不同
> 義，賞譽不足以勸善，而刑罰不足以沮暴。（〈尚同中〉）

　　執政者結黨營私、無心治事，顯然與天鬼為百姓興利除害之意欲相違，而百姓自然也不會認同這種牴觸自身利益的是非準則。也就是說，倘上位者不上同於天，則下位者也不會上同於上位者。這種「上下不同義」的情況，和古時「其語人異義」的情況在本質上實無大別。倘後者足以致亂，則前者自難致治。

3　尚賢

（1）「賢」之二義

　　墨子認為，「尚賢」是古聖王的為政之道。由於古聖王的政治是值得學習的理想政治，故「尚賢」是值得學習的為政之道。根據古漢語的通例，「賢」字有德、能二義。「德」涉品格之好壞，「能」涉才幹之高下。「賢」指「賢德」或「賢能」，或兩者同括，當視文脈而定，未可一概而論。察墨子意，其所推尚者，賢德、賢能二者均備，如下文所論：

> 故古者聖王之為政，列德而尚賢，雖在農與工肆之人，有能則舉之，……非為賢賜也，欲其事之成。（〈尚賢上〉）

　　這裡，墨子把「列德」和「尚賢」並舉，又謂為政之道是「有能則舉之」。可知「賢」是「德」、「能」並重——「尚賢」既可指「列德」，也可指「舉能」，當然亦可指推舉德、能兼具者。又如下文所論：

> 子墨子言曰：「譬若欲眾其國之善射御之士者，必將富之，貴之，敬之，譽之，然後國之善射御之士，將可得而眾也。況又有賢良之士厚乎德行，辯乎言談，博乎道術者乎，此固國家之珍，而社稷之佐也。……。」（〈尚賢上〉）

這段話是墨子對問者有關「眾賢之術」的回應。眾者聚也。「眾賢之術」是積聚賢者的方法。對於何謂「賢」，墨子以「善射御之士」和「賢良之士厚乎德行」作例釋。「厚乎德行」是良好品格，其涉「德」的面向甚明。至若「善射御」，則是以射擊和御車為例借代有利於國家發展的專業技藝，其所涉者則為「能」的面向。綜合此二引文，可知墨子所稱「尚賢」，是一種重視良好品德或專業技能的用人之術。

（2）「尚賢」的三個型態

夫「賢」之義既明，則現在的問題是：「尚賢」的理念如何落實於政治活動當中？案墨子之說，這涉及三個型態，一是委派官職，以賢者為準；二是警惕貴族和寵臣，使成為賢者；三是統治者本人以成為賢者自許。因分述如下。

「尚賢」的第一個型態是：統治者委派官職，以其人之是否賢者為考慮的標準：

> 子墨子言曰：「是在王公大人為政於國家者，不能以尚賢事能為政也。是故國有賢良之士眾，則國家之治厚，賢良之士寡，則國家之治薄。故大人之務，將在於眾賢而已。」（〈尚賢上〉）
> 故古者聖王之為政，列德而尚賢，雖在農與工肆之人，有能則舉之，……故當是時，以德就列，以官服事，以勞殿賞，量功而分祿。故官無常貴，而民無終賤，有能則舉之，無能則下之，舉公義，辟私怨，此若言之謂也。（〈尚賢上〉）

略分之，首引文重在言「德」，次引文重在言「能」。「德」、

「能」蓋「賢」之分說也。此謂為政之要,在「列德」、「舉能」二事。為官而無德無能,則其位可去;為民而有德有能,則官爵可得。易言之,統治者之委派官職,一以其人之合於賢為據,而無有例外。

「尚賢」的第二個型態是:警惕貴族和寵臣,使成為賢者:

> 是故古者聖王之為政也,言曰:「不義不富,不義不貴,不義不親,不義不近。」是以國之富貴人聞之,皆退而謀曰:「始我所恃者,富貴也,今上舉義不辟貧賤,然則我不可不為義。」親者聞之,亦退而謀曰:「始我所恃者親也,今上舉義不辟疏,然則我不可不為義。」近者聞之,亦退而謀曰:「始我所恃者近也,今上舉義不避遠,然則我不可不為義。」(〈尚賢上〉)

這段話以「義」字說明「尚賢」思想。案墨子言「義」,有時是「仁義」的省稱。「仁義」固屬「德」。考墨子主「天欲義而惡不義」(〈法儀〉),並以「天鬼之所欲」為「求興天下之利,除天下之害」(〈尚同中〉)。而「興利除害」,則屬於專業能力的運用和表現。因此,「義」或「仁義」在「德」以外,也和「興利除害」的「能」有關。合言之,由於墨子所謂「義」同涉「德」、「能」二面,所以和「賢」的觀念是彼此相通的。

根據「義」、「賢」在義理上的相通性,當墨子主張統治者應當以「義」為獲得富貴、親近君主的條件時,他無異於主張統治者應當推行「尚賢」之策。而這樣的「尚賢」之策,對於不義的貴族和寵臣而言,實起到相當大的鞭策作用。據墨子設想,這些貴族和寵臣有著這樣的一種心理:我之所以能在國家占有權勢,是由於倚恃著富貴和親近君主的家世背景。但「尚賢」之策的推行,一方面使得我由於不合於「義」而失去原先擁有的富貴和寵信,另一方面將使貧賤者中的賢

人獲賜富貴和親近君主的機會，從而取代我的地位。為維護我的既有利益，「為義」就成為必須之事。由於「義」、「賢」義通，因此，貴族和寵臣在利益即將受損的壓力下「不可不為義」，其整個的意思就是：他們希望成為有德有能的賢者，以配合君主的「尚賢」之策，藉以繼續維持富貴以及君主的寵信。

「尚賢」的第三個型態是：統治者本人以成為賢者自許：

> 今王公大人欲王天下，正諸侯，夫無德義將何以哉？其說將必挾震威彊。今王公大人將焉取挾震威彊哉？傾者民之死也。民生為甚欲，死為甚憎，所欲不得而所憎屢至，自古及今未嘗能有以此王天下、正諸侯者也。今大人欲王天下，正諸侯，將欲使意得乎天下，名成乎後世，故不察尚賢為政之本也。此聖人之厚行也。」

墨子指出，人民普遍具有欲生惡死的心理。讓人民滿足求生之欲，免於死亡的威脅，方能稱王天下，成為列國諸侯之長。而要做到這一點，「尚賢」是最根本的辦法。而此所謂「尚賢」，墨子以「夫無德義何以哉」作解——即是說，統治者得先具備德義的條件，方能在政治活動中照料百姓的需要，繼而達致「王天下，正諸侯」的結果。而統治者具備德義，實即成為賢者之意。要之，墨子之「尚賢」，亦是扣緊統治者以成為賢者自許一義而言的。

（三）「清廟遺緒」之學說：天志、明鬼

1 天志

墨子言「天」，專指一宗教上的人格神。此人格神有其意欲或價值意識，此即所謂「天志」。依墨子，「天」對於人有一制裁力量，舉

凡人間之事，合於天志者，天賞之，不合，天懲之。人要得賞免懲，一切言行必當以天為法。故「天志」實為人類行為最根本之歸趨也。

(1)「天志」作為人類言行的最高法儀

墨子首先確立「天」的模範地位。他認為「天下從事者，不可以無法儀，無法儀而其事能成者無有也」(〈法儀〉)，各種人事活動俱有自身的標準或法則。這些標準或法則對於相關的人事活動，能指導其方向，劃定其範圍。合於標準或法則者，活動就能順利完成，反之即招失敗。而「天」正是「治國」的法儀，故統治者便有「莫若法天」(〈法儀〉)之責任。「天」既有此模範地位，墨子遂據此言及「天意」或「天志」之重要性：

> 子墨子言曰：「我有天志，譬若輪人之有規，匠人之有矩，輪匠執其規矩，以度天下之方圜，曰：『中者是也，不中者非也。』……。」(〈天志上〉)
> 故子墨子之有天之意也，上將以度天下之王公大人之為刑政也，下將以量天下之萬民為文學出言談也。觀其行，順天之意，謂之善意行，反天之意，謂之不善意行；觀其言談，順天之意，謂之善言談，反天之意，謂之不善言談；觀其刑政，順天之意，謂之善刑政，反天之意，謂之不善刑政。故置此以為法，立此以為儀，將以量度天下之王公大人卿大夫之仁與不仁，譬之猶分黑白也。(〈天志中〉)

此二文呼應〈法儀〉所言人事活動必有合於法儀之理。譬如造輪，輪者圓物，必合於「規」而後成。又如造檃，檃者直物，必合於「矩」而後可。「規」、「矩」蓋圓、直之法儀也。治國亦然。國家的

良好治理，必取法於某一標準或法則，此即「天志」或「天意」。一切行止、言談、刑政，凡合於天志、天意者，即為好的或正當的，凡不合者，即為不好的或不正當的。是可見墨子視「天志」為人類言行之最高標準。

（2）「天志」的內涵

唯指出「天志」是人類言行之法儀，只是就形式言。而就內涵言，墨子實是以愛利萬物為「天志」之表現：

> 天之行廣而無私，其施厚而不德，其明久而不衰，故聖王法之。（〈法儀〉）
> 今夫天，兼天下而愛之，撽遂萬物以利之，若豪之末，非天之所為，而民得而利之，則可謂否矣。（〈天志中〉）

墨子肯定「天」廣泛愛護萬物。唯此「愛」非空愛，必實之以利。所謂「施厚」、「利萬物」意即生存條件的供給，此為天對萬物之愛。

由於天志見諸對萬物之愛利，故在人類社會中，必做到人與人之間的相愛互利，方合於「天志」：

> 然而天何欲何惡者也？天必欲人之相愛相利，而不欲人之相惡相賊也。（〈法儀〉）

此明言人之相愛相利，為天之所欲；人之相惡相賊，乃天之所惡。有欲有惡，故「天」為一有人格者；以相愛利為所欲，以相惡賊為所惡，則「天志」之內涵也。

墨子又曰：

> 然則天亦何欲何惡？天欲義而惡不義。然則率天下之百姓以從
> 事於義，則我乃為天之所欲也。(〈天志上〉)

墨子論「兼愛」，屢言「虧人自利」為「不相愛」；論「非攻」，亦屢言「虧人自利」為「不義」(或不仁義)。可知「利他」為「愛人」，「愛人」方合於「義」。故「天志」以欲人之相愛互利為內涵，亦即以「欲義而惡不義」為內涵。

(3) 天的制裁力量

天既「欲義惡不義」，則「義」與「不義」之判，乃是天對人事活動賞懲之依據。墨子肯定「天」具備制裁人間的力量：

> 然則天亦何欲何惡？天欲義而惡不義。然則率天下之百姓以從
> 事於義，則我乃為天之所欲也。我為天之所欲，天亦為我所
> 欲。然則我何欲何惡？我欲福祿而惡禍祟。……天下有義則
> 生，無義則死；有義則富，無義則貧；有義則治，無義則亂。
> (〈天志上〉)

此謂統治者為天之所欲，則天亦將遂其所欲。天之所欲在「義」，統治者之所欲則在「福祿」；天之所惡在「不義」，統治者之所惡則在「禍祟」。統治者行義，而福祿隨之；行不義，則禍祟立至。天之賞懲，端繫統治者之能行義否。故統治者行義，則有生、富、治之好處；行不義，則有死、貧、亂之惡果。〈天志中〉謂「天子為善，天能賞之；天子為暴，天能罰之」，對天的制裁力量，是一更直截之概括。

2　明鬼

在「天志」外，墨子又倡「明鬼」。「鬼」亦為一具人格的、執賞罰之權的存有。墨子嘗區分「鬼」的幾種類別：

> 子墨子曰：「古之今之為鬼，非他也，有天鬼，亦有山水鬼神者，亦有人死而為鬼者……。」(〈明鬼下〉)

「天鬼」幾與「天」同義，「山水鬼神」即自然界之各種神靈，「人死而為鬼者」只是人死後靈魂之作用。「靈魂」非墨學重點，今略。案墨子明鬼之說，重在賞善罰惡之制裁力量，與言「天志」同。「鬼」若指「天鬼」，則與「天」無大別，如墨子謂：

> 夫既尚同乎天子，而未上同乎天者，則天菑將猶未止也。……故古者聖王，明天鬼之所欲，而避天鬼之所憎，以求興天下之利，除天下之害。……天鬼之福可得也。(〈尚同中〉)

先言「天」可降災降罰，後言當察「天鬼」之欲與憎，以求興利除害，是則「天」與「天鬼」可互換而不易其義。以「鬼」言「天」，或是強調天在賞罰上不測之作用。「天鬼」所指即「天」也。

「鬼」有時與「神」連詞，而稱曰「鬼神」。「鬼神」與「天」或「天鬼」之關係，墨子語頗不詳，或有以為二物者，如：

> 子墨子言曰：「其事上尊天，中事鬼神，下愛人。」(〈天志上〉)
>
> 自古及今無有遠靈孤夷之國，皆犓豢其牛羊犬彘，絜為粢盛酒

醴，以敬祭祀上帝山川鬼神，以此知兼而食之也。（〈天志下〉）

率以敬上帝山川鬼神。（〈天志下〉）

此明分「天」和「鬼神」為二物。尤其「山川鬼神」一詞，似以「鬼神」為複數，而有別於「天」為一至高無上的存有者。

唯在某些脈絡，「鬼神」和「天」或「天鬼」有混用之勢，則二者又似非二物，如：

是以率天下之萬民，齊戒沐浴，潔為酒醴粢盛，以祭祀天鬼。其事鬼神也，酒醴粢盛不敢不蠲潔，犧牲不敢不腯肥，珪璧幣帛不敢不中度量，春秋祭祀不敢失時幾，聽獄不敢不中，分財不敢不均，居處不敢怠慢。（〈尚同中〉）

子墨子言曰：「……由此始，是以天下亂。此其故何以然也？則皆以疑惑鬼神之有與無之別，不明乎鬼神之能賞賢而罰暴也。今若使天下之人，偕若信鬼神之能賞賢而罰暴也，則夫天下豈亂哉！」（〈明鬼下〉）

諸侯傳而語之曰：「凡殺不辜者，其得不祥，鬼神之誅，若此其憯遬也！」（〈明鬼下〉）

則此言鬼神之所賞，無小必賞之；鬼神之所罰，無大必罰之。（〈明鬼下〉）

故鬼神之明，不可為幽閒廣澤，山林深谷，鬼神之明必知之。鬼神之罰，不可為富貴眾強，勇力強武，堅甲利兵，鬼神之罰必勝之。（〈明鬼下〉）

首引文先言「祭祀天鬼」，後言「事鬼神」，其實只是一事，可知

「天鬼」和「鬼神」幾無差別。而其他引文旨在強調鬼神之賞罰制裁力量，與墨子言「天」之賞罰全同。竊意「天」和「鬼神」是一抑是二，非墨子關心之所在。墨子旨在肯定有一超乎人力的存有，能察人事之善惡，能執公正之賞罰，並藉此宗教觀念之灌輸，以為天子諸侯權力上之制衡。「天」與「鬼神」異名同謂，或是層級有別，俱無損墨子立論之目的也。

（四）「用夏政」之學說：節用、非命

1　節用

墨子之「節用」，是針對統治者所發的一項施政原則和生活原則。作為施政原則，「節用」是指國家經濟的一切開銷、用度，以支援民用民利作為最根本的考慮；作為生活原則，「節用」則是指統治者的食衣住行，只應滿足實用性的最基本需要，任何必須花費的享受，俱在嚴禁之列。顯然，這兩個原則是互相支持的：國家開銷在便利民生，意味統治者個人物欲之滿足不被考慮；反之，統治者過簡單而實用的生活，不作任何浪費，表示國家將有更充裕的經濟能力為百姓提供補助。正因這兩個原則的關係如此密切，故墨子論節用之法，往往兩者並言。「節用」觀念的綱領如下：

> 是故古者聖王，制為節用之法，……曰：「凡足以奉給民用，則止。」諸加費不加於民利者，聖王弗為。（〈節用中〉）

此言國家財富，以奉給民用民利為限。所謂「止」和「弗為」，考之〈節用中〉後續文脈，乃是指國用不應加於統治者在食衣住行各方面的生活享受而言。如其言「制飲食之法」，謂「足以充虛繼氣，強股肱，耳目聰明，則止」；言「制衣服之法」，謂「冬服紺緅之衣，

輕且暖，夏服絺綌之衣，輕且清，則止」；言「制宮室之法」，謂「聖王作為宮室，便於生，不以為觀樂也」；言「作為舟車」，謂「以便民之事……其為用財少，而為利多，是以民樂而利之」。可知「節用之法」，實兼括統治者之「施政原則」和「生活原則」二面。

另墨子節用之法，有「非樂」和「節葬」二說。此二說是針對代表周道的儒家而發，具有學派思想比較的意義，值得多加討論。分言之，「非樂」旨在批評周朝禮樂的不利民生，「節葬」旨在批評儒家喪葬制度之奢靡浪費。先言「非樂」。墨子說：

> 今惟毋在乎王公大人說樂而聽之，即必不能蚤朝晏退，聽獄治政，是故國家亂而社稷危矣。今惟毋在乎士君子說樂而聽之，即必不能竭股肱之力，亶其思慮之智，內治官府，外收斂關市、山林、澤梁之利，以實倉廩府庫，是故倉廩府庫不實。今惟毋在乎農夫說樂而聽之，即必不能蚤出暮入，耕稼樹藝，多聚叔粟，是故叔粟不足。今惟毋在乎婦人說樂而聽之，即不必能夙興夜寐，紡績織紝，多治麻絲葛緒綑布縿，是故布縿不興。……是故子墨子曰：「為樂，非也。」(〈非樂上〉)

墨子所反對的「樂」，主要是指「歌舞」之類。在儒家，歌舞是先進文明的象徵，是一項優秀的藝術活動。它非但能建立華夏文明高於夷狄外族的文化地位，亦足以彰顯人類之異於萬物的獨特價值。但墨子認為，歌舞的存在，實為人類活動一大錯誤──當所有社會成員都把時間花用於歌舞的習練和欣賞，那麼，各行各業的事情就會荒廢，社會的發展亦將停滯不前，其對民生的損害，不可謂不巨大。故墨子謂「為樂，非也」，其「非」在「不中萬民之利」也。

至於「節葬」，墨子說：

古者聖王制為節葬之法曰：「衣三領，足以朽肉，棺三寸，足
以朽骸，堀穴深不通於泉，流不發洩則止。死者既葬，生者毋
久喪用哀。」（〈節用中〉）

儒家主「厚葬」和「服三年之喪」。前者是要起到「慎終追遠，
民德歸厚」（《論語》〈學而〉）的作用，故要「事死如事生」（《中
庸》）或「死，葬之以禮，祭之以禮」（《論語》〈為政〉）。後者則是出
於回報父母生養之恩的考慮。但墨子指出，喪葬事宜愈簡愈好，無需
大肆鋪張。例如死者所穿衣物和棺木的厚度，僅足遮蓋大體即可，禮
數太厚，白增浪費。況人死已矣，生者實無需久喪。墨子於〈非儒〉
補充說：「送死若徙，三年哭泣，扶後起，杖後行，耳無聞，目無
見，此足以喪天下。」是久喪使生者傷害體理，不利社會發展。故
「節葬」之法，亦是以民用民利為指向也。

2 非命

「非命」的「命」，是「宿命」之意。以為命運早經安排、生死
禍福皆有定數，非人力所能左右者，即所謂「宿命」。墨子之「非
命」，旨在反對上述「宿命」的思想。墨子先指出「命」的含義：

子墨子言曰：「執有命者以集於民間者眾。執有命者之言曰：
『命富則富，命貧則貧；命眾則眾，命寡則寡；命治則治，命
亂則亂；命壽則壽，命夭則夭，雖強勁，何益哉？』以上說王
公大人，下以駆百姓之從事，故執有命者不仁。故當執有命者
之言，不可不明辨。」（〈非命上〉）

所謂「命富則富，命貧則貧；……命治則治，命亂則亂；命壽則

壽，命夭則夭」等，就是以為富、貧、治、亂、壽、夭等人生的際遇
純是先天的定局，非後天人為努力之所創。此為「宿命論」的典型說
法。對此「執有命者之言」，墨子批評曰：

> 蓋嘗尚觀於聖王之事，古者桀之所亂，湯受而治之；紂之所
> 亂，武王受而治之。此世未易民未渝，在於桀紂，則天下亂；
> 在於湯武，則天下治，豈可謂有命哉！（〈非命上〉）

墨子從歷史事例著眼，主張人事之發展及其所致之結果，全在人
力之施為。夫世界未嘗稍變，百姓無異舊昔，暴君治之則亂，聖王治
之則治，益可見人力的作用。故世道是「亂」是「治」，從上位者之
作為就足以解釋。「宿命」實為多餘之假定矣。

墨子復指出，根據一般人的信念，事情的得失成敗，與所付出努
力的多寡，恆有一相應之比例。亦即，事情的結果何如，只需反之於
個人所作所為，往往足以預見。這種肯定人為努力的信念，和「宿
命」一觀念顯然互不相容：

> 今也王公大人之所以蚤朝晏退，聽獄治政，終朝均分，而不敢
> 怠倦者，何也？曰：彼以為強必治，不強必亂；強必寧，不強
> 必危，故不敢怠倦。今也卿大夫之所以竭股肱之力，殫其思慮
> 之知，內治官府，外斂關市、山林、澤梁之利，以實官府，而
> 不敢怠倦者，何也？曰：彼以為強必貴，不強必賤；強必榮，
> 不強必辱，故不敢怠倦。今也農夫之所以蚤出暮入，強乎耕稼
> 樹藝，多聚叔粟，而不敢怠倦者，何也？曰：彼以為強必富，
> 不強必貧；強必飽，不強必飢，故不敢怠倦。今也婦人之所以
> 夙興夜寐，強乎紡績織紝，多治麻絲葛緒綑布縿，而不敢怠倦

　　者，何也？曰：彼以為強必富，不強必貧，強必煖，不強必
　　寒，故不敢怠倦。

　　此謂各行業之人士，俱深知個人之勤怠與否，必將導致其事之成
敗及後續之得失禍福。故人力是因、命運是果，方為一般人的信條。
是人力決定命運之走向，而非宿命如此，反置人力為一虛幻之自由。
墨子「非命」說大旨，略如上述焉。

第四章
法家哲學

一　概說

　　法家之「法」，本義為「刑」。「刑」者「刑罰」之謂。古文「刑」與「荊」通，「荊」又轉注為「型」。「型」即今所稱「模範」。故「法」在「刑罰」一義外，又兼「模範」一義。[1]「模範」意在給出是非的準則，對言行作出統合與制約。此義在政治脈絡上引申開去，就是指國家對人民所頒行的法令、刑律。法令、刑律對作為受治者的人民有絕對的強制性，故法家之學，可稱嚴格的干涉主義。[2]此嚴格的干涉主義，乃專從君主或國家之觀點以論政治，與儒墨老莊的政治哲學悉從人民的觀點出發，[3]適相對反。要之，反思法令、刑律的原理，或研究其設計如何達致當下政治效益的最大化，蓋即先秦法家特色所在也。

　　唯此僅先秦法家學說之一端。在法令、刑律的原理外，法家又精研人主統御臣下之道，及高崇君權至上的重要性。依學界分類，反思法令、刑律原理者，屬「法治」一系，以商鞅為宗。專研御下之道者，屬「術治」一系，申不害主其說。而倡君權至上者，則屬「勢治」一系，此論著於慎到。粗言之，三子皆戰國中期人物，唯慎到為

1　陳啟天：《中國法家概論》（臺北市：中華書局，1980年），頁1-3。

2　梁啟超主張法家之學「深信政府萬能；而不承認人類個性之神聖。其政治論主張嚴格的干涉」。說見梁啟超原著，賈馥茗標點：《先秦政治思想史》，頁77。按：此處以「干涉主義」稱述法家論「法」的強制性，蓋順梁啟超語而言之。

3　馮友蘭：《中國哲學史》，頁234。

稍晚。迄戰國末季，有韓非子出，揉合三系要旨，號曰集法家大成。本章論先秦法家哲學，蓋就此四子為主要範圍。

又先秦法家，依地理區域言之，有齊法家和三晉法家之別。齊法家起於齊國。齊相管仲，佐桓公稱霸，其權勢之雄盛、兵事之強橫，使齊國傳統，深植法家基因。《管子》一書，蓋此傳統在學術上的表現。三晉法家，起於韓、趙、魏三國。戰國初年之李悝、吳起，中期之商鞅、申不害、慎到，末季之韓非，或籍三晉，或仕韓魏，其所以言治國，略與齊法家異。大率東方齊魯之學，固倡現實改革，亦不廢歷史文化，其言開來，必以繼往為本。此所以齊法家重法治之餘，亦廣納百氏諸說如儒家禮樂及老子道術，而別稱「黃老之學」。三晉法家，則唯功利是尚，無甚傳統成見，其治事措政，但求富強之速成。[4]李悝事魏文侯，頒行《法經》六篇，推行經濟新政；吳起將魏相楚，提倡信賞必罰，打破貴族政治，實開三晉法家超越傳統文化、講求現實效益之新面。後之商、申、慎、韓四子，無非踵事增華，使三晉法家，不論在學說或事業上，更趨系統化而已。

二　商鞅的法治主義

商鞅屬先秦法家中「法治」一系。其所謂「法」，就形式言之，乃公開的律例條文；就內容言之，舉凡國家體制，以及政策、刑律、乃至禮義方面的規定，俱不出「法」所涵攝的範圍。因先述其生平，復就「法的重要性」、「立法的要件」、「刑法與仁義的關係」三項申論其法治主義。

4　齊魯和三晉在學風意氣上之分別，參讀錢穆：《秦漢史》（臺北市：東大圖書公司，1992年），頁3-6。

（一）商鞅的生平

　　商鞅，衛人，本姓公孫，少好刑名之學，嘗事魏相公叔痤為中庶子。唯惠王不能用。聞秦孝公下求賢令，乃西入秦，與孝公凡四見。初說之以帝道，次說之以王道，均不聽。後說之以霸道，而孝公乃歡甚。

　　商鞅的霸道，見於內政和軍事的奮發有為。以言內政，首重其變法之令，大面向有二。一是打破貴族宗室特權，令非有軍功者，沒其世襲之屬籍。二是重賞嚴刑以治民，如不告奸者腰斬；刑私鬥者；民有二男不分家者賦倍之；有軍功者授爵；獎賞耕織致栗者等。以言軍事，則見於對魏的軍事行動。商鞅以為秦魏不兩立，不謀魏，秦無以東進，故說孝公必伐魏。商鞅復以詐術俘魏公子卬，魏終割河西之地以求和。以是，秦以於商十五邑封鞅，此「商君」稱號之所由。唯孝公卒，惠王立，公子虔告商鞅欲反。商鞅終以車裂刑。[5]

　　商鞅生年不可考，其見誅與孝公卒同時，為西元前三三八年。錢穆先生引《呂氏春秋》〈無義〉「公孫鞅以其私屬與母歸魏」之語，以為商鞅敗時，其母尚在，知商鞅非高壽，斷其歲過五十而未及六十。[6]此論可參。是則商鞅生年，當以西元前三九八年為上限。《漢書》〈藝文志・諸子略〉所列法家類文獻有《商君二十九篇》，當為商鞅後學所撰。漢亡以後，歷朝官修書目，是書或稱《商君書》，或稱《商子》，或稱《商君子》。[7]今通稱《商君書》，篇數僅廿六篇。其中〈刑約〉、〈御盜〉二篇僅存篇題。

5　詳見《史記》〈商君列傳〉。
6　錢穆：《先秦諸子繫年》，頁261。
7　賀凌虛註譯：《商君書今註今譯》（臺北市：臺灣商務印書館，1987年），頁202-226。

（二）法的重要性

商鞅既倡法治，則「法」作為治具，自有其存在的意義及執行的價值。商鞅主要提及兩點。

一者，「法」可起到維持社會秩序的功能。這與商鞅對先民生活情形及國家刑政起源的理解，有相當密切的關係：

> 古者民藂生而群處亂，故求有上也。然則天下之樂有上也，將以為治也。……夫利天下之民者，莫大於治；而治莫康於立君；立君之道，莫廣於勝法；勝法之務，莫急於去姦；去姦之本，莫深於嚴刑。故王者以賞禁，以刑勸；求過不求善，藉刑以去刑。（《商君書》〈開塞〉）
> 古者未有君臣上下之時，民亂而不治。是以聖人別貴賤，制爵位，立名號，以別君臣上下之義。地廣，民眾，萬物多，故分五官而守之。民眾而姦邪生，故立法制為度量以禁之。（《商君書》〈君臣〉）

遠古之時，未有刑政。先民聚居雜處，為求個人生存，只知以力相併，毫無秩序可言。此一「亂而不治」的狀況，商鞅以「姦邪」稱之。而國君之設立，主要在「法」的領域上求有所建樹。一方面，設計並頒布政治制度，為國家成員安排各自的身分地位。不同的身分地位，各有其權利和責任上的「度量」，如此便為每個人的言行給出明確的規定。另一方面，商鞅特別指出「刑」在立法上的重要性。他認為在「法」上有所作為——即「勝法」——是國君之所以立。而在「法」上有所作為，首當解決當前急務，即人民之間互相侵凌的「姦邪」的社會狀況。故「去姦」乃「勝法」之要務。而要成功禁止人民之間的

互相侵凌，根治之法在於嚴苛的刑律。故「嚴刑」乃「去姦」之根本。合言之，不論是身分地位的安排和規定，還是嚴刑的徹底執行，其最直接的目的，止在維持社會秩序。此「法」所以重要之一端也。

二者，「法」可彌補國君智能之不足。國君若欲求治，「法」之重要性自不待言：

> 先王縣權衡，立尺寸，而至今法之，其分明也。夫釋權衡而斷輕重，廢尺寸而意長短，雖察，商賈不用，為其不必也。故法者，國之權衡也，夫倍法度而任私議，皆不知類者也。不以法論知能賢不肖者，惟堯，而世不盡為堯，是故先王知自議譽私之不可任也，故立法明分，中程者賞之，毀公者誅之。賞誅之法，不失其義，故民不爭。授官予爵，不以其勞，則忠臣不進。行賞賦祿，不稱其功，則戰士不用。（《商君書》〈修權〉）

在此，商鞅指出人事上的一個道理：工具的發明，在補充人類智能的不足。譬若目視長短、手掂輕重，俱不能精確，如是而有權衡、尺寸的發明。故縣權衡、立尺寸，一切皆得量化，絕不會因人而異。治國的情形，亦復相類。譬如授官予爵，課核功過，由主治者以私議為高下，實遠不如制訂客觀的制度來得公平允當。商鞅指出：能超越一切制度而恰如其分地應對萬事者，唯帝堯為能。然而世之統治者，智能實不若帝堯遠甚，其政事上一切措置，遂得靠法度之輔佐。此「法」所以重要之另一端也。

（三）立法的要件

在商鞅，「法」既有如此之大的重要性，則一套理想的法度，其要件當何若，遂成一待省察之問題。此可從兩點得之。

立法的要件之一，在針對當下的現實問題，隨時興革調適，只要有便於國家富強，不必墨守成規。商鞅說：

> 是以聖人苟可以強國，不法其故；苟可以利民，不循其禮。……前世不同教，何古之法？帝王不相復，何禮之循？伏羲神農教而不誅，黃帝堯舜誅而不怒，及至文武，各當時而立法，因事而制禮。禮法以時而定，制令各順其宜，兵甲器備各便其用。臣故曰：「治世不一道，便國不必法古。」湯武之王也，不循古而興；殷夏之滅也，不易禮而亡。然則反古者未可必非，循禮者未足多是也。（《商君書》〈更法〉）

立法的彈性，其理由有二。一與政治的基本目的有關，一與聖王的治國經驗有關。首先，商鞅以為政治的基本目的，止在「強國利民」。國家的法度，蓋以滿足此目的為存在的價值。唯政治社會複雜多變，舊有法度行之日久，必漸次與此目的脫節，終成阻礙國家進步的傳統包袱。因此，若以強國利民為政治唯一目的，舊有法度實無需盲從。此一「因時變法」的觀念，乃是立法首應注意者。復次，商鞅列舉數位古聖王的治國經驗，以示世代不同，問題各異，故禮法實有時空的特殊性，不宜作普遍推廣的道理。此即以「當時而立法」、「因事而制禮」為立法之要件也。

這樣一種靈活變通的立法觀念，其背後的根據，乃商鞅的歷史哲學。商鞅認為，人類由遠古先民的雜居階段至當世的國家文化階段，實經歷了至少三種不同社會管治模式，此即「上世親親而愛私，中世上賢而說仁，下世貴貴而尊官」（《商君書》〈開塞〉）。之所以有「愛私」、「說仁」、「尊官」的「行道之異」，蓋出於「上世親親」、「中世上賢」、「下世貴貴」的「世事之變」。故治道必隨文化的進展而改其

面目。此一「世變則道異」的歷史哲學聚焦於立法的問題上，就是「當時而立法」、「因事而制禮」諸說也。

立法的要件之二，是律例條文必當淺近明白。商鞅說：

> 夫微妙意志之言，上智之所難也。夫不待法令繩墨而無不正者，千萬之一也，故聖人以千萬治天下。故夫智者而後能知之，不可以為法，民不盡智。賢者而後知之，不可以為法，民不盡賢。故聖人為法，必使之明白易知。名正，愚智遍能知之。為置法官，置主法之吏，以為天下師，令萬民無陷於險危。故聖人立天下而無刑死者，非不刑殺也，法令明白易知，為置法官吏為之師以道之知。萬民皆知所避就；避禍就福，而皆以自治也。故明主因治而治之，故天下大治也。（《商君書》〈定分〉）

法度的制訂，本意在將民眾納入同一個系統，以軌範其思想，約束其言行。故法度之良好運作，必立基於民眾對它的充分認識。立法之另一要件，遂由此而得迫顯：律例條文的難易，必與民眾的文化程度相應。據商鞅觀察，民眾一般賢智不足，辭令太過艱深，法度無法宣傳推廣，民眾就易觸法網，如是便失卻立法的原意。故律例條文，必以「明白易知」為基本原則。

此外，商鞅又置所謂「法官」、「法吏」，任務是為民眾解惑，將他們導向對律例條文的正確理解，性質與師門授業同，故曰「為之師以道之知」。此蓋立法第二要件之輔助手法也。[8]

8　一九七五年出土於湖北省的雲夢睡虎地秦墓竹簡，為《商君書》〈定分〉所載的法官法吏制度提供了寶貴的實物支持。當中有簡二百一十支，整理者名為《法律答問》。其書寫形式為問答體，其材料內容，則是對秦律的法學名詞、法令內容的解

（四）刑法與仁義的關係

仁義是儒家所推崇的價值。所謂「仁義」，簡單說，就是對他人苦痛的同情心及對罪惡之事的恥辱感。以仁義為施政的基本方向，即所謂「德治」。相對於儒家的「德治」，法家則主「法治」。「法治」重思想言行的劃一，其特色在干涉；且「法」之初義為「刑」，故「法治」又重嚴刑，其特色在威嚇。依儒家的觀點，德治重在孕育人際的善意，利於營造社會的內在和諧；法治則重在防堵和懲處犯罪，利於國家治安的表面穩定。唯法治之所能對治者，只在人之為惡，而不在人之所以為惡。即其影響之所屆，限於「外在的言行」，未及於「內在的心性」。故孔子嘆曰「道之以政，齊之以刑，民免而無恥；道之以德，齊之以禮，有恥且格」（《論語》〈為政〉），謂法家刑政治國，民眾率以免刑為底線，而不以犯罪為羞恥。其隱而不語者，蓋以犯罪而可免刑，則民眾亦不恥為之也。此法治之囿限也。

商鞅自不以儒家之貶法治為然。根據他的理解，在執行的正面效應上，仁義實不如刑法遠甚；而在某意義上言之，刑法更可謂仁義之本——即刑法不施，仁義的價值則無由實現也。請試言其說。

就執行的正面效應言，商鞅說：

> 仁者能仁於人，而不能使人仁；義者能愛於人，而不能使人愛。是以知仁義之不足以治天下也。聖人有必信之性，又有使天下不得不信之法。所謂義者，為人臣忠，為人子孝，少長有禮，男女有別；非其義也，餓不苟食，死不苟生。此乃有法之

說和闡釋。相關簡文俱見睡虎地秦墓竹簡整理小組編：《睡虎地秦墓竹簡》（北京市：文物出版社，1978年），頁91-144。另外，有關《法律答問》與《商君書》「法官法吏制」之關係的討論，參讀黃留珠：〈略談秦的法官法吏制〉，收入氏著：《秦漢歷史文化論稿》（西安市：三秦出版社，2002年），頁32-40。

常也。聖王者，不貴義而貴法；法必明，令必行，則已矣。
（《商君書》〈畫策〉）

商鞅不否認世上有仁者和義者的存在。但他認為仁義只是個人之事，對他人難以產生影響力或感染力。所以仁者對我行仁，義者對我行義，我卻不一定受其善化，而有一道德上的升進。反之，要使他人服從仁義的要求，則必從法令的頒布與執行入手。例如人臣盡忠，兒女盡孝，長幼有禮，男女有別，此皆為一般所稱之「義」。商鞅指出，這些公認的義行，只能通過明法慎令來達成。此乃聖人不貴義而貴法之由也。

而就刑法為仁義之本言，商鞅說：

今世之所謂義者，將立民之所好，而廢其所惡；此其所謂不義者，將立民之所惡，而廢其所樂也。二者名貿實易，不可不察也。立民之所樂，則民傷其所惡；立民之所惡，則民安其所樂。何以知其然也？夫民憂則思，思則出度；樂則淫，淫則生佚。故以刑治則民威，民威則無姦，無姦則民安其所樂。以義教則民縱，民縱則亂，亂則民傷其所惡。吾所謂利者，義之本也；而世所謂義者，暴之道也。夫正民者：以其所惡，必終其所好；以其所好，必敗其所惡。（《商君書》〈開塞〉）

在商鞅看來，儒家把刑法和仁義視作對立，實源於對何謂「以義治國」的錯誤理解。儒家的以義治國，是「立民所樂，廢其所惡」。民之所樂，是刑法寬簡，不受干涉；民之所惡，則是刑法嚴苛，備受威嚇。但商鞅認為，儒家這種「義」，其實與「不義」同。蓋刑法寬簡，人民失其制衡，行為便易於放縱，如此必造成社會混亂。在混亂

的社會中，人民便無法安居樂業，此為人民所不樂見者。依此，儒家行「義」，以為是立民之所樂，結果卻使其陷於厭惡的生活，可謂適得其反。反之，儒家以為是「不義」的嚴刑之道，即所謂「立民所惡，廢其所樂」，方為真正的行義於民。蓋刑法嚴苛，人民有所顧忌，便畏於違規犯罪。無人違規犯罪，人民便能安居樂業，此為人民所樂見者。依此，商鞅主嚴刑以治國，雖是立民之所惡，但結果卻使他們過上所樂見的生活。商鞅據此指出：如果使人民安居樂業，乃是對人民之「義」，那麼他所提倡的「嚴刑」，方能滿足這個條件。此即「刑者，義之本也」之要旨。從這一論述可見，商鞅並非站在儒家的對反立場，而主張「法治」高於「德治」；相反，他有意重新界定「德治」的含義，以為真正的德治，乃是推行嚴刑峻法所獲致的社會理想。

三　申不害的術治主義

申不害屬先秦法家中「術治」一系。其所謂「術」，籠統言之，乃是人主窺測臣下本質、參驗官員功過的政治技巧。相較於商法以治民為本，申術概以御臣為要。言術以外，申不害亦不廢法、勢之學。唯以術為治之首務耳。先述其生平如下焉。

（一）申不害的生平

申不害是鄭國京人。嘗仕鄭，為賤臣。韓昭侯八年，任韓相（《史記》〈韓世家〉），以「術」佐昭侯治政。申不害相韓凡十五年，國治兵強，無侵韓者（《史記》〈老子韓非列傳〉）。考史遷有「終申子之身」之語，故申不害或於昭侯二十二年卒，時為西元前三四一年。申不害治韓，是李悝治魏、吳起治楚、商鞅及李斯治秦以外，先秦法家人物所主導的一次著名政治改革。

　　《史記》〈老子韓非列傳〉載申不害著書二篇，號《申子》。《漢書》〈藝文志・諸子略〉所列法家類有《申子六篇》。均佚。唐代《群書治要》錄有《申子》的〈大體〉篇部分遺文。清學者如馬國翰、王仁俊、嚴可均等，根據古文獻如《韓非子》、《戰國策》、《史記》、《漢書》等所引申不害之言論，輯成《申子佚文》一書。[9]

（二）術之二型

　　申不害之「術」，計有二型，一是藏拙之術，一是正名之術。藏拙所以監督真偽，正名所以課核功過。試分別言之。

1　藏拙之術

　　申不害認為，人主治國，要在御臣。御臣之道，則要在藏拙。藏拙者，意謂隱匿才識與情欲，以隔絕臣下對自身之掌握：

> 故善為主者，倚於愚，立於不盈，設於不敢，藏於無事，竄端匿跡[10]，示天下無為。是以近者親之，遠者懷之。示人有餘者人奪之，示人不足者人與之。（《申子》〈大體〉）

9　按一：有關《申子》書所含篇名、及其於歷代官修史籍和私人藏書的輯佚情況，參讀陳復：《申子的思想》（臺北市：唐山出版社，1997年），頁9-16。
　　按二：書中凡引《申子》，悉據以下兩種版本：〔清〕馬國翰：《玉函山房輯佚書》，重刊於《續修四庫全書》（上海市：上海古籍出版社，2002年），據清光緒九年嫏嬛館刻本影印，卷1204，子編法家類，頁303-305；〔清〕王仁俊：《玉函山房輯佚書續編》，重刊於《續修四庫全書》（上海市：上海古籍出版社，2002年），據上海圖書館藏稿本影印，卷1206，子編法家類，頁206-207。

10　原句為「竄端匿疏」。唯「匿疏」不成義。論者多據《淮南子》〈人間訓〉「夫事之所以難知者，以其竄端匿跡」一語，主張「疏」為「跡」之誤。今從。依此改讀，「竄端」和「匿跡」對文，同表「隱藏個人情資」之意，恰與下句「示天下無為」之義理相合。

「善為主」是針對如何「御臣」說。一個理想的人主，必善於「倚於愚，立於不盈，設於不敢，藏於無事」，勿賣弄聰明，勿表露好惡。此之謂「竄端匿跡，示天下無為」——藉由不作為和不治事，把才識和情欲隱藏起來。顯然，這是一種教導人主保持機密和神秘，使臣下無從探測其底蘊的藏拙之術。

申不害之所以有「藏拙」的建言，其考慮的重點，在防杜臣下對人主的掌握。人主透露才識和好惡，臣下便有了攀附、迎合、甚至欺騙、蒙蔽人主的憑藉，這對君權而言，至為不利：

> 申子曰：「上明見，人備之；其不明見，人惑之。其知見，人飾之；不知見，人惑之[11]。其無欲見，人司之；其有欲見，人餌之。故曰：吾無從知之，惟無為可以規之。」（《申子》〈佚文〉）

---

11 原句作「不知見，人匿之」。論者作解，多謂「人主表現無知，臣子便隱匿自己的短處」。唯此解可斟酌處有二。一是不合後文「而有知見也，人且匿女」和「女有知也，人且臧女」二句。據此二句，人主知慮外露，不曉收歛，臣子才對人主有所隱匿（匿、臧）。如此，「不知見，人匿之」在句意上便和後文無法統合。二是違反申不害對「無為」的理解。依申不害，人主的「無為」，在不顯智巧（倚於愚），拙於外事（不盈、不敢、無事），以免臣子掌握自己的情資。這樣「示人不足」，臣子無所攀緣，只好按章辦事，才有「人與之」的結果。易言之，人主要表現得毫無才智（不知），臣子方不敢有所隱匿。此為申不害言「無為」之要旨。由此而論，「不知見，人匿之」一句，正有悖於申不害的無為義，故應另尋新詮。竊意「人匿之」的「匿」字，或為「惑」之誤。倘改讀為「不知見，人惑之」，其意思即是：人主表現無知，臣子便覺得人主難以捉摸，從而感到困惑，也就不敢輕舉妄動。其所能達到的政治效果，就是臣子的安守本分。由此角度出發，「不知見，人惑之」便有了通於「示人不足者人與之」的義理，而與申不害的無為思想協調一致。應指出的是，此句上文為「其不明見，人惑之」。「不明見」和「不知見」義近，即「人主不外露智能、才幹」，而其結果就是「人惑之」。這或可作為「不知見，人惑之」此一改讀的佐證。

> 申子曰：「慎而言也，人且和女；慎而行也，人且隨女。而有
> 知見也，人且匿女；而無知見也，人且意女。女有知也，人且
> 臧女；女無知也，人且行女。故曰：惟無為可以規之。」（《申
> 子》〈佚文〉）

簡言之，申不害旨在對比人主「知見」、「欲見」和「不知見」、「無欲見」的相反結果。「知見」和「欲見」是指人主洩露才識和情欲，其結果就是臣下的弄虛作假（飾之）、投其所好（餌之）和欺瞞蒙混（匿之、臧女）。而「不知見」和「無欲見」是指人主隱藏才識情欲，其結果則是臣下的迷惑不定（惑之）、安於職任（司之）和依令而行（意女、行女）。這一觀念，和〈大體〉篇「竄端匿跡，示天下無為」所言的藏拙之術，顯然是相同的義理。依申不害，人主不現知欲，臣下無所攀緣，只得按章辦事，不敢行差踏錯，做好自身本分。換言之，人主的藏拙之術，可起到監察臣下真實面貌的功能。

「術」的「藏拙」義，申不害另有概括性之說法：

> 明君治國而晦，晦而行，行而止止。（《申子》〈佚文〉）

「晦」是「昏暗」義，喻示才識情欲之隱匿；「止」是「不動」義，喻示積極作為之消解。二詞俱是「無為」之別名，固亦「藏拙」之異稱也。

2 正名之術

藏拙之術，自一面言之，在君心之密用，免予臣下以攀附之資。唯臣下之所以無以攀附者，在人主於百官之政務，及具體之作為，均無所介入。故人主之藏拙，自另一面言之，實亦為臣下開拓了學以致

用、各展專才的空間。〈大體〉篇所謂「示人不足者人與之」，殆指此義而言。「藏拙」者，「示人不足」之意；而臣下只敢盡己本分於內，而未敢窺測君意於外，則是所謂「人與之」也。唯臣下該作何等事、負何等責，其事責之功過，復又如何算計，則是君權運作另一要務。由此，便引出「術」之另一型，即所謂「正名之術」。

申不害肯定人主要做到「正名」，其說如下：

> 昔者堯之治天下也以名。其名正，則天下治。桀之治天下也，亦以名，其名倚，而天下亂。是以聖人貴名之正也。（《申子》〈大體〉）
>
> 名自名也，事自定也。是以有道者，因名而正之，隨事而定之也。（《申子》〈大體〉）

所謂「貴名之正」和「因名而正之」，實即以「正名」為人主之要務。「正名」屬於役使臣下，以達成政治效益的方法，故為一種「術」的運用：

> 有道者不為五官之事，而為治事之主。……主處其大，臣處其細。以其名聽之，以其名視之，以其名命之。（《申子》〈大體〉）
>
> 為人君者，操契以責其名。名者，天地之綱，聖人之符。張天地之綱，用聖人之符，則萬物之情無所逃之矣。（《申子》〈大體〉）

人主的「正名之術」，涉及兩個層次的運用。一是「以其名命之」，一是「操契以責其名」。「以其名命之」，就是根據臣下的專業領域或特殊技能，或臣下所足勝任者，賦與他們一個相稱的官銜，讓他們擁有

行使職務的權力。故「正名之術」的第一層次，是能力和官銜的對等和相應。「操契以責其名」，就是根據臣下的官銜，責求他們履行職責，完成任務。故「正名之術」的第二層次，是官銜和功績的對等和相應。韓非子討論申不害之術時，有「因任而授官，循名而責實」（《韓非子》〈定法〉）的概括。大致言之，「因任而授官」是「正名之術」的第一層次，「循名而責實」則是「正名之術」的第二層次。申不害「正名之術」的這二個層次，正可從韓非子的論介中獲得佐證。

（三）法、勢之思想

申不害的術治主義，大略如上。唯其亦有言法、勢者。其「法」之思想，主要見於《申子》〈佚文〉的「明法」之說：

> 君必有明法正義，若懸權衡以稱輕重，所以一群臣也。
> 堯之治也，蓋明法察令而已。聖君任法而不任智，任數而不任說。黃帝之治天下，置法而不變，使民安樂其法者也。

案此，申不害同於商鞅，亦倡「明法」之說。唯申不害似更重「法令公正不偏」一義，此從「懸權衡以稱輕重」的譬喻得之。權衡置市場以為公秤，蓋公正不偏之象徵也。正因「法」有如治國之「權衡」，一切分明有致，故能使百官和民眾，俱能各安其所。「明法」效應如此，人主自不必私心自用矣。

申不害亦重君勢之重要。〈大體〉篇曰：

> 夫一妻擅夫，眾婦皆亂；一臣專君，群臣皆蔽。故妒妻不難破家也，亂臣不難破國也。是以明君使其臣並進輻湊，莫得專君焉。

　　此藉妻擅夫權，必招家破，以喻臣擅君權，必致國亂。故建言明
君治國，不得使群臣「專君」。「專君」即「架空君權」。此從反面說
明君勢之不得旁落。〈佚文〉有數則言論，是從正面說明君權之重
要。譬如申不害有「獨」的主張：

　　　獨視者謂明，獨聽者謂聰。能獨斷者，故可以為天下主。

　　「視」、「聽」喻示一切決策和權力的運用。「獨視」、「獨聽」的
「獨」，意味這些決策和權力的運用，必須由君主自己掌握，不可假
手於人。是之謂「獨斷」。「獨斷」者，即權勢的絕對掌握之謂。
　　〈佚文〉中與「獨斷」意思相近者，是「慎令」的概念。申不
害說：

　　　君之所以尊者，令。令之不行，是無君也，故明君慎令。

　　申不害認為，君主地位的尊榮，立足於人們對其命令的服從。倘
若人們再也不理會君主的命令，則君位等同亡有。故一位明智的君
主，對於命令的掌握，以及命令是否得到人們的執行，其態度至為謹
慎。而所謂「令」，實即「權」、「勢」、「位」的別名。建議明君「慎
令」，和建議君主獨攬權勢，保持無上的地位，意思是一樣的。

四　慎到的勢治主義

　　慎到屬先秦法家中「勢治」一系。其所謂「勢」，乃是人主之權
力、地位。慎到以為人主所應措意者，不在賢德的提高，而在權位的
掌握。而權位的掌握，則立基於嚴謹的法治和對人性、人力的因循利

用。茲先述慎到生平，繼之以重勢說、法治論及因循觀。

（一）慎到的生平

慎到，趙人，齊國稷下先生之一（《史記》〈孟子荀卿列傳〉）。其生卒年不詳。班固謂其「先申、韓，申、韓稱之」（《漢書》〈藝文志‧諸子略〉），以慎到在申子前，為申子所稱道。錢穆先生根據桓寬《鹽鐵論》有關慎到於齊湣王末年亡去的記載，倡慎到猶在孟子稍後，自不得先於申子。[12]案申不害卒於韓昭侯二十二年（西元前341年）。齊湣王在位時期，則為西元前三○○年至西元前二八四年。是則申不害的活動年代，早慎到半世紀以上。慎先於申，近乎不可能。錢穆先生之說可參。

就學術言，慎到主「君勢」，言「法治」，是法家之學。但他也倡順應「天道」，持「居後」[13]觀念，則其受道家影響亦甚深。因此慎到非純粹的法家，也非純粹的道家，而是介乎道、法之間的人物。這種兼融道、法的哲學，正是所謂「黃老之學」的特徵所在。故史遷謂其「學黃老道德之術」（《史記》〈孟子荀卿列傳〉）。當代學人言黃老，亦必及於慎到之學。

---

12 錢穆：《先秦諸子繫年》，頁481-482。

13 慎到的「君勢」、「法治」、「天道」諸說，俱載於今本《慎子》。唯「居後」觀念，僅《莊子》〈天下〉存其片斷，文曰：「是故慎到棄知去己，而緣不得已，泠汰於物以為道理。……椎拍輐斷，與物宛轉，舍是與非，苟可以免，不師知慮，不知前後，魏然而已矣。推而後行，曳而後往，若飄風之還，若羽之旋，若磨石之隧，全而無非，動靜無過，未嘗有罪。是何故？夫無知之物，無建己之患，無用知之累，動靜不離於理，是以終身無譽。故曰：『至於若無知之物而已，無用賢聖，夫塊不失道。』豪桀相與笑之曰：『慎到之道，非生人之行而至死人之理，適得怪焉。』」據此，慎到以為一合理的人生，不在率己智而臣萬物，而當如一無知之事物，純循外勢之升降。此一被動反應，稱為「推而後行，曳而後往」。「後」者，不先物為、隨事浮沉之謂。此處暫以「居後」一詞總其說。

至其著作，司馬遷言「慎到著十二論」（《史記》〈孟子荀卿列傳〉），班固則錄有《慎子四十二篇》（《漢書》〈藝文志・諸子略〉）。唯散佚嚴重，宋代亡失篇數三十七，僅存〈威德〉、〈因循〉、〈民雜〉、〈德立〉、〈君人〉五篇，且內容亦多殘缺，非原著之舊。清乾隆年間，元末前已失傳之《群書治要》被發現於日本，並回流中原。嚴可均從中整理《慎子》殘文，在上述五篇外，尚有〈知忠〉、〈君臣〉二篇。清末民初學者王仁俊亦從古文獻中輯出《慎子》被引用文字，成《慎子佚文》一卷。而被發現於一九九五年，收入《上海博物館藏戰國楚竹書（六）》的〈慎子曰恭儉〉，則是目前唯一和慎到思想直接相關的出土文獻。[14]其文有濃厚儒家傾向，與殘存《慎子》七篇及佚文差異頗大。以上所論，蓋為現今慎到哲學研究的全部原典材料。

（二）重勢說

慎到以為人主之要務，莫大於權力或君位的有效掌握。此所以論者恆以勢治主義稱其學。慎到之言勢，主要見於《慎子》〈威德〉：

> 故騰蛇遊霧，飛龍乘雲，雲罷霧霽，與蚯蚓同，則失其所乘也。故賢而屈於不肖者，權輕也；不肖而服於賢者，位尊也。堯為匹夫，不能使其鄰家。至南面而王，則令行禁止。由此觀之，賢不足以服不肖，而勢位足以屈賢矣。故無名而斷者，權重也。

慎到先從飛龍騰蛇的譬喻說起。他指出，飛龍和騰蛇遊於高空，

---

14 有關《慎子》之版本流傳、亡失情況、輯佚成果及新材料發現等討論，參讀許富宏：《慎子集校集注》（北京市：中華書局，2013年），頁8-20、117-119。按：書中凡引《慎子》悉據此本，不另標註腳。

是由於得到雲霧承托之故。一旦雲霧消散，飛龍和騰蛇即下墜於地，與蚯蚓無異。在這個譬喻中，「雲霧」以喻權力地位，「乘雲遊霧」以喻權力地位的掌握。而「乘雲遊霧」，遂得「遊於高空」，此則喻令行而禁止也。慎到據此以明「賢治」不如「勢治」之理：賢人之所以役於不肖者，是由於賢人沒有權勢；反之，不肖者之能役使賢人，則是不肖者位尊權重之故。這點歷史可以作證：帝堯賢智至極，但當匹夫之時，連鄰家都管不好；一旦南面稱王，民皆俯首聽命。藉此對比可知，要令行禁止，天下服從，人主要掌握的不是賢智，而是權力勢位。

「無名而斷者，權重也」和「身不肖而令行者，得助於眾也」兩句，正表示人主即便沒有賢智之名，甚或品行不端，只需牢守作為統治者的權勢，那麼所下達的一切命令，都會叫人遵行而不違。可知在慎到而言，統治的必要手段，在勢而不在賢，當無疑義。

在〈威德〉中，除「龍蛇乘雲遊霧」外，慎到亦善用其他譬喻說明人主必當重勢之旨：

> 毛嬙、西施，天下之至姣也。衣之以皮倛，則見者皆走；易之以元緆，則行者皆止。由是觀之，則元緆，色之助也。姣者辭之，則色厭矣。走背跋躓窮谷，野走千里，藥也。走背辭藥，則足廢。
> 弩弱而矰高者，乘於風也。
> 故舉重越高者，不慢於藥；愛赤子者，不慢於保；絕險歷遠者，不慢於御。此得助則成，釋助則廢矣。

依慎到，華美的衣裳足以增添姿色，舒壓的藥物有利負重登高。因應風力，箭矢方可及遠；善待保姆，孩童就會得到更好的照料。懂得運用車馬舟械，才能經歷遠途，抵達足跡難至之地。這些事例只在

說明一理：要獲致利益或達成目標，必先瞭解獲致利益的工具或達成目標的憑藉何在，並能良好的加以掌握。這些工具或憑藉，慎到謂之「助」。掌握這些工具或憑藉，就是所謂「得助」。慎到旨在指出：人主欲其「令行禁止」，必須瞭解到其作為人主的勢位乃是唯一的憑藉。「勢」是人主「令行禁止」之「助」也。故人主所應措意者，只在其勢位當如何維持，而不在個人賢德當如何提升。而勢位維持之問題，則與其法治論和因循觀，有極密切之關係。

（三）法治論

慎到倡勢治，以為令行禁止，首在得勢。唯人主之勢位，實亦不能架空來說。此所以慎到在勢治外，復主法治，以為主勢之所繫也。

慎到之「法」，包括國家之制度、政策、律令、禮儀各方面，除「嚴刑」外，與商鞅頗義近。依慎到所論，「法治」與社會的太平與穩定，關係可謂至大。而社會的太平和穩定，自另一面言之，實即君權、主勢之鞏固。法治能達到這樣的功能，取決於「法」自身之優點。依慎到，優點至少有三。

一者，「法」是省事之工具。慎到說：

> 為人君者不多聽，據法倚數以觀得失。無法之言，不聽於耳；無法之勞，不圖於功；無勞之親，不任於官。官不私親，法不遺愛，上下無事，唯法所在。（《慎子》〈君臣〉）

法的功能之一，在針對各種政治活動進行分類，並為其施為和檢核提出一個普遍的尺度。人主或執事官員，只需執守此尺度，便足應對萬事，而無需費神對每件個別的政務作單一瑣碎的處置。如是不論分官委職，或是賞罰施與，俱能用力甚少而取效甚大。「法」實為一

化繁為簡的省事工具。所謂「無事」，是對法之省事的稱美之詞。

二者，「法」是客觀公平之象徵。慎到說：

> 君人者，舍法而以身治，則誅賞予奪，從君心出矣。然則受賞
> 者雖當，望多無窮；受罰者雖當，望輕無已。君舍法，而以心
> 裁輕重，則同功殊賞，同罪殊罰矣，怨之所由生也。是以分馬
> 者之用策，分田者之用鉤，非以鉤策為過於人智也。所以去私
> 塞怨也。故曰：大君任法而弗躬，則事斷於法矣。法之所加，
> 各以其分，蒙其賞罰而無望於君也。是以怨不生而上下和矣。
> （《慎子》〈君人〉）

此藉「以法治」和「以身治」的對比，以明「法」之客觀公平，
乃所以使「怨不生而上下和」。「以身治」是人主以主觀好惡施行任免
和賞罰，但這樣做的結果，是能力和官職的不相稱，及功勞和考績的
不對等，只會招致眾人的怨恨。「以法治」就是以法斷事，一切依程
序而行，即令君權亦不得凌駕其上。官職的任免，賞罰的施與，一以
法的規定為據。眾人各治其事，自負其責，官職稱於能力，考績合於
功勞，一切明碼實價。「法」所保證的這種客觀公平的工作環境，方
是眾人所樂見者。所謂「策」、「鉤」，即今所稱抽籤。抽籤是聽天由
命，無人為干預，所得結果，不論好壞，都是絕對的客觀公平。你或
許不滿意抽籤的結果，但你不會有埋怨的心理，因為你根本沒有埋怨
的對象。慎到之意，是藉抽籤為喻，以明以法斷事，可保證客觀公
平。如是因處事不公而萌生之怨恨，及由此而積壓的社會危機，遂得
從根本杜絕矣。

三者，「法」具有可變革性。慎到說：

> 故治國無其法則亂，守法而不變則衰。有法而行私，謂之不
> 法。以力役法者，百姓也；以死守法者，有司也；以道變法
> 者，君長也。(《慎子》〈佚文〉)

慎到認為，「法治」於君勢之維繫，固屬必要，但光談「法治」，猶有未足。蓋如何以法治國，尚涉及若干細部的考慮。其中一個考慮，就是掌握「法」的可變革性。治國固需有「法」，但法度墨守成規，不知變革，反會妨害政務的處置，如此則主勢必「衰」矣。慎到特別指出，百姓乃是為法所役的對象，官員也只有執法之權。只有一國之君，才擁有更革法度的權力。由此可知，人主掌握法治，驅令臣下執法，以役使百姓聽命服從，正所以支撐其勢位之尊也。

(四) 因循觀

除法治的手段外，人主有因循的作為，亦是勢治主義重要一環。「因循」是對物勢的順應和掌握。依慎到，每個事物各有其運動的常態，亦各有其功用。此即所謂物勢。與事物相接時，順應其常態，掌握其功用，方能產生效果；企圖扭曲其常態，漠視其功用，而代之以私情己意，事情即趨於敗亡。這種因循觀應用在政治作為上，就是對人性的順應和對人力的掌握利用。

慎到言因循人性，有如下說法：

> 天道因則大，化則細。因也者，因人之情也。人莫不自為也，
> 化而使之為我，則莫可得而用矣。是故先王見不受祿者不臣，
> 祿不厚者，不與入難。人不得其所以自為也，則上不取用焉。
> 故用人之自為，不用人之為我，則莫不可得而用矣。此之謂
> 因。(《慎子》〈因循〉)

　　根據慎到，人性的常態，乃是只為私利作打算，此即所謂「自為」。妄想人們會無私奉獻或無條件的盡忠，乃是不識物情，只會導致「莫可得而用」的後果。要人接受任命，用心做事，得先承認人性好利，並藉著豐厚的俸祿，來換取他的工作熱誠。這種對人的「自為」本性的因循，正是先王的用人之道。此先王得以處其勢，而成其宏大功業之一因也。

　　瞭解人性的實情，並加以順應外，善用廣大的人力，收羅以為己用，亦是人主安於其位的要素：

> 君臣之道，臣事事而君無事，君逸樂而臣任勞。臣盡智力以善
> 其事，而君無與焉，仰成而已。故事無不治，治之正道然
> 也。……人君苟任臣而勿自躬，則臣皆事事矣。是君臣之順，
> 治亂之分，不可不察也。(《慎子》〈民雜〉)

　　此言君臣分工原則，要在「臣事事而君無事」。人主不做具體的政務，所有具體的政務，一概由百官分攤。蓋政務繁多，人主一人之身，實無法面面兼顧。「任臣」的「任」，是「因循」之另一說法。「任臣」即因循眾臣之力，如此則「臣皆事事」，人主坐收成果而已。任臣則治，自躬則亂，因循人力，其效力如此。能治，則主據其勢，是理之所至也。

　　因循人力，又涉及對不同專業技能的兼容並蓄：

> 民雜處而各有所能，所能者不同，此民之情也。大君者，太上
> 也，兼畜下者也。下之所能不同，而皆上之用也。是以大君因
> 民之能為資，盡包而畜之，無能去取焉。是故不設一方以求於
> 人，故所求者無不足也。大君不擇其下，故足。不擇其下，則

易為下矣。易為下則莫不容，莫不容故多下，多下之謂太上。
（《慎子》〈民雜〉）

慎到指出，民眾各有其專業技能，所以他們能勝任的事情，也互相不同。而國家事務種類繁雜，正需要交由相關的專才來負責。故作為理想的人主，應當尊重各種專業技能，對它們平等看待，這樣才能獲得廣大民眾的支持，而處於太上之位也。

五　韓非哲學

商法、申術、慎勢三系法家哲學，原分途發展，互不相屬，至韓非乃發現其間頗可互補短長，倡揉合三者，相維並用，而後得帝王學之全面。此所以韓非素稱集法家之大成者也。因先敘略韓非生平，復言其對法術勢之統合。又韓非的法術勢之學，旨在促進一嚴刻、獨裁之統治。而所以如此者，從思想的背景言之，實與韓非對法家歷史觀和人性論的吸納，有一直接之關係，因一併論述之。

（一）韓非的生平

韓非是韓國貴族。他與後來成為秦相的李斯，同為戰國末季儒學大師荀子的學生。韓非有口吃之疾，不能言辭，而長於寫作，屢上書諫韓王，獻存韓之策，而韓王不能用。故發奮於論著，以明尊君、富國、強兵之術。其書傳至秦，始皇見之，以為古人言，有「寡人得見此人與之游，死不恨矣」之嘆。李斯以「此韓非所著書」應之。始皇欲得韓非，遂急攻韓，韓王乃遣非使秦。惜始皇未信用。李斯自問不如韓非，懼勢位之不保，故以「韓非者韓人，終為韓不為秦」諸語毀

之。始皇信其言,下獄治非。李斯以毒藥遺之,使自殺。[15]是韓非有學說的建立,而終無緣於事功的實踐也。

韓非使秦,在韓王安五年,即西元前二三四年。翌年遭害。其生年不詳。錢穆先生嘗立一說,以為韓非見殺時,李斯已仕秦十五年。以韓李年歲相當推之,非壽當在四十五十之間。[16]至其著作,《漢書》〈藝文志・諸子略〉錄法家類文獻有《韓子五十五篇》,今本篇數同。《韓子》即《韓非子》,其更名始於宋代。[17]如同其他先秦子書的狀況,《韓非子》大體上當成於韓非學術集團成員之眾手。但考慮到司馬遷嘗謂韓非「作孤憤、五蠹、內外儲、說林、說難十餘萬言」,則書中收錄,包括韓非之親著,也是可以肯定的。

(二)法術勢之統合

韓非對法、術、勢三系法家思想之統合,大略言之,見於兩組論述。一言法術之相維,一言執術、抱法以處勢。

1 法術之相維

韓非有〈定法〉篇,專言法、術相維並用之理,文曰:

> 問者曰:「申不害、公孫鞅,此二家之言孰急於國?」應之曰:「是不可程也。人不食,十日則死;大寒之隆,不衣亦死。謂之衣食孰急於人,則是不可一無也,皆養生之具也。今申不害言術,而公孫鞅為法。術者,因任而授官,循名而責實,操殺生之柄,課群臣之能者也,此人主之所執也。法者,

---

15 詳見《史記》〈老子韓非列傳〉。

16 錢穆:《先秦諸子繫年》,頁539。

17 李甦平:《韓非》(臺北市:東大圖書公司,1998年),頁13。

憲令著於官府，刑罰必於民心，賞存乎慎法，而罰加乎姦令者
也，此臣之所師也。君無術則弊於上，臣無法則亂於下，此不
可一無，皆帝王之具也。」

　　依韓非，商鞅之「法」，主要是針對人民設計之賞罰制度，此制
度必須發為明文，並由官府統一頒布和執行。而申不害之「術」，主
要是針對官吏施行的監督手法。此手法旨在考核官吏的專業技能及其
功績表現，任免升黜之權，全操於人主之手，不得假於外人也。韓非
據此指出：「法」和「術」俱是帝王治理國家的必要工具，兩者缺一
不可，重要性也無從比較。蓋兩者政治功能不同故：人君行術於臣，
則可免受臣下蒙蔽；人臣行法於民，則可規範人民，避免社會混亂。
然而，若只行術而不用法，則民亂於下，只用法而不行術，則君又弊
於上。正如只進食而不穿衣，便斃於大寒，只穿衣而不進食，則十日
必死。「進食」、「穿衣」兩者孰輕孰重，實無法客觀量化，也不必量
化，蓋兩者俱是維持生命之所需。法術於治國之必要，猶衣食於養生
之必要也。

　　法和術之效用既異，則單用法或術，便是失之偏頗，未得管治之
全面，故「徒術而無法」和「徒法而無術」，韓非謂之不可（〈定
法〉）。此可從申商治韓秦之往事得之。如韓國原屬晉地，既有晉之舊
法，亦有韓之新法。新舊之間，憲令不一，利害各異，姦臣常在合法
的名義下，鑽營其間漏洞，虧公利以填其私欲。此法制上之弊端，蓋
非術治之可止。韓國霸業之路，終多窒礙。此申不害不擅其法之弊
也。又商鞅治秦，訂立嚴刻之刑法，施行必信之賞罰，故其推行之農
戰政策，民眾皆願悉力配合。此秦國富強之主因。然而商鞅未能以
「術」佐秦孝公察知忠奸，故秦國之富強，反成了人臣謀取私利的資
本。故「戰勝則大臣尊，益地則私封立」，而國家則「不益尺土之

地」，是商鞅只知用法，使人主「無術以知姦」所致也。

要之，「徒術而無法」之不可行者，在人主治國，只用術而不用法，人臣便有了從法制漏洞中以私害公的憑藉，其禍害之所屆，乃妨礙國家之霸業；而「徒法而無術」之不可行者，在人主治國，只用法而不用術，便無從探知群臣之忠奸真偽，則群臣遂利用國家資源發展其私人勢力，而無所忌憚。此法、術不可偏廢之由也。

2　執術、抱法以處勢

韓非繼承慎到的勢治主義，以為人主成其為人主者，在權力地位的獨操：

> 勢者，勝眾之資也。(《韓非子》〈八經〉)
> 萬乘之主，千乘之君，所以制天下而征諸侯者，以其威勢也。(《韓非子》〈人主〉)
> 夫國之所以強者，政也；主之所以尊者，權也。……故明君操權而上重，一政而國治。(《韓非子》〈心度〉)

人主處最高之勢位，而受人所尊重者，在其掌握最大的權力。故所謂「勢」、「威勢」、「權」只是一事。所以云得勢可以勝眾、操權所以受尊而上重也。唯勢之有效掌握，必有方法，其方法一在執術，一在抱法，皆在使人主繫其勢於不墜。

就執術以處勢言，韓非曰：

> 君執柄以處勢，故令行禁止。柄者，殺生之制也；勢者，勝眾之資也。(《韓非子》〈八經〉)
> 明主之所導制其臣者，二柄而已矣。二柄者，刑、德也。何謂

刑德？曰：殺戮之謂刑，慶賞之謂德。為人臣者畏誅罰而利慶
賞，故人主自用其刑德，則群臣畏其威而歸其利矣。（《韓非
子》〈二柄〉）

「柄」即刑、德。刑是誅戮，德是慶賞。為人臣者，莫不畏誅戮
而喜慶賞。故人主牢握二柄，乃所以導制群臣的統治手段。群臣畏服
於下，則人主見重於上。故執持刑、德二柄，人主乃能處於絕對的權
勢。〈定法〉以「術」為「操殺生之柄」，故「執柄」猶言「執術」也。

執刑、德二柄以處勢，涉及百官之任黜、升降和生殺、此略相當
於前述申不害的「正名之術」。韓非所說的「術者，因任而授官，循
名而責實，操殺生之柄，課群臣之能者也，此人主之所執也」（《韓非
子》〈定法〉），蓋就此一型態之「術」而言。唯韓非言人主執術以處
勢，其所謂「執術」者，尚涉另一型態，此則相當於前述申不害的
「藏拙之術」：

> 術者，藏之於胸中，以偶眾端，而潛御群臣者也。故法莫如
> 顯，而術不欲見。（《韓非子》〈難三〉）
> 故君見惡則群臣匿端，君見好則群臣誣能。人主欲見，則群臣
> 之情態得其資矣。……今人主不掩其情，不匿其端，而使人臣
> 有緣以侵其主，則群臣為子之、田常不難矣。故曰：去好去惡，
> 群臣見素。群臣見素，則大君不蔽矣。（《韓非子》〈二柄〉）

此以「術」為密藏於胸中、藉以暗察百官善惡真偽的管治手段。
所應密藏者，為人主個人之好惡。蓋人主透現其所好所惡，群臣便會
弄虛作假，以相迎合，藉此求取人主之親近與信任。人主密藏其情，
群臣無所攀緣，只得按章辦事，唯其本務是視，如是人主方免受蔽。

此一觀點，顯從申不害「藏拙之術」轉手而來。是故人主執此藏拙之術，群臣莫敢為非，其勢位遂得其所安矣。

就抱法以處勢言，韓非曰：

> 且夫堯、舜、桀、紂，千世而一出，是比肩隨踵而生也，世之治者不絕於中。吾所以為言勢者，中也。中者，上不及堯、舜，而下亦不為桀、紂。抱法處勢則治，背法去勢則亂。今廢勢背法而待堯、舜，堯、舜至乃治，是千世亂而一治也。抱法處勢而待桀、紂，桀、紂至乃亂，是千世治而一亂也。且夫治千而亂一，與治一而亂千也，是猶乘驥駬而分馳也，相去亦遠矣。夫棄隱栝之法，去度量之數，使奚仲為車，不能成一輪。無慶賞之勸，刑罰之威，釋勢委法，堯、舜戶說而人辯之，不能治三家。夫勢之足用亦明矣。而曰「必待賢」，則亦不然矣。（《韓非子》〈難勢〉）

在此，韓非引入「中才」的概念，對慎到的勢治主義作一修正。他指出，我們所遇到的人主，一般僅具中才之資。極賢能和極不肖的，畢竟只屬少數。依此，在如何使人主長據其勢位的問題上，必須針對中才之主的條件和限制來進行省察，這樣的勢治主義，方能見用於世，展現實踐的價值。韓非意在表達：中才之主，固無桀紂之苟且恣縱，亦乏堯舜之賢德睿智，故只能訴諸健全之制、賞罰之法，使中才的有限條件，得到最大的發揮。此所謂「抱法處勢則治」。故一中才之主，得在平治之政治狀態中穩據其勢者，乃執守法度之所致也。

據上所述，法術之相維，在對治不同的政治問題。而其效應所至，則在主勢之隆。而人主能隆其勢，又可反資法術之有效運行。法、術、勢入於韓非之手，遂成三位一體、相需互用之治具矣。

（三）歷史觀

　　韓非之所以倡以法治民，以術制臣，人主必獨掌其勢，自個人的背景看，乃是受韓國內外交迫的國情所激發；[18]而自時代的背景看，則是出於戰國大爭之世，不圖強無以自存的政治考慮。後一點涉及韓非所受法家歷史觀的影響。略言之，法家認為人類文明恆在進化當中。不同的歷史階段，時代問題各異，因而施事措政的重點和手法，亦當隨時更革調整。這種打破成規、追求實效的觀念，早見於商鞅入秦時和秦國守舊派的爭辯：

> 是以聖人苟可以強國，不法其故；苟可以利民，不循其禮。……禮法以時而定，制令各順其宜，兵甲器備各便其用。臣故曰：「治世不一道，便國不必法古。」（《商君書》〈更法〉）

　　此謂禮法制度之取捨，必順應當前國家迫切問題之解決而流轉。盲目崇古，必然壞事。此論韓非循之，曰：

> 故治民無常，唯治為法。法與時轉則治，治與世宜則有功。……時移而治不易者亂，能治眾而禁不變者削。故聖人之治民也，法與時移，而禁與能變。（《韓非子》〈心度〉）
> 是以聖人不期脩古，不法常可，論世之事，因為之備。……故事因於世，而備適於事。（《韓非子》〈五蠹〉）

　　所謂世事相因、不必循古、治民無常法、時移而治易云者，蓋即商鞅「更法」之旨。唯法與時變只是就形式言。怎樣做到變法而治，

---

18 王邦雄：《韓非子的哲學》（臺北市：東大圖書公司，1993年），頁26-27。

其較具體之方針又何若，則涉及法家對人類社會現階段本質之理解。
商鞅以為他所身處的戰國時期，是「世知」、「今之民巧以偽」（《商君
書》〈開塞〉）的世代。「知」和「巧以偽」義近，即賣弄聰明、勾心
鬥角、弄虛作假。顯然，這些情狀若不收拾，必定會破壞社會秩序。
故商鞅主張以武力壓制，以刑法鎮服。此即「世知則力可以王」和
「效於今者，前刑而法」（《商君書》〈開塞〉）。故以武力和刑法作為
當前國策的主體，並非出於執政者的好殺或寡德，而只是時勢的條件
下不得不然之作為而已。韓非襲此觀念曰：

> 古者丈夫不耕，草木之實足食也；婦人不織，禽獸之皮足衣
> 也。不事力而養足，人民少而財有餘，故民不爭。是以厚賞不
> 行，重罰不用而民自治。今人有五子不為多，子又有五子，大
> 父未死而有二十五孫，是以人民眾而貨財寡，事力勞而供養
> 薄，故民爭，雖倍賞累罰而不免於亂。（《韓非子》〈五蠹〉）

韓非以為遠古之時，人口寡少，資源充足，故民眾鮮少爭奪。如
此賞罰之法，遂無用武之地。唯至於當代，人口繁剩，資源匱乏，為
求活命，民眾遂多爭奪。在此特殊條件下，重賞嚴刑，方有存在的價
值。此所以韓非承商君之學，而倡法治主義也。韓非又謂：

> 上古競於道德，中世逐於智謀，當今爭於氣力。（《韓非子》
> 〈五蠹〉）

當今是以氣力相併的時代。面對前人治法，只知生搬硬套，不識
取捨更革，只是迂腐之舉。所謂「氣力」，可有兩種理解。對國家而
言，氣力是指經濟和軍事的實力。對人主而言，氣力是指統治的權

力。[19]前者涉及商君之「耕戰」思想,後者則涉及人主執術御臣,以掌握絕對權力、長據至高之勢位的申慎學說。可知韓非統合法、術、勢之要,以成全面之帝王學,固是對法家先輩的吸納承襲;唯其所吸納承襲者,之所以是法家而非其他學派思想,他關注人類文明累進,以及掌握人類社會現階段情狀的歷史觀,顯然是一決定性的因素。[20]

(四)人性論

韓非之所以提倡法家學說,亦緣於他對人性本質的認定。依韓非,人性主要見於對利益的喜好和追求。唯有兩點先得澄清。一者,人性之好利,不等於人性貪得無厭,亦未可輕易與「性惡」視為同路。從韓非的歷史觀可見,遠古先民處於「人寡物多」之社會環境,實可做到「輕利易讓」(《韓非子》〈八說〉)。唯「輕利易讓」的事實不意味人性固有禮義。因為我們儘可設想,遠古先民亦好私利,只是先民對利益有一滿足的標準,[21]而當時「物多」的程度,足以達到這

---

19 姚蒸民先生以「務力」概念界定韓非之社會觀,即兼採「國家之經濟力與戰鬥力」和「君主的統治權力」二義而言。說見姚蒸民:《法家哲學》,頁84-87。

20 此點亦可從韓非對儒家學說的批判中得之。韓非之批判儒學,顯然由其歷史觀所主導。他說:「古者寡事而備簡,樸陋而不盡,故有珧銚而推車者。古者人寡而相親,物多而輕利易讓,故有揖讓而傳天下者。然則行揖讓,高慈惠,而道仁厚,皆推政也。處多事之時,用寡事之器,非智者之備也;當大爭之世,而循揖讓之軌,非聖人之治也。」(《韓非子》〈八說〉)案韓非以為遠古之世,「人寡物多」一語足以概括。人寡,故易於相親;物多,故輕於財貨。人寡相親,乃慈惠之行;物多輕利,乃揖讓之舉。故儒家倡慈惠揖讓,顯然只能相對於遠古「人寡物多」的特殊時空背景,始得其效驗。察當今之世,反成「人多物寡」之狀態。人多自不易相親,物寡亦難言輕利,故曰「大爭」。儒家之慈惠揖讓,正是在歷史的轉變中,變成迂腐無用的作為。可知韓非摒棄儒家學說,和他支持法家學說一樣,實有一人類歷史演變的觀念,作為其論證的思想背景。

21 此點蓋受詹康先生的議論所啟發。唯與詹先生立說稍不同者,在詹先生以「先民對財富有一滿足標準」為由批判主張韓非的人性並無本質傾向的「情勢決定說」;而此處則在沿襲「人性好利」的韓非人性論舊見之餘,為「人性好利」添一限度,一

滿足的標準，故先民既好利而又能揖讓也。二者，與遠古的「人寡物多」相反，當今則是「人多物寡」。「物寡」意味人的好利之性難被滿足，故世間多爭奪之事。韓非稱之為「大爭之世」者以此。而韓非之所以倡導法家之學，正是有見於此「大爭之世」下之一特殊事實：人們的好利之性，無法在一「物寡」的貧乏條件下全數得到滿足，因此只能訴諸互相剝奪、侵害的手段。而法、術、勢的統治思想，正是針對此一特殊事實而發。

先看韓非如何以「好利」言人性。他說：

> 人為嬰兒也，父母養之簡，子長而怨。子盛壯成人，其供養薄，父母怒而誚之。子、父，至親也，而或譙、或怨者，皆挾相為而不周於為己也。……皆挾自為心也。(《韓非子》〈外儲說左上〉)
> 且父母之於子也，產男則相賀，產女則殺之。此俱出父母之懷衽，然男子受賀，女子殺之者，慮其後便、計之長利也。故父母之於子也，猶用計算之心以相待也，而況無父子之澤乎！(《韓非子》〈六反〉)

即便以父子之親，只要物質上的供養稍不到位，便會互相責怪埋怨。此一心理，稱作「自為心」，「自為」即只為自身利益作打算之謂。父母持「計算之心」，把產女視作賠本生意，亦是一利益的盤算，故「計算之心」和「自為心」乃異名同謂。又此心理不獨父子然，實遍及一切人際關係，「況無父子之澤乎」即以反問方式肯定之

方說明它與「輕利易讓」的貌似道德行為可相容不悖，另一方則將它與「性惡論」作一區隔。詹康先生之說，詳參詹康：〈韓非論人新說〉，《政治與社會哲學評論》第26期（2008年9月），頁103-104。

也。如：

> 夫賣庸而播耕者，主人費家而美食、調布而求易錢者，非愛庸
> 客也，……庸客致力而疾耘耕者，盡巧而正畦陌畦畤者，非愛
> 主人也，……故人行事施予，以利之為心，則越人易和。(《韓
> 非子》〈外儲說左上〉)
>
> 醫善吮人之傷，含人之血，非骨肉之親也，利所加也。故輿人
> 成輿，則欲人之富貴；匠人成棺，則欲人之夭死也。非輿人仁
> 而匠人賊也。人不貴則輿不售，人不死則棺不買。情非憎人
> 也，利在人之死也。(《韓非子》〈備內〉)
>
> 人臣之情非必能愛其君也，為重利之故也。(《韓非子》〈二
> 柄〉)

是則不僅家庭內的父子關係，連同政治上的君臣關係、商業上的
僱傭關係、主客關係，以及社會上的醫病關係等，俱有「利」的計度
心思貫穿其中。

在韓非的立場，「好利」固是人性的普遍事實。而不斷追求私
利，甚至不惜侵害他人來達成目的，則是好利之性在「大爭之世」下
的特殊事實。這是法家學說可得用之基礎。譬如韓非說：

> 凡治天下，必因人情。人情者，有好惡，故賞罰可用。賞罰可
> 用，則禁令可立，而治道具矣。(《韓非子》〈八經〉)

此謂必因順人情，然後可治天下。「賞」所以因人情之所好，「罰」
所以因人情之所惡。「賞罰」乃商鞅、韓非言「法」之綱領。故韓非
倡法治，未嘗不立足於對人性的理解。〈制分〉篇立論更明確：

> 法重者得人情，禁輕者失事實。⋯⋯情莫不出其死力以致其所
> 欲。⋯⋯民者好利祿而惡刑罰。上掌好惡以御民力，事實不宜
> 失矣，然而禁輕事失者，刑賞失也。

「法重者得人情」一語，直謂重賞嚴刑，乃人性得以展示其自身
的場域。人性莫非好利而惡害。好利的一面，見於求重賞；惡害的一
面，見於避嚴刑。又上二引文俱言「禁令」。禁令是賞罰得行的根
據。而禁令自身的根據，則只在人主的威勢。韓非說：

> 威者，所以行令也。

「威」即人主之威勢。以威勢為憑藉，執賞罰駕御人情之好惡，
即所謂「勢治」。然必有人性無止盡的逐利及虧人以自肥的特殊事
實，勢治方有施行的餘地。以是知「法治」以外，韓非言「勢治」，
亦出於一人性論之思想背景也。

「術治」亦然。「術治」是人主御臣之道。人主之執術，亦是出
於對臣下逐利行徑的提防。韓非說：

> 君臣之利異，故人臣莫忠，故臣利立而主利滅。是以姦臣者，
> 召敵兵以內除，舉外事以眩主，苟成其私利，不顧國患。(《韓
> 非子》〈內儲說下〉)
> 臣以計事君，⋯⋯害身而利國，臣弗為也。⋯⋯臣之情，害身
> 無利；君之情，害國無親。君臣也者，以計合者也。(《韓非
> 子》〈飾邪〉)
> 人臣之情非必能愛其君也，為重利之故也。今人主不掩其情，
> 不匿其端，而使人臣有緣以侵其主，則群臣為子之、田常不難

矣。故曰：去好去惡，群臣見素。群臣見素，則大君不蔽矣。
（《韓非子》〈二柄〉）

案人臣之情，只在計私利，不在表忠誠。他們或動用公器，求私
欲的滿足，或蒙蔽人主，望非分的尊榮。人臣之情，其不可不防，有
如此者。至提防之法，韓非重在「去好去惡」，杜絕情資的外洩，保
持神秘的架勢，此一主意，與申子言「示天下無為」的藏拙之術，顯
是同一路子。是故韓非受申術為管治之一方，實受人性的現實表現激
發所致也。

「術治」固不限於御臣。凡與人主有利害糾葛，其私利與主利
不兩立者，俱為人主「術治」之所屆。后妃太子之黨，為一著例。韓
非說：

故后妃、夫人、太子之黨成，而欲君之死也。君不死則勢不
重。情非憎君也，利在君之死也。故人主不可以不加心於利己
死者。（《韓非子》〈備內〉）

在繼承者的立場，為求早掌國政，以免事有變數，必企望人主之
早崩。唯此企望非關私人的怨恨，純粹是逐利之性在現實政治中所滋
生的一種特殊心理。人主為求自存，免受暗算，自需當心注意各個利
益關係人。所謂「不可不加心」者，即謹慎行事、小心提防之意，
「藏拙」的術治觀念，顯然出入於其間。

第五章
名家哲學

一　概說

　　名家是以「名」作為研究項目的一個思想流派。其所謂「名」，或指語言，或指邏輯，或指辯論。「名」的這幾個層面，正構成名家有別於其他先秦學派的哲學特色——重語言，故名家擅長為字詞下定義，或作意義的分析與釐清；重邏輯，故名家著重推理，恆以論證的方式立論；重辯論，故名家喜好在實際的話語場合中說理，或虛擬與論敵的爭辯，作為其著作的書寫形式。

　　上述的哲學特色是就表現形式言。若就問題意識言，名家對於純理論性、純知識性的哲學問題，與儒，道、墨、法諸家相比，似乎興趣更大，討論也更多。例如著名的名家人物惠施、公孫龍，以及《莊子》〈天下〉中所記載的無名辯者等，均提出頗多有違常識的詭論。這些詭論多是關於形上學、知識論或自然科學的一些論斷。它們即使可落實為某種政治實踐的方向或人生觀的理論基石，但獨立的意義畢竟相對明顯，視作一種抽象思考或純知性的探討，亦未嘗不可。又如《墨辯》，從經世致用的標準看，固多未盡善處，但其在語言哲學、邏輯學、知識論、數學等理論性較強的領域，研察卻相當深入，而為其他學派所不及者。此則名家獨特價值之所依託。

　　先秦名家較受當代學界關注者，當推惠施和公孫龍二子。馮友蘭以惠施之學代表「合同異」一派，以公孫龍之學代表「離堅白」一

派。[1]此一分類，實奠定當代名家研究的基本方向。今亦沿其說，作為本章之主體。又墨子後學，於戰國中葉後與名家合流，而有《墨辯》之作。《墨辯》即《墨子》中〈經〉上下、〈經說〉上下、〈大取〉、〈小取〉六篇之集合。此六篇較之合同異、離堅白二派，尤重語言分類、推理形式之研究及對戰國諸子辯說之批判，故作為補論附之於末。[2]

二 惠施之「合同異」思想

（一）惠施的生平

惠施是先秦名家代表人物。惜其人之國籍、事蹟、學說，史料頗見殘缺。就國籍言，《戰國策》〈楚策三〉「張儀逐惠施於魏」一篇謂「宋王之賢惠子，天下莫不聞也」[3]，《莊子》中亦多惠施與莊子交往之載述。莊子者宋國蒙地人氏。是則惠施似成長於宋國，故高誘以之為宋人，[4]今人多從其說。就事蹟言，據《戰國策》〈魏策二〉、《呂氏春秋》的《不屈》、《淫辭》、〈應言〉、《韓非子》的〈說林上〉、〈內儲說上〉諸篇所載，惠施嘗事梁惠王，《莊子》〈徐无鬼〉更直謂其「相

---

1 有關「合同異」和「離堅白」之說明，詳參馮友蘭：《中國哲學史》，頁163-167。

2 《墨辯》和名家的關係，歷來諸說分歧。有以《墨辯》為墨家綱要所在，有以《墨辯》為名家之所從出，亦有以《墨辯》為「名墨」，即墨學中具名家性格者。此處無法細究《墨辯》的學派歸屬問題。置《墨辯》於「名家哲學」一章，一方面是著眼於其重視語言、邏輯和辯論的名家性格，另方面是藉由《墨辯》和名家在若干論題上的交鋒和問題意識上的各有側重，以彰示彼此學說的特點。

3 〔漢〕劉向集錄：《戰國策（上）》（臺北市：里仁書局，1982年），頁543。按：書中凡引《戰國策》悉據此本，不另標註腳。

4 轉引自陳奇猷：《呂氏春秋校釋》（臺北市：華正書局，1988年），頁1194。按：書中凡引《呂氏春秋》悉據此本，不另標註腳。

梁」。錢穆先生考證惠施卒於魏襄王五年使趙（西元前314年）後，魏襄王九年田需卒（西元前310年）前[5]。大致言之，惠施長年仕魏，為魏國一重要政治人物，基本上可成定說。[6]就學術言，《莊子》〈天下〉說「惠施多方，其書五車」，知惠施學識雜博，涉獵廣泛。《漢書》〈藝文志·諸子略〉名家類載有《惠子》一篇，早佚。今存惠施之學，散見於諸先秦文獻。如《呂氏春秋》〈愛類〉述惠施有「去尊」之說，《荀子》〈非十二子〉則譏其「不法先王，不是禮義」，二者屬於否定政治偶像或價值典範的政治思想。又如《莊子》的〈逍遙遊〉反映惠施從實用的觀點看待事物的價值，〈德充符〉則反映他從「情」的角度理解人性的本質，此則屬於講究行為效應、著眼生活經驗的社會觀念。唯惠施學術之最著者，當為《莊子》〈天下〉所載述的「歷物之意」。「歷」者「經驗」之謂。「歷物之意」，乃是對天地萬物進行經驗考察後所獲得的對於宇宙人生的理解。一般認為，「歷物之意」可分十個論題，學界通稱為「歷物十事」。此十事中，有數則與「合同異」思想有關，因以此為範圍，述其說如後。

（二）「歷物十事」中的「合同異」思想

　　所謂「合同異」，是指對天地萬物在性質上的一切差異和對立全數予以打破，從而將世界視為一無分別性之整體。惠施言「歷物之意」，頗含此種觀念。《莊子》〈天下〉嘗轉引其言曰：

> 惠施多方，其書五車，其道舛駁，其言也不中。歷物之意，
> 曰：「至大無外，謂之大一；至小無內，謂之小一。無厚不可

5　錢穆：《先秦諸子繫年》，頁430。

6　有關惠施仕魏及相關活動之考證，詳參黃克劍：《名家琦辭疏解——惠施公孫龍研究》（北京市：中華書局，2010年），頁41-43。

積也，其大千里。天與地卑，山與澤平。日方中方睨，物方生
方死。大同而與小同異，此之謂小同異；萬物畢同畢異，此之
謂大同異。南方無窮而有窮，今日適越而昔來。連環可解也。
我知天下之中央，燕之北，越之南是也。氾愛萬物，天地一體
也。」

在這十則論題中，除了「至大無外，謂之大一；至小無內，謂之
小一」、「無厚不可積也，其大千里」、「大同而與小同異，此之謂小同
異；萬物畢同畢異，此之謂大同異」這三則屬於字詞定義外，其餘七
則主要從三個角度展示惠施之「合同異」思想——

第一個角度是：事物之間不同乃至相反之性質或狀態，俱可歸於
平齊，而等同視之。如「天與地卑，山與澤平」即含此義——依一般
人慣常的生活經驗，只看到天高地卑、山高澤平，天地、山澤的高低
不平顯然是無需爭拗的事實。但惠施指出，天和地、山和澤可被視為
無高低之別的二物。惠施雖未置一言釋之，但我們可如此理解：從橫
面觀之，天、山固在上，而地、澤固在下；而自縱面視之，一切立體
之物頓成平面，不復有高低之判。由是觀之，高、低、上、下這些性
質，原來並非事物客觀所固有者，而只是相對於某種特定的視野所使
然者。依此，藉著視野的轉換和調整，足可磨平事物在性質上的一切
差異對立。此「合同異」之一型也。

「日方中方睨，物方生方死」則主張事物不同狀態的無差別
性——太陽一直處於運動的變化歷程中，並不會駐留於某一時空點。
因此，當你才說太陽處於當空的正「中」時，它已向西山傾斜了。如
此，從事物恆常在變的觀點看，「日中」和「日睨」兩種說法只是語
言的權用，「中」和「睨」的區別實際上是不存在的。「生死」問題亦
可如是看，茲不贅。

　　「連環可解也」語意未足。參照《戰國策》〈齊策六〉有關連環的記述，或可詮釋為一種「合同異」思想。《戰國策》〈齊策六〉「齊閔王之遇殺」一篇曰：「秦始皇嘗使使者遺君王后玉連環，曰：『齊多知，而解此環不？』君王后以示群臣，群臣不知解。君王后引椎椎破之，謝秦使曰：『謹以解矣。』」在此故事中，「玉連環」是由同一塊玉石雕琢而成的天然相扣的二環。二環無縫隙，本不可解，齊后以椎擊碎，以此為解。察惠施意，或指連環是否具有「可解」的性質，純是取決於當事人之態度或思考方式——因順其「不可解」處而言之，則連環不可解；因順其「可解」處而言之，則連環可解。依此，連環之「可解」與「不可解」絕非無法相容的矛盾，而是可共同成立之二種狀態。故二者在表面上的相「異」，遂得以泯除，而歸於一「同」也。

　　第二個角度是：事物在空間意義上的差異性是可被打破的。如「我知天下之中央，燕之北，越之南是也」即含此義——燕國和越國一北一南，本是不相接的兩極；但是天下是「有限而無邊」的一個範圍，既然如此，範圍上的任何一點，都可看作是範圍的中心。因此，燕越相對以觀，固有北南之別，但從整個的範圍著眼，不論北方南方，同為中央之所在。這樣一來，燕國和越國在空間上的南北差異，遂在「天下之中央」的視角中得以撤銷。

　　「南方無窮而有窮」也涉及空間意義的「合同異」思想。承上，天下是「有限而無邊」的一個範圍。故自理上言之，南方並無邊際可說。此為南方之「無窮」。但自事上言之，當抵達南方某一地——譬如楚國的郢都——便可說是抵達南方。此則為南方之「有窮」。照此觀之，「南方無窮」和「南方有窮」這兩個表面上不能共容的矛盾句，實可同時成立也。

　　第三個角度是：事物在時間意義上的差異性是可被打破的。如「今日適越而昔來」即含此義——「今」者「現時」或「當下」，

「昔」者「以往」或「過去」。「今」、「昔」是截然不同的兩個時態。
故當下抵達越國,不等於過去抵達了越國。但要考慮的是,時間是恆
常在流動前進的一個歷程。它不會停頓在某個特定的時間點,成一靜
態的片段。依此,當你才說現刻抵達越國時,「抵達越國」一事頓成
過去。換言之,從時間流動不已的觀點看,「抵達越國」一事既是當
下的,又是過去的。以「今」、「昔」難辨,故為時間意義上之「合同
異」也。[7]

根據前述三個角度,事物不論是性質狀態的差異性、空間上的差
異性或時間上的差異性,俱得予以弭平。此即惠施之「合同異」思
想。而弭平一切差異性,是為了將目光由萬物之異轉向萬物之同——
萬物之同,就是萬物俱隸屬於同一個整體,同為組成整體的部分。此
即末句「天地一體」之義。

三 公孫龍之「離堅白」思想

(一)公孫龍的生平

公孫龍,趙人,[8]先秦名家代表人物。根據《呂氏春秋》、《史
記》諸文獻所述,公孫龍嘗與燕昭王、趙惠王、平原君等交遊,是則
其活動年代,可粗定為戰國晚期。按胡適考證,公孫龍約生於西元前

7　此一詮釋立基於黃克劍先生之說。詳參氏著:《名家琦辭疏解——惠施公孫龍研
　　究》,頁70。

8　《史記》〈孟子荀卿列傳〉僅言「而趙亦有公孫龍」,未言彼為趙人。以公孫龍籍趙
　　國,首見於《漢書》〈藝文志・諸子略〉,然未知班固何所據。黃克劍先生以《史
　　記》已含公孫龍屬趙人之線索。蓋「而趙亦有公孫龍」一語乃順「荀子,趙
　　人……」一段而說出。荀子籍趙國,殆無異議,「而趙亦有公孫龍」云云,實謂公
　　孫龍「亦」為「趙人」。其說可從。詳參黃克劍:《名家琦辭疏解——惠施公孫龍研
　　究》,頁83-84。

三二五年至西元前三一五年此十年間，卒於西元前二五〇年左右，[9]
可資參考。學術上，公孫龍持「以白馬為非馬」[10]之學（《公孫龍子》
〈跡府〉），善為「堅白之辯」（《史記》〈平原君虞卿列傳〉），是戰國
有名的「辯者之徒」（《莊子》〈天下〉）。政治上，彼為趙相平原君賓
客（《公孫龍子》〈跡府〉），嘗說服平原君辭受虞卿之請封（《史記》
〈平原君虞卿列傳〉）。又向趙惠王、燕昭王兜售「偃兵」之說，反對
軍事擴張，提倡國際和平（《呂氏春秋》的〈審應〉、〈淫辭〉諸篇）。
可知公孫龍和惠施一樣，是在政治領域頗為活躍的名家人物。《漢書》
〈藝文志‧諸子略〉名家類載有《公孫龍子》十四篇，今僅存六篇，
分別為〈跡府〉、〈白馬論〉、〈堅白論〉、〈通變論〉、〈指物論〉、〈名實
論〉。〈跡府〉一篇為公孫龍生平事跡之概述，或為該書編者所撰。後
五篇是針對不同哲學問題的專題論文，代表了公孫龍哲學之主體。

（二）〈堅白論〉、〈白馬論〉中的「離堅白」思想

　　所謂「離堅白」，乃是主張各種共相（universal）乃獨立自在之
物，彼此之間並無互相依存的關係。共相潛藏於形上領域或超越世
界。當其附著於事物，而為感覺主體所感知，便是事物的各種具體性
質（property）。如白的共相附著於石頭，便是該石的白性；堅的共相
附著於石頭，便是該石的堅性。照一般人的常識，任何感覺對象，都
含具不同的性質。這些不同的性質互相依附，共同構成該對象被認識
的基礎。唯公孫龍指出，性質只是共相在經驗層面的呈現，非事物所
固有。某共相若無相對應的感覺能力與之連結，事物便不存在相關的
性質。故性質之間無依存關係，共相之間也一一獨立，是之謂

9　胡適：《中國哲學史大綱》（北京市：東方出版社，1996年），頁207。

10　陳柱：《公孫龍子集解》（臺北市：河洛圖書出版社，1980年），頁38。書中凡引
　　《公孫龍子》悉據此本，不另標註腳。

「離」。所謂「堅」、「白」，乃一切共相或性質的借代之詞。〈堅白論〉旨在闡述此義。

在〈堅白論〉中，公孫龍首先承認經驗事物含具某些性質，唯這些性質的存在是由主體的相關感覺能力所賦與：

> 視不得其所堅，而得其所白者，無堅也。拊不得其所白，而得其所堅。得其堅也，無白也。
>
> 得其白，得其堅，見與不見，離。一一不相盈，故離。離也者，藏也。

這段話是公孫龍對論敵「堅、白俱在石」一論旨的回駁。公孫龍主張，視覺只看到石頭的白色，卻看不到石頭的堅硬；故從視覺言之，石頭並沒有「堅」的性質。自另一面說，觸覺只碰到石頭的堅硬，卻碰不到石頭的白色；故從觸覺言之，石頭並沒有「白」的性質。合言之，世上只有「堅石」或「白石」，而沒有「既堅且白之石」。「可見」的「白」和「不見」的「堅」是沒有互依共存的關係的，此即「離」字之義。在此，公孫龍從不同感覺能力的角度，把石頭的「堅」和「白」兩種具體性質互相割離，否認堅、白二性可共存於石，此為其「離堅白」思想的表層。

進一步言之，性質是共相座落於經驗層次的面目。公孫龍曰：

> 有自藏也，非藏而藏也。
>
> 物白焉，不定其所白。物堅焉，不定其所堅。不定者兼，惡乎其石也？
>
> 堅未與石為堅，而物兼。未與物為兼，而堅必堅；其不堅石、物而堅。天下未有若堅而堅藏。

> 白固不能自白,惡能白石物乎?若白者必白,則不白物而白
> 馬,黃黑與之然。
> 石其無有,惡取堅白石乎?故離也。離也者,因是。
> 離也者,天下故獨而正。

從「不定其所白」、「不定其所堅」、「堅必堅」、「白者必白」,「天下未有若堅而堅藏」、「不白物而白」諸語可以推知,公孫龍認為在具體的堅硬、白色的性質背後,尚存在著不依附於(不定)任何物理事物的「堅」和「白」。具體的堅硬、白色的性質,屬於經驗的範圍;而不附著於物理事物、「自藏」於經驗範圍背後的必堅之堅、必白之白,則顯為形上領域的超越項目。這種形上領域的超越項目,哲學上一般稱為「共相」。以為共相獨立存在於形上領域,則為一「實在論」(realism)的立場。依公孫龍意,堅或白的共相不一定「與物」,即不一定附著於物理事物,當然更不一定非附著於石頭不可。所以堅、白、石三者沒有必然關係,故曰「惡取堅白石乎」。據此,堅的共相和白的共相二者也是互相獨立自存的。推廣言之,一切共相在形上領域都是獨立自存的。此一「天下故獨而正」的形上事實,公孫龍稱之曰「離」。此則為其「離堅白」思想的深層也。

上述的「離堅白」思想反映在〈白馬論〉中,就是其著名的「白馬非馬」之說。文中,公孫龍同樣主張:在經驗世界背後,尚有一形上領域,各種獨立自在的共相,俱存藏於其間:

> 馬者,所以命形也;白者,所以命色也。命色者非命形也。故曰「白馬非馬」。
> 馬固有色,故有白馬。使馬無色,有馬如已耳,安取白馬?故白者非馬也。

> 白者不定所白,忘之而可也。白馬者,言白定所白也。定所白
> 者,非白也。馬者,無去取于色,故黃、黑皆所以應。白馬
> 者,有去取于色,黃、黑馬皆所以色去,故唯白馬獨可以應
> 耳。無去者非有去也;故曰「白馬非馬」。

所謂「使馬無色,有馬如已」,就是指有一獨立於任何顏色的
「馬」的共相,自如自在地存在著。而「定所白者,非白也」,就是
對「定所白」和「不定所白」所作的區分——「定所白」即「白」的
共相附著於經驗事物上,而成為可被感知的「白」的具體顏色;「不定
所白」即尚未附著於任何經驗事物的「白」的共相。據此,公孫龍是
以「白」和「馬」二共相為形上領域中獨立自存之二物,二者有「不
定」的關係。因此,在經驗世界中每一匹個殊的白馬,其「白色」和
「馬形」雖相盈而不可分,但在形上領域中,「白」和「馬」乃相離
之二共相。所謂「白馬非馬」,其要旨即是:在經驗世界中的白馬和
形上領域中作為共相的「馬」之間,有「經驗」和「形上」之分,有
「顏色」和「無色」之分,以及更重要的,有「性質之相盈」和「共
相之相離」之分。其背後的精神,顯然是「離堅白」的哲學思想。

總結言之,公孫龍的「離堅白」思想,乃是一實在論的哲學型
態:他建設一形上領域,作為經驗事物之被感知和認識的基礎。經驗
事物的各種性質,乃是主體的感覺能力對形上領域中相關共相的各種
反應。共相可附著於某物,亦可不附著於某物,是「不定其所」的。
可知各共相之間,乃互相分離之眾物。故曰「離堅白」。附著於某
物,而被人感知,即為性質,未附著於某物,只是自如自在的共相。
在〈堅白論〉、〈白馬論〉中,公孫龍並未以特定名目稱謂「共相」和
「性質」,而只是以「不定其所」和「定其所」在義理上分辨之。在
〈指物論〉中,公孫龍則有較確定之名目,以分別稱謂二者。開篇曰

「物莫非指，而指非指」。「物莫非指」的「指」相當於「性質」。這句話的意思是：每一經驗事物都由各種可感知之性質所組成。而「而指非指」一句應先予以疏通：前一「指」字是「物莫非指」的「指」，即「性質」之意；後一「指」字則專指「共相」。這句話的意思是：構成事物的「性質」並不等同於「共相」。為便於區別，姑以「物指」一詞取代「組成事物的性質」一義的「指」字，而以「獨指」一詞專指「共相」。[11]依此，「物莫非指，而指非指」一語要表達的是：經驗事物乃由眾「物指」組成，而「物指」則不同於「獨指」。當然，「物指」和「獨指」有所區別，不等於二者沒有關係，因為「物指」乃是形上領域中的「獨指」在經驗世界中的顯現，一如「白馬」的「白色」乃是「白」的共相「定其所白」的結果。〈指物論〉亦有相關說法，所謂「天下無指，而物不可謂指也」即此義——如果共相（指）不存在，那也就不存在構成事物的性質（物不可謂〔物〕指）了。

　　據上，我們也可以說明「合同異」和「離堅白」的分別。這兩種哲學思想均與經驗事物的性質有關——「合同異」旨在泯除經驗性質之間的差異性，「離堅白」則旨在割裂經驗性質之間的互聯性。

四　《墨辯》中的名家哲學

　　從上可見，惠施公孫龍之學，側重於知識論、形上學等具體哲學問題的探討。其名家特色，主要在語言概念的釐清，及對邏輯嚴謹性

---

11 以「物指」指稱「性質」，以與指稱共相的「獨指」相區別，乃是參考自馮耀明先生的意見。據馮先生的說法，共相之所以可喚作「獨指」，是由於〈堅白論〉有「離也者天下，故獨而正」之語。當中的「離」和「獨」二字，正是對眾共相彼此獨立、及與感覺世界相隔離的描述。故為「共相」立「獨指」之名，實有充足的文獻根據。詳參馮耀明：《公孫龍子》（臺北市：三民書局，2000年），頁84-87。

的重視。而《墨辯》之學，較諸惠施公孫龍所論，更能針對語言和邏輯本身作後設反省。其批判當時流行之辯說，尤為名家善辯之印證。故摘要補遺於此，以為本章收尾。

（一）語言的分類

「名」是先秦時代各哲學流派的重大議題。儒家倡「正名」，其主要的意義，在重整規範性的名實關係，俾每人的身分和權責，均能相適互應，從而使人類社會回歸正常的秩序。道家倡「無名」，則旨在懷疑語言反映真實和進行政治管理的功能。這兩種主張，同樣是以「名」的效用作為討論的出發點。《墨辯》似亦採取了相同的進路。其所謂「名若畫虎」（〈經說上〉）、「名，實名」（〈大取〉）諸說，正是對「名」具有表徵客觀世界的效用的肯定。唯《墨辯》在語言哲學上較具價值者，當見於對「名」、「謂」等語言概念的分類工作。試略述其說。

1 「名」的分類

就「名」的分類看，《墨辯》云：

> 名：達、類、私。（〈經上〉）
> 名：物，達也。有實，必待之名也。命之馬，類也。若實也者，必以是名也。命之臧，私也。是名也，止於是實也。（〈經說上〉）

根據《墨辯》，「名」至少有三種類型，分別是「達名」、「類名」和「私名」。對於「達名」，《墨辯》以「物」字作例釋。「有實，必待之名也」，是說任何東西都可用「物」一名稱之。依此，所謂「達名」，乃是其外延（extension）遍及一切個殊事物（individual）的

「名」的類型，[12]近於荀子所說的「物也者，大共名也」（《荀子》〈正名〉）中的「共名」。至於「類名」，就是某些事物彼此相似（若實），故可用同一符號概括之。例如「馬」即是一類名——其所概括的，就是一匹匹經常嘶鳴、長於奔跑、面型長狹的生物。依此，「類名」相當於當代語言哲學中所說的「類」（class）或「集合」（set）。「私名」乃「止於是實」，即只能用於某單一個體。如某人名「臧」，則「臧」這個私名只能用來稱呼臧這個人。顯然，「私名」等於現時一般所謂「專名」（proper name）。

　　粗略分之，「名」的這三種類型各有功能。就「達名」而言，只要一物存在，便可以稱之為「物」，故「達名」的運用，能起到承諾某物存在的功能。就「類名」而言，類名之起，決定於某些事物之間的相同性或近似性，故「類名」的運用，能起到描述事物特性的功能。再就「私名」而言，私名是某單一個體在語言上的代稱。某私名和某個體之間，有一直接的連結。故「私名」的運用，能起到指涉個體的功能。

---

12 這裡說「物」的外延遍及一切個殊之物，只是對「達名」的一個可能的解釋。這個解釋，傾向於唯名論（nominalism）立場：即以為天地之間，只有物理性的個殊之物存在。所謂事物的「類」（class），只是針對各個殊之物的相同性或近似性進行歸納概括的一種語言上的設計。然而，一旦採取實在論（idealism）立場，事物的「類」便頓成一實存者，只是其實存性是抽象的，而不如物理事物那樣是具體的。舉例言之，對實在論者而言，像你和我這些作為單一個體的人，固然是客觀存在的；但你和我都屬於「人」，「人」這個類也是客觀存在的——甚至可以說，在實在論的規定下，即使世界上所有單一個體的人都不存在了，這一經驗事態亦無損於「人」這個「類」的客觀實存性。（或者說存在著「人」這一「理型」（idea）或「自然種姓」（natural kind）較妥，但「類」和「理型」或「自然種姓」的分別並不影響這裡有關實在論的說明。）把事物的「類」當做一實存的抽象項目，而非僅僅視為某些個殊之物的集合，正是實在論和唯名論的重要分際。依此，在實在論的立場，「物」作為一「達名」，其外延不止涵蓋所有個殊之物，也涉及所有作為抽象實存者的「類」。易言之，「達名」的外延有多廣，得視乎《墨辯》作出何種存有論承諾（ontological commitment）。唯在此問題上，《墨辯》實未詳其說。

2 「謂」的分類

「名」以外，《墨辯》又重視「謂」，如云：「有之實也，而後謂
之；無之實也，則無謂也。」（〈經說下〉）簡言之，《墨辯》的
「謂」，是「說明」、「討論」之意。如前引〈經說下〉之言，其大意
就是：一物先要存在，我們才能說明它、討論它；對於不存在之物，
是無法進行說明和討論的。然而，將「謂」理解成「說明」、「討
論」，只是字面上的工作。《墨辯》對於「謂」作為一種語言使用方
式，又再細分為三種類型：

> 謂：移、舉、加。（〈經上〉）
>
> 命狗犬，移也；狗吠，舉也；叱狗，加也。（〈經說上〉）

「謂」有「移謂」、「舉謂」、「加謂」之分。「移謂」即從一名移
至另一名，以指稱同一事物。例如某人知狗隻之名為「狗」，而不識
「犬」亦狗隻之名。此時我們從「狗」一名移向「犬」一名，告知其
人二名所指為同一實，便起到說明狀況、增加其人知識的作用。「舉
謂」是標舉一物的特性以說明該物。如狗常吠叫，則我們以「吠」字
以言狗之所以為狗，便是一種「舉謂」的言說方式。「加謂」即是把
情緒性或價值性的用詞加諸一物，以表達對該物的主觀感受或評價。
如「叱狗」，「叱」即呼喝貶斥之意。譬如狗隻只顧吃喝，不願守門，
引我反感，我便叱之曰好吃懶做，此即所謂「加謂」。

粗略分之，「謂」的這三種類型各有功能。「移謂」旨在說明一實
可有多於一名；「舉謂」旨在標舉一物之德；「加謂」則旨在表達說話
者對一物的意見。

（二）推理形式的分類

對邏輯的重視，是名家一大特長。所謂「邏輯」（logic），約言之，就是研究對確論證形式（valid argument forms）的一門學問。從惠施、公孫龍的言談和專題論述中可見，二子對於對確的推理形式，已能自覺運用，唯尚未能將之抽取出來，作為一獨立議題作專門考察。先秦名家在這一方面的工作，主要由《墨辯》補足。雖然《墨辯》的成果，並非嚴格意義的有關「論證」或「論證形式」的研究，而只是對推理的初階探討，但畢竟《墨辯》是有意從應用的脈絡中跨出來，為推理的確當性尋求一些普遍的原則。〈小取〉嘗提及七種，頗受學人重視，如下文：

> 或也者，不盡也。假者，今不然也。效者，為之法也；所效者，所以為之法也。故中效，則是也；不中效，則非也。此效也。辟也者，舉他物而以明之也。侔也者，比辭而俱行也。援也者，曰「子然，我奚獨不可以然也？」推也者，以其所不取之同於其所取者，予之也。「是猶謂」也者，同也；「吾豈謂」也者，異也。

這七種推理形式，分別是「或」、「假」、「效」、「辟」、「侔」、「援」、「推」。茲分論如後。

1　或

「或」字何義，學人理解分歧。如梁啟超謂「或」即古「域」字，「域」即「限於一部分」，故「或」式推理，和邏輯上的「特稱命題」有關。[13]譚戒甫先生以為「或」即「惑」，人於事理有疑惑，而後

---

13 梁啟超：《墨子學案》（臺北市：中華書局，1957年），頁52。

論辯方起，故《墨辯》探究論式，必先之以「或」。[14]詹劍峰先生則主張「或」即「或者」，「或」即邏輯上的「選言推理」。[15]案〈經上〉云：「盡，莫不然也。」「莫不然」即「無不如此」或「所有事態皆如此」，此之謂「盡」。而〈小取〉則以「不盡也」釋「或」。既然「盡」是指「所有事態皆如此」，那麼「不盡」就是指「並非所有事態皆如此」，亦即「至少有一個事態不是如此」。顯然的，「盡」和「不盡」之別，就是邏輯上「全稱」（universal）和「特稱」（particular）之別。可見梁啟超以「或」為「特稱命題」，是有學理上的根據的。故今從其說，以「特稱命題」為「或」之義。

「或」既今邏輯學之所謂「特稱」，然則「或」式推理所指何若？葉錦明先生指出「『以特稱否定命題駁斥全稱肯定命題』是涉及特稱命題的推理之中最常用的一種」，並由此主張「『或』式推理就是一種『反例論證』的方法」。[16]葉先生同時援引〈經說上〉「彼舉然者，以為此其然也，則舉不然者而問之」一段文字，作為「或」式推理為一「反例論證法」之文證。[17]案以一特稱的反例，去推翻一全稱的判斷，實可與「或，不盡也」的意思相容。葉先生所見為是。唯葉先生亦僅言「反例論證法」是特稱命題的推理方式中「最常用的一種」，而非「唯一的一種」。是則「或」式推理何若，尚可容納其他詮釋。竊意「或，不盡也」，意在彰明一個推理的原則：從一特稱命題，並不能推論出一全稱命題。例如從「有些馬是白馬」這一特稱命題，並不能推論出「所有馬皆為白馬」此一全稱命題。之所以如此，理由在於：一特稱命題只能說明某些事態如此，而不能說明所有事態皆是如此；後者乃「全稱命題」之責任。「或」式推理的「不盡」的

14 譚戒甫：《墨辯發微》（北京市：中華書局，1964年），頁424。

15 詹劍峰：《墨子的哲學與科學》（北京市：人民出版社，1981年），頁104。

16 葉錦明：《邏輯分析與名辯哲學》（臺北市：學生書局，2003年），頁214。

17 葉錦明：《邏輯分析與名辯哲學》，頁214。

性質，正能表示「特稱」與「全稱」（盡）不兩立之關係。進一步言之，由於「從特稱推論全稱」在邏輯上屬於「以偏概全的謬誤」（fallacy of hasty generalization）[18]，因此，倘若「或」字果真涉及「從特稱不能推論全稱」的推理原則，那麼，「或，不盡也」也就反映了《墨辯》對邏輯謬誤的基本認識了。

2　假

〈小取〉以「今不然」釋「假」，可知「假」即「假設」之義，蓋當下事實非如此，作出「假設」才有意義。學人常以「假」式推理為邏輯上的否定性的假言推理或「逆斷律」（modus tollens），即：「假設 P，則 Q；今 Q 不然，故 P 不然。」例如以下的推理就是一種否定性的假言推理：「假設世上無馬，則人便無馬可騎。今見一人騎馬（即「人無馬可騎」一事不然），可知世上有馬（即「世上無馬」此一假設不然）。」把「假」式推理作如此解讀，是多數《墨辯》研究者的共識。[19]今從之。

3　效

「效」：〈小取〉以「為之法」釋「效」。「法」即「標準」，可知

---

18 案「從特稱推論全稱」屬於歸納論證（inductive argument）而非演繹論證（deductive argument），因此只有概然性而無必然性。然而概然性亦有高低之分。倘若特稱語句所談論的樣本，在數量上不足，或缺乏代表性，則由其所支持的全稱判斷便是概然性偏低的。換言之，該特稱語句無法有力支持全稱判斷。當遇到這一情形時，從特稱到全稱的推論便有以偏概全的問題。反之，倘若特稱語句所談論的樣本，在數量上足夠，或具備代表性，則由其所支持的全稱判斷便是概然性偏高的。換言之，該特稱語句可有力支持全稱判斷。這一情形下的「從特稱推論全稱」，便不一定觸犯以偏概全的謬誤。

19 關於「假，今不然也」的文義及其邏輯型構，詳參葉錦明：《邏輯分析與名辯哲學》，頁215。

「效」亦「標準」。合乎標準者為正當,不合者為不當,故〈小取〉謂「中效則是也,不中效則非也」。據此,「效」式推理,看來是一種立足於標準,以證己說為是的推理方式。舉例說,墨子以夏禹之政為理想政治的標準。而夏禹之政,首重節用、苦行。故墨子政治哲學,要求為政者身體力行,於食衣住行,一律以克己節省為要。其背後的思路,就是一種「效」式推理:夏禹為政如此,則一切為政者亦當如此。合於夏政者是也,不合者非也。

4 辟

「辟」:「辟」通「譬」,「譬」者「譬喻」,即「舉他物以明之」之意。據此,「辟」式推理,乃是將至少兩個結構類似的事態並列齊觀,復藉由彼事態具有某種性質,以說明此事態亦具有相同的性質,從而達到成功說服的結果。如《墨子》〈耕柱〉有一例:

> 子墨子謂魯陽文君曰:「大國之攻小國,譬猶童子之為馬也。童子之為馬,足用而勞。今大國之攻小國也,攻者農夫不得耕,婦人不得織,以守為事;攻人者,亦農夫不得耕,婦人不得織,以攻為事。故大國之攻小國也,譬猶童子之為馬也。」

在此,墨子將「大國之攻小國」喻為「童子之為馬」(小童騎竹馬)。小童騎竹馬,自勞其雙足而奔,又無速行之效,可謂徒勞無功。墨子在此使用「辟」式推理:由於「童子之為馬」有「徒勞無功」的性質,因此「大國攻小國」也有「徒勞無功」的性質。

5 侔

「侔」:「侔」者「相等」之謂。所謂「比辭而俱行」,就是說兩

個意義相等的語句，所指事態必然相等。《墨辯》中關於「狗」和
「犬」的說法，可為「侔」式推理之例證：

> 狗，犬也，而「殺狗非殺犬也」不可[20]。說在重。(〈經下〉)
>
> 狗，犬也。謂之殺犬，可。若牒。(〈經說下〉)

　　《墨辯》認為，「殺狗非殺犬」這一判斷是不成立的。理由在於
「狗」、「犬」相「重」──「重」即「二者相等」之謂。既然
「狗」、「犬」所指重同，則「殺狗」、「殺犬」二語所指事態便是一而
非二。如此，「殺狗非殺犬」頓成矛盾語，自然不可接受。依此所謂
「侔」式推理，其展示方式或如下：設二詞指涉重同。當二詞所指之
實涉及同一事態，則對此事態的兩種判斷亦相等。
　　上述例子是就「等同關係」言「侔」之義。在《墨辯》中，
「侔」似乎也涉及「種屬關係」或「隸屬關係」。泛言之，就是「子
類」或「分子」和其所歸屬的「類」之間，也可有「比辭而俱行」的
關係。《墨辯》的例子是：

> 白馬，馬也；乘白馬，乘馬也。驪馬，馬也；乘驪馬，乘馬
> 也。獲，人也；愛獲，愛人也。臧，人也；愛臧，愛人也。

　　「白馬」(或「驪馬」)和「馬」是「種屬關係」，「獲」(或
「臧」)和「人」是「隸屬關係」。「白馬」是「馬」這個類中的一個
子類，因此「白馬」所涉之事態，同時也是「馬」所涉之事態。與之

---

20 原句為「而『殺狗非殺犬也』可」，「可」上缺一「不」字。張純一、伍非百、高亨
　 等均謂「不」字當有。今從。轉引自陳高傭：《墨辯今解》(北京市：商務印書館，
　 2016年)，頁209。

相似，「獲」是「人」這個類中的一個分子，因此「獲」所涉之事態，同時也是「人」所涉之事態。據此，從「白馬」和「馬」的種屬關係出發，當說某人「乘白馬」，可推知某人「乘一匹馬」；同理，從「獲」和「人」的隸屬關係出發，當有人表示「喜愛獲」，可推知那人「喜愛一個人」。

6 援

「援」：「援」即「援引」之意。〈小取〉以「子然，我奚獨不可以然」釋之。據此，「援」式推理就是：援引論敵所同意的某種標準，並說明己說亦合於此標準，從而迫使對方接受己說。

7 推

「推」：〈小取〉釋「推」，重在「以其所不取之同於其所取者，予之也」一語。這是說，藉由指出論敵所反對的論調，在本質上無異於其當下所支持的論調，從而揭示論敵當下立論的無據。沈有鼎以為《墨辯》的「推」是「歸謬式的類比推論」[21]，或出於對文意的誤解。案「歸謬法」是假設一理論為真，並以此理論為前提進行推論。倘導出一矛盾，便可反證該理論為假。然而所謂「推也者，以其所不取之同於其所取者，予之也」並沒有上述「歸謬法」的意思，也沒有「類比」的含義。根據文意，「推」式推理旨在揭發論敵的雙重標準，此實類似於「以子之矛陷子之盾」的推理方式。[22]

---

21 沈有鼎：《墨經的邏輯學》（北京市：中國社會科學出版社，1982年），頁55。

22 在某義義上，「或」、「假」、「效」、「辟」、「侔」、「援」、「推」在推理形式外，也涉及推理的原則或進行推理時應抱之態度。例如「或」是「由特稱不能推論全稱」，其背後的原則或態度，就是建立一論點，應有充足的取樣或證據。此外，「援」是「援引敵論以證己說」，「推」是「揭示論敵前後異說」，俱在表示立論必須講求一致，或雙重標準不可取的推理原則或態度。

（三）對戰國諸子辯說的批判

除了從後設角度探討「語言」和「推理形式」的分類外，《墨辯》亦嘗批判戰國諸子的辯說，其名家性格，可謂相當明顯。茲舉三例作一簡介。

1　斥莊子「辯無勝」之說

第一例是斥莊子「辯無勝」之說。《莊子》〈齊物論〉曰：

> 既使我與若辯矣，若勝我，我不若勝，若果是也？我果非也邪？我勝若，若不吾勝，我果是也？而果非也邪？其或是也，其或非也邪？其俱是也，其俱非也邪？我與若不能相知也，則人固受其黮闇。吾誰使正之？使同乎若者正之，既與若同矣，惡能正之！使同乎我者正之，既同乎我矣，惡能正之！使異乎我與若者正之，既異乎我與若矣，惡能正之！使同乎我與若者正之，既同乎我與若矣，惡能正之！

莊子認為，辯論縱有勝負之分，但勝方未必為是，而負方亦未必為非。蓋所謂「是非」，乃「成心」之作用。「成心」即預設立場或先入之見。如果所言為「是」方為勝方，則辯論的勝利永不可能，因為客觀上並不存在一獨立的是非標準，作為檢驗辯論雙方是非的依據。此即莊子之「辯無勝」思想。

《墨辯》反對此說，其言曰：

> 謂辯無勝，必不當。說在辯。（〈經下〉）
> 謂：「所謂非同也，則異也。同則或謂之狗，其或謂之犬也；

> 異則或謂之牛，牛或謂之馬也。俱無勝。」是不辯也。辯也
> 者，或謂之是，或謂之非，當者勝也。（〈經說下〉）

《墨辯》在此提出兩個反對「辯無勝」的理由。第一個理由是邏輯意義的：如果任何辯論都沒有勝方，那麼「辯無勝」作為一種辯論，也不可能是勝方。然而「辯無勝」的論旨本身，卻是以己為是，並自立為勝方。由這個角度看，「辯無勝」所反對的觀點，恰好是它本身賴以成立的觀點，這樣的立場，顯然是自我否定（self-refuting）的。

第二個理由則是經驗意義的。《墨辯》主張，辯論必定圍繞是非來進行，而以合於是者為勝，不合者為負。據此，《墨辯》似預認了有一客觀是非標準的存在，以作為衡量勝負的基礎。墨子著名的「三表」，即此客觀的是非標準：

> 言有三表。何謂三表？子墨子曰：「有本之者，有原之者，有
> 用之者。」於何本之？上本之於古者聖王之事。於何原之？下
> 原察百姓耳目之實。於何用之？發以為刑政，觀其中國家百姓
> 人民之利。此所謂言有三表也。（〈非命上〉）

「表」就是標準。據墨子，一個言論的正當性，取決於它是否符合以下三個標準：一是「本之於古者聖王之事」——言論要合乎古聖王（特別是夏禹）的施政；二是「下原百姓耳目之實」——言論要合乎百姓的生活經驗；三是「發而為刑政，觀其中國家百姓人民之利」——言論的應用要能引發良好社會效應。這三個「言表」，顯然都是經驗性的標準。或許在《墨辯》看來，辯論若能合乎墨子的三表，便是「當」的，便是「勝」方。既如此，又怎能說「辯無勝」呢！

2　斥道家「言盡誖」之說

對語言的反省，在先秦各家中，除名家外，當以道家為最力。其反省的結果，乃語言之不可信任。如老子謂「道可道，非常道；名可名，非常名」（第一章）、「不言之教」（第二章）、「知者不言」（第八十一章）；莊子謂「辯也者，有不見也」（〈齊物論〉）、「大辯不言」（〈齊物論〉）、「道不可言，言而非也」（〈知北遊〉）等，俱表述這種思想。譚戒甫先生認為前述老莊之言「似皆以言為盡誖者」，故《墨辯》「非之也」。[23] 此見良是。故順其說以論之。

《墨辯》曰：

> 以言為盡誖，誖。說在其言。（〈經下〉）
> 以：誖，不可也。出入之言可，是不誖，則是有可也。之人之言不可，以當，必不審。（〈經說下〉）

「誖」通「悖」，悖謬也。說道家「以言為盡誖」，就是說道家主張一切言說都是悖謬的，永無成立的可能。老子以為語言無法充分表述世界，莊子以為辯論的活動對事理總有所遺漏，多少帶些「言盡誖」的意味。《墨辯》不以此說為然。它指出：如果所有言說俱為悖謬，那麼「言盡誖」既屬言說，故亦為悖謬，而不得成立。「以言為盡誖，誖」的後一「誖」字，就是指「以言為盡誖」本身也是一種悖謬。循此方式檢視「道可道，非常道」之說，老子顯然是自我否定的——倘若說道不可道（道不可被談論），那老子正好是以「不可道」一片語來道出了道的某種性格，這反而佐證了道是「可道」的。「辯也者，有不見也」也有相同的困難。其大意是：任何辯說都只是

---

23 譚戒甫：《墨辯發微》，頁334。

一曲之見。但這樣一來,「辯也者,有不見也」這句話本身也是一曲
之見。如果「一曲之見」意味該辯說不是真理,那麼「辯也者,有不
見也」亦非真理。我們是沒有理由接受它的!

〈經說下〉順著「自我否定」之說,指出「言盡誖」必須面臨兩
難困境:「言盡誖」要麼是不悖謬之言,要麼是悖謬之言。如果「言
盡誖」是不悖謬之言,就表示至少有一個言說是不悖謬的,但這樣一
來,「言盡誖」就不能成立。而如果「言盡誖」是悖謬之言,那麼它
既然是悖謬的,自也不得成立。合言之,無論「言盡誖」是否悖謬之
言,都是不能成立的。

3 斥無名辯者「火不熱」之說

《莊子》〈天下〉收錄了當時辯者的一些言論,學界多稱作「辯
者二十一事」。當中有「火不熱」一語。一般認為,辯者意在區分
「火」和「熱」的不同存有地位:火是客觀的物理現象,熱則是人主
觀的感覺。人觸火則熱,不觸則不熱。可知熱不是火的客觀性質。

《墨辯》駁之曰:

> 火熱,說在頓。(〈經下〉)
>
> 火:謂火熱也,非以火之熱我有,若視日。(〈經說下〉)

「頓」即「屯」,貯也,止也。[24]在《墨辯》看來,熱是貯住於火
之中的,是火的本性,火熱二者密不可分。因此,以火之熱為人的感
覺(以火之熱我有),是對火熱關係的誤解。

辯者的「火不熱」之論,近於西方哲學的經驗主義學說。經驗主

---

24 陳高傭:《墨辯今解》,頁198。

義者如洛克（John Locke, 1632-1704），主張事物的性質至少可分作兩種：「初性」（primary qualities）是事物固有的性質，如形態、密度、質能等；「次性」（secondary qualities）則是事物對生物的感覺官能所引起的反應，如溫度、顏色、聲音等。據此，「熱」屬於次性，非事物自身所固有，而是生物被事物引發的感覺。所以在經驗主義者的角度，「火不熱」一論旨是成立的。經驗主義者主張，面對「火」這個物理現象，我們只看到（或利用儀器偵測到）空氣分子的急速磨擦，而看不到它含有「熱」這個物事。然而，當我們接近火，或遇到空氣分子的急速磨擦，「熱」的感覺便會冒現，可知「熱」乃是客觀事物或物理現象刺激我們的感覺官能而有的效果。也就是說，從經驗的角度看，「熱」不具有客觀實在性。

　　如果辯者的立場可稱作哲學的經驗主義，那麼《墨辯》的立場就可名為常識的經驗主義。《墨辯》在許多哲學問題上均採取常識的經驗主義進路，以反擊其他名家人物之說，如「堅白不相外」（〈經上〉）、「白馬，馬也」（〈小取〉）等，均為著例。以「火熱」駁斥「火不熱」，亦是相同的進路：蓋遇火則熱，是一般人的生活經驗；故以火為熱，乃一般人的常識。常識是生活的指南。喜熱則生火，懼熱則避火，以火必熱故。今曰「火不熱」，大玩概念遊戲，對生活的指導，有何助益可言？

第六章
陰陽家哲學

一　概說

　　陰陽家所以別異於先秦各家者，在其「天人感應」之學術主張。約分之，其說有二。一謂宇宙運行和陰陽消長本有既定的律則和節拍，大至國家政令，小至個人言行，與之相適相應，則天人和睦，倘不然，自然界必見非常之變以應之。如是自然界之殊異反應，對人類社會之作為及走向，遂起一警策作用。《呂氏春秋》「十二紀」，述其說最詳。另一則謂凡聖人降世，或帝王將興，天地間必見嘉應、祥瑞之證驗。騶衍「符應」思想，足為此說代表。下文敘略陰陽家哲學，蓋以此二說為主要範圍也。

　　戰國之時，陰陽家流被甚廣。大抵晚世以前，陰陽家多寄生於其他學派。如郭店楚墓竹簡中的〈太一生水〉，公認戰國中期道家著述，唯若干學人亦不否認其受陰陽家思想之影響。[1]作為儒家文獻的

1　有關〈太一生水〉與陰陽家思想之關係，可參蕭漢明：〈〈太一生水〉的宇宙論與學派屬性〉，《學術月刊》第391期（2001年12月），頁32-37；彭浩：〈一種新的宇宙生成理論——讀〈太一生水〉〉，收入武漢大學中國文化學院編：《郭店楚簡國際學術研討會論文集》（武漢市：湖北人民出版社，2000年），頁538-545。又丁四新先生創一新說，以為業經整理出版的〈太一生水〉乃竹簡整理小組將主題不同的兩篇文字誤合為一。他主張前八簡為獨立主題的一篇，仍名為〈太一生水〉，其主調為陰陽家；其集簡文則為另一篇，他暫名為「天地名字」，此篇方為道家著作。參讀丁四新：〈楚簡〈太一生水〉研究——兼對當前〈太一生水〉研究的總體批評〉，收入丁四新主編：《楚地出土簡帛文獻思想研究（一）》（武漢市：湖北教育出版社，2002年），頁234-246。

《易傳》，當中〈繫辭傳〉、〈彖傳〉的陰陽家色彩尤為顯明。此外，《墨子》〈非攻下〉有關「赤烏銜珪，降周之岐社，曰天命周文王，伐殷有國」之符應記述，[2]及《管子》〈封禪〉中管仲以「不召而瑞物自至」作為侯王封禪之要件，以此勸退桓公，[3]俱反映陰陽家在各流派中的滲透。迄晚世，有騶衍其人，於陰陽家既集舊說，亦創新意，陰陽家獨立的學術地位，至此始得確立。秦世多言讖驗，「讖」者「詭為隱語，預決吉凶」[4]之謂，為摻雜鬼神迷信成分之預言。西漢中葉，時君尊經，「緯」書紛起。「緯」實即附「經」之讖也。[5]籠統言之，秦世兩漢之「讖緯」，不外騶衍「符應」說之流裔與蛻變。是可見陰陽家於漢代學術之形塑耳。

《漢書》〈藝文志・諸子略〉載陰陽家文獻凡二十一家，共三百六十九篇。全佚。考陰陽家之大旨及騶衍遺說，僅零星散見於《禮記》、《呂氏春秋》、《史記》、《漢書》、《春秋繁露》、《論衡》、兩漢讖緯類典籍及前引先秦文獻。

2　案燕齊方士雖宗騶衍，唯其品流博雜，當中不乏墨家之徒。此條或即方士中之墨者據騶衍之說竄入。說見陳槃：〈論早期讖緯及其與騶衍書說之關係〉，收入陳槃：《古讖緯研討及其書錄解題》（上海市：上海古籍出版社，2010年），頁132。

3　此條以聖王之興，天地必現祥瑞，顯然自騶衍「符應」說轉手而出。如陳槃先生即謂：「管子多戰國間人思想，封禪篇之文，侈陳符應，尤與鄒子及其徒方士說近，殆不能甚早。」洵為的論。說見陳槃：〈秦漢間之所謂「符應」論略〉，《歷史語言研究所集刊》第16本（1947年），頁15。

4　〔清〕永瑢、紀昀等撰：《四庫全書總目提要（第一冊・經部）》（臺北市：臺灣商務印書館，1983年），頁158。

5　關於讖、緯之先後關係，及緯書之讖驗性質，參讀陳槃：〈讖緯釋名〉，《歷史語言研究所集刊》第11本（1943年），頁297-316。

二　《呂氏春秋》中《十二紀》的「月令說」

　　《呂氏春秋》為秦相呂不韋召門人賓客所著，分《十二紀》、《八覽》、《六論》，凡百六十篇，二十餘萬言，以為備天地萬物古今之事（《史記》〈呂不韋列傳〉）。其書學派歸屬，言人人殊，班固《諸子略》列入雜家，學人之間視作儒家、道家、墨家、陰陽家、黃老之學者皆有之。唯《十二紀》主調在陰陽家，則論者殆無異議。

　　《呂氏春秋》之編次，以《十二紀》為首出。《十二紀》即《孟春紀》、《仲春紀》、《季春紀》、《孟夏紀》、《仲夏紀》、《季夏紀》、《孟秋紀》、《仲秋紀》、《季秋紀》、《孟冬紀》、《仲冬紀》、《季冬紀》。每紀凡五篇。每紀之首篇，與該紀同名，即〈孟春〉、〈仲春〉、〈季春〉、〈孟夏〉、〈仲夏〉、〈季夏〉、〈孟秋〉、〈仲秋〉、〈季秋〉、〈孟冬〉、〈仲冬〉、〈季冬〉。此十二篇蓋即《禮記》的〈月令〉。[6]為便於討論，姑以「月令說」稱謂此十二篇的基本內容。

　　《十二紀》中每紀之首篇，就是根據該月的特殊天候和自然界的活動軌跡，來訂立政治事務和社會活動的規矩和禁忌，此即所謂「令」。不同月份，天候各異，自然界的活動軌跡也相殊別，故「令」亦各各不同。簡言之，要遵守的規矩和要避免的禁忌，是隨著月份的推移而轉換的。這種以天道作為強制性來限定人事的思路，正是陰陽家言天人關係重要一環。尤當注意者，《十二紀》各首篇末段，均謂違反當月之令，自然界必出災異。此一天人感應思想，正為陰陽家哲學主體之所在也。

　　茲以〈孟春〉篇略明其義。文曰：

6　自漢及唐，論者多以《禮記》〈月令〉乃刪合《呂》書《十二紀》各首篇而成。而《十二紀》各首篇，其所本者，蓋古農書與陰陽家說之相雜也。相關引介及討論，參讀陳奇猷：《呂氏春秋校釋》，頁3-4。

孟春之月：日在營室，昏參中，旦尾中。其日甲乙。其帝太
皞。其神句芒。其蟲鱗。其音角。律中太蔟。其數八。其味
酸。其臭羶。其祀戶。祭先脾。東風解凍。蟄蟲始振。魚上
冰。獺祭魚。候雁北。天子居青陽左個，乘鸞輅，駕蒼龍，載
青旂，衣青衣，服青玉，食麥與羊。其器疏以達。

是月也，以立春。先立春三日，太史謁之天子曰：「某日立春，
盛德在木。」天子乃齋。立春之日，天子親率三公九卿諸侯大
夫以迎春於東郊。還，乃賞公卿諸侯大夫於朝。命相布德和令，
行慶施惠，下及兆民。慶賜遂行，無有不當。迺命太史，守典
奉法，司天日月星辰之行，宿離不忒，無失經紀，以初為常。

是月也，天子乃以元日祈穀於上帝。乃擇元辰，天子親載耒
耜，措之參於保介之御間，率三公九卿諸侯大夫躬耕帝籍田，
天子三推，三公五推，卿諸侯大夫九推。反，執爵于太寢，三
公九卿諸侯大夫皆御，命曰「勞酒」。

是月也，天氣下降，地氣上騰，天地和同，草木繁動。王布農
事：命田舍東郊，皆修封疆，審端徑術，善相丘陵阪險原隰，
土地所宜，五穀所殖，以教道民，必躬親之。田事既飭，先定
準直，農乃不惑。

是月也，命樂正入學習舞。乃修祭典，命祀山林川澤，犧牲無
用牝。禁止伐木，無覆巢，無殺孩蟲胎夭飛鳥，無麛無卵，無
聚大眾，無置城郭，掩骼霾髊。

是月也，不可以稱兵，稱兵必有天殃。兵戎不起，不可以從我
始。無變天之道，無絕地之理，無亂人之紀。

孟春行夏令，則風雨不時，草木早槁，國乃有恐。行秋令，則
民大疫，疾風暴雨數至，藜莠蓬蒿並興。行冬令，則水潦為
敗，霜雪大摯，首種不入。

　　撤除文中君臣禮儀的繁瑣形式規定不論，〈孟春〉篇的重點有
二：一者，春天正月有其特殊天候和自然界活動，人事必當順隨，不
可強逆。如其時萬物初生，有待孵養，故禁伐木材、禁捕胎卵，不可
興土木，不可起兵戎。這是根據當月之殊況而訂立相關之政令。二
者，倘行事有違孟春之令，必遭受災難性之異象。如孟春之時，依常
態言之，本風雨和順，草木滋繁。倘行夏令，則有風雨不時、草木枯
槁之險；行秋令，更有瘟疫至、風雨暴之厄。在陰陽家看來，悖謬的
政治事務和社會活動將打亂自然界的節律，從而引發天地之間的不常
之變，這種不常之變，同時是對人類生活的反噬。

　　基本上，《十二紀》各首篇都是透過相同的論述結構表達相關的
思想觀念：人事之於天道，只能順，不能逆。順之則昌，逆之者，天
必有所感應，而以災異敗之。這種天人之學，是兩漢史家總結先秦學
術時，對陰陽家的主要理解。如司馬談謂陰陽之術是「大祥而眾忌
諱，使人拘而多所畏；然其序四時之大順，不可失也」，班固謂陰陽
家「敬順昊天，歷象日月星辰……牽於禁忌，泥於小數，舍人事而任
鬼神」，其與《十二紀》的月令說，顯然同脈相承。[7]

―――――――――

7　在此，應先討論曹峰先生對陰陽家及騶衍之學的理解。曹先生分陰陽家為二型：一
　　者，以五行相剋理論解釋朝代更替，其代表為騶衍。二者，強調天道的數度與禁
　　忌，要人的行為完全遵從天地之道，其代表為掌握天文曆算、從事「天官」之職、
　　深諳陰陽消長者，《呂氏春秋》的《十二紀》為其典型文獻。曹先生復作一重要論
　　斷：司馬談和劉歆、班固心目中陰陽家的一般面貌，在後者而非前者。今人談論陰
　　陽家，反以騶衍學說為先，可謂本末倒置。相關討論詳參曹峰：《文本與思想：出
　　土文獻所見黃老道家》，頁91-95。案：曹先生此論，可商榷者有三。一者，司馬
　　談、班固談論陰陽家，重在天文曆算、四時禁忌，而未及於五德終始，只是舉其大
　　略，並不表示騶衍之學，在陰陽家中屬不相干之外緣部分。次者，史遷言騶衍之
　　學，尚有所謂「機祥度制」、「陰陽消息」者，陳槃先生以為屬於「律歷之數與天官
　　占候之事」，此正與《史》、《漢》所言陰陽家性質相容。三者，騶衍有《主運》一
　　書，古代論者如王應麟，當代史家如錢穆、陳槃諸先生等，多以其說近《禮記》之
　　〈月令〉。如上所述，〈月令〉乃襲《呂氏春秋》《十二紀》各首篇而成。是則騶衍

三　騶衍的「符應」思想

（一）騶衍的生平

　　騶衍，齊人，為稷下學宮先生，號「談天衍」（《漢書》〈藝文志・諸子略〉）。「談天」者「善言天道」之謂。騶衍地位貴重，深受列國諸侯禮遇，燕昭王更築碣石宮，執弟子禮師之（《史記》〈孟子荀卿列傳〉）。以言學術，史遷謂「騶衍以陰陽主運顯於諸侯」（《史記》〈封禪書〉），又謂其「作主運」（《史記》〈孟子荀卿列傳〉）。是則騶衍有《主運》一書。錢穆先生引王應麟言，謂《主運》當出自《漢書》〈藝文志・諸子略〉所載《鄒子四十九篇》。[8] 陳槃先生以《封禪書集解》引如淳「今其書有《主運》，五行相次轉用事，隨方面為服」之語，及《周禮》載鄭司農引《鄒子》「春、夏、季夏、秋、冬取火」之文，進而斷定騶衍亦採五行相生義，其說有近於《禮記》之〈月令〉者。[9] 史遷又謂「騶子之徒論著終始五德之運」（《史記》〈封禪書〉）、「騶衍……乃深觀陰陽消息而作怪迂之變，終始大聖之篇十

之學，非終始五德所能盡。又王夢鷗先生更謂《十二紀》之四時政令，實本於騶衍陰陽五行學說中的「小五行」義。若然，則騶衍固屬橫跨陰陽家二型人物。整體言之，曹先生區隔上述兩類陰陽家之學說，要在指出《史》、《漢》所言，方為陰陽家之一般面貌，騶衍之流，只是殊類而非正統。但從上述三點得知，騶衍論學，亦涉天文曆算、四時禁忌，強分二型，似屬不必。要釐清騶衍在陰陽家中的地位，或許應該擺脫「終始五德」的既定印象，重新審視其學說的整體面目。將「終始五德」定位為陰陽家學說之大宗固屬偏見；唯以「終始五德」為準據，弱化騶衍在陰陽家中的地位，反會落入另一種片面性中去。上引各學人觀點分見：陳槃：〈秦漢間之所謂「符應」論略〉，頁4；陳槃：〈論早期讖緯及其與騶衍書說之關係〉，頁127；錢穆：《先秦諸子繫年》，頁499；王夢鷗：《鄒衍遺說考》（臺北市：臺灣商務印書館，1967年），頁56。

8　錢穆：《先秦諸子繫年》，頁499。

9　陳槃：〈論早期讖緯及其與騶衍書說之關係〉，頁127-128。

餘萬言。……稱引天地剖判以來，五德轉移，治各有宜，而符應若茲」（《史記》〈孟子荀卿列傳〉），當中「論著終始五德之運」、「終始大聖之篇」云者，學界多以為出於《漢書》〈藝文志·諸子略〉所載《鄒子終始五十六篇》。所謂「終始五德」之說，是以朝代的興亡更替，乃土、木、金、火、水五行相勝關係支配之結果。當中涉及符瑞嘉應、天人交感、物類相召之論，故史遷以「符應若茲」稱之。此一「符應」說，於董仲舒之儒學，及秦世兩漢長達數百年的讖緯之學，其影響之深廣，實無可計數。

符應說以外，騶衍又有大九州之想像，以天下凡九州，中國居其一，名曰赤縣神州（《史記》〈孟子荀卿列傳〉）。復有《重道延命方》一書，言神仙之事及煉金之術（《漢書》〈楚元王傳〉）。唯所涉皆陰陽家學說外緣，今從略。

（二）騶衍的「終始五德」說

所謂「符應」，陳槃先生嘗言及三事，分別是「天人之所感召」、「福祥之所表徵」、「不期而物自至」。[10]自根柢言之，其實止在「福祥之所表徵」一事。蓋「符」者「福祥」也，「應」者「表徵」也。所謂「天人感召」、「不期物至」云者，特就表徵福祥之形式言之耳。夫福祥之大者，莫如帝王將興、朝代新立。此則騶衍「終始五德」說之所主。故史遷既以「五德轉移，治各有宜」述騶衍之學，亦以「符應若茲」四字崇其義。陳槃先生亦謂：「原夫符應思想，本與五帝德說互為因果。有德者必有符，有其符，是以知其德。二事似不可分。」[11]準此，終始五德說實騶衍「符應」思想之集中體現也。

---

10 陳槃：〈秦漢間之所謂「符應」論略〉，頁13。

11 陳槃：〈秦漢間之所謂「符應」論略〉，頁1-2。

　　騶衍書今不傳。其所謂「終始五德」、「五德轉移」，見於《呂氏春秋》《有始覽》中之〈應同〉篇。學者多以為是騶衍遺說。[12]文曰：

> 凡帝王者之將興也，天必先見祥乎下民。黃帝之時，天先見大螾大螻，黃帝曰「土氣勝」，土氣勝，故其色尚黃，其事則土。及禹之時，天先見草木秋冬不殺，禹曰「木氣勝」，木氣勝，故其色尚青，其事則木。及湯之時，天先見金刃生於水，湯曰「金氣勝」，金氣勝，故其色尚白，其事則金。及文王之時，天先見火，赤烏銜丹書集於周社，文王曰「火氣勝」，火氣勝，故其色尚赤，其事則火。代火者必將水，天且先見水氣勝，水氣勝，故其色尚黑，其事則水。水氣至而不知，數備，將徙于土。天為者時，而不助農於下。類固相召，氣同則合，聲比則應。鼓宮而宮動，鼓角而角動。平地注水，水流溼。均薪施火，火就燥。山雲草莽，水雲魚鱗，旱雲煙火，雨雲水波，無不皆類其所生以示人。故以龍致雨，以形逐影。師之所處，必生棘楚。禍福之所自來，眾人以為命，安知其所？

　　所謂「五德」，即土、木、金、火、水五行，代表構成天地萬物的五種基本物質元素。所謂「終始」，即依土為木所剋、木為金所剋、金為火所剋、火為水所剋、水為土所剋的五行之間的「相勝」關係所支配的循環歷程。依騶衍，包括人間事務在內的宇宙萬象，在結構上，俱由五行所構成，而在活動上，俱由其相勝關係所支配。國運

12　此論為清人馬國翰首倡。說見〔清〕馬國翰輯：《玉函山房輯佚書（五）》（臺北市：文海出版社，1967年），頁2829。陳槃先生承其說，復引《史記》〈封禪書〉、劉向《別錄》及諸讖緯書以證之，參讀陳槃：〈論早期讖緯及其與騶衍書說之關係〉，頁123-125。

之興替、朝代之更迭，為人間事務之至宏至大者，固不能自外於「終始五德之運」。由黃帝、夏禹、商湯、周文王一路下來的王朝更替過程，在騶衍看來，就是木代土而興、金代木而興、火代金而興的五行相勝關係的輪轉。且周為火德，代之興者必水德。水德在現實政治中理應歸於何方勢力，騶衍心中想法未必具體。至於秦始皇蕩平六國，創空前之一統，自居水德之始，以代周之火德，則可見騶衍「終始五德」之學，已從理論介入實際了。[13]

至若五德之歸屬，又與「符應」關係殊密切。蓋凡帝王將興，自然界必見特異之朕兆。如黃帝時，有蚯蚓螻蛄巨大異常，皆土物，故黃帝所獲者，乃土德之瑞。夏禹時，草木終年暢茂，顯為木德之祥。故夏木代黃帝朝而起。商湯時，金銀溢滿河川，此則金德之驗。故商金代夏木而起。文王時，火見於天，復有赤色鴉雀含丹書集於周室社廟，蓋為火德之象。故周火代商金而起。夫螾螻出土、草木不凋、水溢金刃、赤鳥集社，乃自然界受人間影響所致的預示性之反應，故為「天人之所感召」。且眾物皆異物，非物理之常，其見無可逆料，故為「不期而物自至」。又此數事，意味新聖人、新王朝之誕生，故為「福祥之所表徵」也。

騶衍言「符應」，固非止帝王相代的「終始五德」一途。如陳槃先生所云：

> 然鄒氏所說與夫讖緯之所由承繼者，當不止此。玩鄒書所謂「禨祥度制」、「陰陽消息」者，本律歷之數與天官占候之事，今讖緯符應之說諸云，「政理太平，則時日五色」；「日含王

---

13 關於騶衍「水德」之位空置的問題，以及秦、漢二政權在五德屬性上的歷史爭論，參讀孫廣德：《先漢兩漢陰陽五行說的政治思想》（臺北市：臺灣商務印書館，1993年），頁123-130。

字,則君臣和同,萬邦協和」;「天子動容周旋中禮,則日月五星,不敢縱橫」之等,疑是其類也。[14]

夫如是,則騶衍的「符應」思想,亦就人事有平和之兆,則天道有吉祥之驗而言也。

---

14 陳槃:〈秦漢間之所謂「符應」論略〉,頁4。

第七章
兩漢史家對先秦哲學的分類與命名

一　概說

以學派為單位梳理先秦諸子及其文獻，是中國哲學史上一個慣用方式。這個方式，秦楚以前僅具雛型。[1]至漢人撰史，董理舊說，其規模始立。一般認為，西漢司馬談的〈論六家要旨〉有開創之功。東漢班固撰《漢書》，中有《諸子略》一部，在「六家說」的基礎上，提出更全面的「十家說」。本章以這兩位漢代史家的研究為範圍，引介「六家說」和「十家說」的基本內容，並評析兩者之長短得失。

二　司馬談的〈論六家要旨〉

司馬談（？至西元前110年）是西漢早期政治人物。其子即《史記》作者司馬遷。據《史記》的〈太史公自序〉載，司馬氏祖先遠在堯、禹時即「典天官事」，也歷任周室太史。太史是執掌天文地理、曆法文獻的官職，涵蓋了天官的工作性質。故司馬家族可說是以史官為祖業。司馬談本人即曾在漢武帝的建元、元封（西元前140年至西元前110年）年間擔任太史一職。司馬談想仿傚孔子作《春秋》而撰史，又認為本朝昇平，海內一統，將如此盛況記述下來乃是史家之

1　《荀子》〈非十二子〉和《莊子》〈天下〉對先秦諸子的評論，已有將諸子依思想傾向的相近性進行歸類工作的意味。然而這只算作是學派分類的「雛型」而非「系統」。詳下文所論。

責。元鼎五年秋至元封元年春（西元前112年至西元前110年）的兩年多間，武帝遣兵解放西南之地，「西征巴、蜀以南，南略邛、筰、昆明」，以為功蓋古今，故於泰山舉辦封禪大典。惜司馬談未獲邀請，「不得與從事，故發憤且卒」，臨終前與司馬遷會面，慎重交託撰史之重任。司馬談遺著，僅有被收錄在〈太史公自序〉中的〈論六家要旨〉一文。

（一）司馬談的「六家說」

在〈論六家要旨〉中，司馬談將先秦的哲學思想概括為六個學派，分別是陰陽家、儒家、墨家、法家、名家、道家。他指出，正如《易傳》〈繫辭傳〉所說的「天下一致而百慮，同歸而殊塗」，先秦六家的主張不一、言論互異，但卻有著相同的目的，那就是「務為治」——希望為政治社會重新建立秩序。而在六家之中，司馬談最推崇道家。他認為道家以外的五家各有得失，而以道家盡收五家之所長，是各家當中最圓滿無瑕的哲學。又司馬談評述道家時，特地將儒、道二家作出比較，宣稱儒家無法達到的政治果效，俱可在道家學說中得到實現。此一道家本位立場及反映漢初儒、道對立的思路，是〈論六家要旨〉一大特色。

司馬談的討論方式是：先扼要指出六家的得失，然後分六個段落對這些得失作出較細緻的說明。以下依司馬談的順序逐一引介、討論其六家之說。

1 陰陽家

司馬談對陰陽家的評論是：

> 嘗竊觀陰陽之術，大祥而眾忌諱，使人拘而多所畏；然其序四時之大順，不可失也。

夫陰陽，四時、八位、十二度、二十四節，各有教令，順之者
昌，逆之者不死則亡。未必然也。故曰「使人拘而多畏」。夫
春生、夏長、秋收、冬藏，此天道之大經也，弗順則無以為天
下綱紀。故曰「四時之大順，不可失也」。

司馬談指出，陰陽家著重研究星體運行、季節特徵、地理方位等
自然界的物事，也為一日和一年的時間分別設計「十二時辰」、「廿四
節氣」等計算單位。星體、節候的運行和變化，或地理方位處在不同
時辰或節氣，所涉及之吉凶禍福實彼此不同，此即「大祥而眾忌
諱」——祥即吉、福，忌諱即凶、禍。而為求趨吉避凶，陰陽家特意
制訂繁瑣而神秘的條文，嚴令人們必須遵守。可以說，陰陽家是在對
宇宙時空或自然現象的研究基礎上，進一步將之與人事活動連繫起
來，從而使其理論對人事活動發揮規範和制約的作用。

陰陽家這些看法，將自然界的物事在時空中的升降變動看做是人
事上吉凶禍福的徵兆，順逆之間，竟關乎生死，故形成人們沉重的心
理壓力，讓生活變得諸多制肘。這是陰陽家的缺點。但其對季節特徵
的研究，卻能為統治者的農事管理提供指導，進而保障百姓的衣食。
這種藉著「序四時之大順」而輔助統治者「以為天下綱紀」的功能，
則是陰陽家至為優勝之處。

2　儒家

司馬談對儒家的評論是：

儒者博而寡要，勞而少功，是以其事難盡從；然其序君臣父子
之禮，列夫婦長幼之別，不可易也。
夫儒者以六藝為法，六藝經傳以千萬數，累世不能通其學，當

年不能究其禮，故曰「博而寡要，勞而少功」。若夫列君臣父
子之禮，序夫婦長幼之別，雖百家弗能易也。

司馬談認為儒學根本在於六經。六經即詩、書、禮、樂、易、春
秋之謂。先孔子世，六經版本不一，篇卷繁雜，故士子之學習，倍加
困難。繼孔子的編纂刪訂，六經遂有流通的定本，而士子亦知所適
從。尤需注意者，「孔子刪六經」云云，非止於去除重複或點定文句
的形式性工作，孔子的政治理念及文化關懷，實亦扎根於此。故六經
實包含孔子的哲學。而「經」雖止六部，作為經的解說的「傳」卻多
不勝數。蓋漢初有博士官之設，諸子百家中通一經即為博士，迄武帝
朝，博士官更只限通儒家五經者。在官學合一影響下，士子為求仕
進，不得不以五經為事，立傳解經遂成潮流。司馬談所稱「六藝經傳
以千萬數」，即指此而言。

「六藝經傳以千萬數」有兩方面的缺失。首先，儒家經傳太過龐
雜，窮一生也無法卒讀，故曰「勞而少功」——花的氣力雖多，收穫
卻不成正比。其次，每種對經的解說都代表一種家法，而家法各各有
別，無法通約，甚難判別何者最得五經之真義，此為「博而寡
要」——接觸的文獻雖廣，但卻無法從中把握儒學的要旨。合言之，
在司馬談看來，即便儒家經傳的學習是進入儒學堂奧的門徑，但這顯
然不是一個便捷的、具實效性的門徑。

然而，儒家亦有其他學派所不及的優勢。譬如說，儒家擅長劃分
政治等級和倫理等級，在這些等級中，各社會成員均被賦與相應的權
利和責任，包括他們在扮演不同的政治角色或倫理角色時應有的情感
表達、言行態度、儀容動作等。政治和倫理的秩序，即在這些不同角
色的往來互動中構成和維繫。簡言之，儒家的長處，在妥善安頓各種
人際關係。此一貢獻，非其他學派所能超越。

3　墨家

司馬談對墨家的評論是：

> 墨者儉而難遵，是以其事不可遍循；然其彊本節用，不可廢也。
> 墨者亦尚堯舜道，言其德行曰：「堂高三尺，土階三等，茅茨
> 不翦，采椽不刮。食土簋，啜土刑，糲粱之食，藜藿之羹。夏
> 日葛衣，冬日鹿裘。」其送死，桐棺三寸，舉音不盡其哀。教
> 喪禮，必以此為萬民之率。使天下法若此，則尊卑無別也。夫
> 世異時移，事業不必同，故曰「儉而難遵」。要曰「彊本節
> 用」，則人給家足之道也。此墨子之所長，雖百家弗能廢也。

司馬談對墨家的理解側重在其經濟思想上。他認為墨家重「儉」，
儉者節省用度、不事浪費之謂。這種重儉精神非墨家首倡，乃是對堯
舜聖人之道的繼承。夫堯舜之世，食衣住行，概以節約為本，墨家循
之，以為喪葬事宜，愈簡愈好，無需大肆鋪張。蓋人死而無知無情，
不懂歌舞之美，儀隊送葬，即無意義；又人死而血肉腐朽，以三寸桐
棺之薄作形式上的覆蓋，方不致造成太多資源浪費也。

然重儉之說，照搬古聖人生活方式，卻是太因循守舊了。依司馬
談意，「世異時移，事業不必同」，現實條件有變，國家的施政就得隨
時調整。堯舜之時物質匱乏，故其提倡重儉，乃是時代的限制；而漢
朝立國，重休養生息，歷文景治世，財力積蓄已厚，一味重儉，既不
合時宜，也不符國情，這是墨學所以「儉而難遵」之所在。且為求上
行下效，堯舜重儉，強調身體力行，「為萬民之率」。但是，倘使統治
階層也得過著與草根階層無異的清苦生活，統治階層的優越和貴重便
無法彰顯。由重儉所附帶衍生的這種「尊卑無別」的結果，實不符合
大一統的漢朝君主的政治需求，故司馬談亦一併反對之。

當然，節省用度開支，強固經濟基礎，便有餘力補助百姓的生活。墨子此一貢獻，無人能夠輕易否定。

4 法家

司馬談對法家的評論是：

> 法家嚴而少恩；然其正君臣上下之分，不可改矣。
> 法家不別親疏，不殊貴賤，一斷於法，則親親尊尊之恩絕矣。
> 可以行一時之計，而不可長用也。故曰「嚴而少恩」。若尊主卑臣，明分職不得相踰越，雖百家弗能改也。

在司馬談，法家有「嚴而少恩」之失。法家人物如商鞅輩論刑法之「嚴」，主要是小罪重罰或以國家機器壓縮人民生活空間的意思；而司馬談所謂「嚴」，則是指「不別親疏，不殊貴賤，一斷於法」，即法令的制訂和執行將地位高下和私情遠近等人身因素排除在外。依此，法家之「嚴」，除「嚴厲」、「苛刻」這些典型的意義外，司馬談似更有意突顯其「公平性」或「公正性」的面向。「恩」則是指「親親尊尊」。「親」兼指血緣關係和深厚交誼，「尊」同括貴族身分和統治階層。而所謂「親親」、「尊尊」者，就是說凡與我有血緣關係和深厚交誼者，或其擁有貴族身分和處於統治階層者，我對其利益的考慮相對於其他人際關係而言，應當賦與較高的優先性。在司馬談的脈絡中，這是說法令的制訂必須納入親親尊尊的因素，或至少在法令的執行上，親親尊尊必須成為賞罰考量的重點。可以想像，這一意義的「親親尊尊之恩」與法令的「嚴」或公正性是不能相容的，故司馬談評曰「嚴而少恩」——即法家只著眼於立法、執法的公正性，完全把「親親尊尊」視為立法、執法的不相干因素。

要注意的是，當司馬談說法家「嚴而少恩」時，他是將之視為法家的一項缺失。其所以為缺失者，或可從「可以行一時之計，而不可長用」的評語中得之──司馬談似認為，在戰國動亂時期，立法、執法的公平公正可有效凝聚人民的力量，快速增進國家利益。但政權的持續和社會的穩定，並不能單靠法的公平建立和貫徹執行，倫理關係的經營和執政團隊的整體利益也當在考量之列，而後者往往涉及立法、執法上的差別待遇。政治是一門利益分配的藝術，所以在劃一全體社會成員的「法治」原則和優待親尊成員的「親親尊尊」原則之間必須保留若干彈性。而法家由於完全缺乏這種彈性，故激起社會的對立，只待時間的早晚。司馬談正是在「嚴而少恩」所引申出來的「不可長用」的後果上，認定「嚴而少恩」屬於法家的一項缺失。

當然，法家亦有優於各家之處。這主要有兩點可說。首先是鞏固君權。司馬談說法家「正君臣上下之分」和「尊主卑臣」，認為法家的長處在明確劃分君主和臣子的上下等級，並藉由這種劃分保證臣子對君主的絕對服從。其次是百官職分明確，不可互相干預，甚或隨意相代，此即「明分職不得相踰越」。蓋國家事務繁多，眾官員在其崗位上分別承擔不同的專業和責任。對其他同僚指手劃腳，在干預別人事務的同時，也等於耽擱自己的工作進度，這對國家的發展，至為不利。法家有見於此弊，規定官員之間各司其職，不能互相踰越。司馬談認為，法家這兩個優點有其政治上的普適性，其他學派即使立場不同，也不能對此輕易否定。

5　名家

司馬談對名家的評論是：

> 名家使人儉而善失真；然其正名實，不可不察也。

> 名家苛察繳繞，使人不得反其意，專決於名而失人情，故曰使
> 人儉而善失真。若夫控名責實，參伍不失，此不可不察也。

　　名家的缺點是「使人儉而善失真」。「儉」即吹毛求疵、鑽牛角
尖。名家所以使人變得如此，是由於名家「苛察繳繞」──與人爭辯
或建構理論，專好咬文嚼字，講究辨析精細，卻自以為觀察入微，富
有創見。但結果卻使得學習名家思想的人非但無法返回以瞭解宇宙人
生為學習目標的初衷中去（使人不得反其意），更墮入語言文字的障
蔽中（專決於名），令自己一切所思所想，違背公共常識和真實的生
活經驗（失人情、善失真）。

　　名家雖有「專決於名」的毛病，但其對語言功能的關注，卻使得
它具有「控名責實，參伍不失」的特長。蓋一個成功的溝通，一物之
名和該物之實必須互相符應。兩者的指涉關係一經確定，便不容輕易
更改。依此，若你遵守集體承認的名實關係，則循著你所使用的名，
我便得悉你所要指謂的實。此即「控名責實，參伍不失」之義。司馬
談認為，名家這個優點是我們不應忽略的。

6　道家

　　司馬談對道家的評論是：

> 道家使人精神專一，動合無形，贍足萬物。其為術也，因陰陽
> 之大順，采儒墨之善，撮名法之要，與時遷移，應物變化，立
> 俗施事，無所不宜，指約而易操，事少而功多。儒者則不然。
> 以為人主，天下之儀表也，主倡而臣和，主先而臣隨。如此，
> 則主勞而臣逸。至於大道之要，去健羨，絀聰明，釋此而任
> 術。夫神大用則竭，形大勞則敝，形神騷動，欲與天地長久，
> 非所聞也。

道家無為，又曰無不為，其實易行，其辭難知。其術以虛無為本，以因循為用。無成勢，無常形，故能究萬物之情。不為物先，不為物後，故能為萬物主。有法無法，因時為業；有度無度，因物與合。故曰聖人不朽，時變是守。虛者道之常也，因者君之綱也。群臣並至，使各自明也。其實中其聲者，謂之端；實不中其聲者，謂之窾。窾言不聽，姦乃不生，賢不肖自分，白黑乃形。在所欲用耳，何事不成？乃合大道，混混冥冥，光耀天下，復反無名。凡人所生者神也，所託者形也。神大用則竭，形大勞則敝，形神離則死，死者不可復生，離者不可復反，故聖人重之。由是觀之，神者生之本也，形者生之具也。不先定其神，而曰我有以治天下，何由哉？

在司馬談，道家學說圓滿無缺，非其餘五家各具優劣可比。試循三線索，分梳其對道家的評論。

一是道家和其他學派的關係。

根據司馬談之說，道家是綜合其餘五家長處的哲學——陰陽家的順應四時、儒家的經紀人倫、墨家的強本節用、法家的尊主卑臣，以及名家的匡正名實，道家都一一加以吸收，因而在操作或應用上比其他學派更為全面和彈性。要注意的是，這一意義下的道家，並不全然是老子之學，更不包括莊子之學，而是流行於戰國中期以後，並成為漢初官方意識形態的「黃老之學」。說司馬談的道家不全然是老學，是因為司馬談只接納老子「無為而無不為」的形式觀念，而不取其反對儒、法各家價值、及統治者應自我約束等內容要旨。遑論陰陽家之順四時、墨家之重儉約、名家之正名實，更不在老子討論之列。而說司馬談的道家不包括莊學，是因為莊學在本質上可被界定為一種反政治、反建制的學說，其與司馬談的道家重君術、言法度、倡立俗施

事、主時變是守的政治意涵顯然是對立的。而從《黃帝四經》、《管
子》、《呂氏春秋》等公認的黃老文獻觀之，所謂「黃老之學」，簡言
之，乃是以老子哲學為基礎，並吸收儒、法、名、墨、陰陽諸家學
說，並能審時度勢，對各家學說斟酌運用的一股道家思潮。司馬談所
描述的道家，正合乎黃老之學的思想內涵。

二是道家的哲學特色。討論可從「虛無」和「因循」的關係著手。

司馬談說：「其術以虛無為本，以因循為用。」又說：「虛者道之
常也，因者君之綱也。」所謂「虛無」，是同就「道」和「君」的某
種狀態或條件而言。在老子，道是宇宙萬物之本原。道之生成萬物，
並非立下誡律或規定，強勢限制其發展的方向，而只是賦與萬物以本
性，讓萬物依本性自然地生長遂成。且生成萬物後，道亦不以萬物之
主、萬物之母自居其功，故萬物恆處於自如自在的生存狀態，只覺是
自己如此，而不覺是來自外力的逼迫。此道之「無為」、「無名」也。
而道對待萬物的態度，則為君主治理萬民的借鏡。故君主應當與民間
保持距離，既不以己見加諸其上，而一任百姓之自為；亦不伸張其政
治權力，強行干犯、改變百姓原有的生活秩序。此君主之「無知」、
「無欲」也。要之，「虛無」的觀念，正為道的無為、無名和君主的
無知、無欲供一連結。在道而言，虛無乃是常態，故曰「虛者道之
常」；而在君主而言，虛無則是從事實際政治活動前必先踐行的工夫，
或工夫所達成的有利政治活動的主觀條件，故曰「其術以虛無為本」。

在「以虛無為本」後，司馬談立言「以因循為用」。此謂君主得
先從事虛無的工夫，然後方可有因循的表現。在這意義上，「虛無」
即「因循」的必要或先行條件。道家認為，宇宙萬物各有本性，不同
的社會、民族以及人類歷史文化的各發展階段，亦皆有不同的局面和
態勢。對這些本性、局面和態勢作出審察和善加利用，以期達成政治
利益最大化的治事舉措或行為方式，即「因循」的要義。

因循觀的特色，有兩點可說。

一者，君主倘達虛無之境，則他與萬物的往來，便非預定一套模式（無成勢，無常形），並要求萬物改變原有的活動狀態以迎合之；相反，他尊重萬物的本性，由萬物的本性來決定自己的行動──在某意義上，他的行動就是萬物的本性的如實呈現（故能究萬物之情）。例如《管子》〈心術上〉的「靜因之道」，即含此理：君主分派官職，不能單憑個人好惡，應優先考慮官員們的能力和條件，如性情是否適合、才幹是否勝任等。在某意義上，官職的恰當委任，乃是官員性情或才幹的如實呈現。再如《淮南子》〈泰族訓〉的「駕馬服牛，令雞司夜，令狗守門，因其自然也」也是同樣的義理：之所以讓馬、牛、雞、狗分別擔任牽車、耕犁、司晨、守門的工作，乃是由馬耐跑、牛耐勞，雞善蹄，狗善守等不同本性所決定。一個深諳黃老之道的君主，所採用的施政方式如何（有度無度），必先考慮它是否順應、符合事物的本性（因物與合）；由於事物各異，事態亦多變，故政事的施行，必根據實際狀況適時調革（應物變化），不存在可普遍運用的單一公式。

二者，道家的因循觀重時變。「時」即局面、時機之義。國家制度的建立和更革，不可一成不變，必當順應當下局面和時機的流轉變動（有法無法，因時為業）。簡言之即「與時遷移」。司馬談認為，重時變正是統治者施政有效、功業豐偉的要素（聖人不朽，時變是守）。

這兩個特色，和道家的學派綜合性也有密切關係。首先，不同學派善於處理國家制度內不同層面的問題。如儒家長於倫理的經營，墨家長於財務的管理，法家長於君權的維繫，陰陽家長於農事的指導，名家長於名實的制訂。依此，道家的因循，見於道家的統治者擅於接納不同學派的人才，為各種事務提供專業的處理。其次，國家整體施

政形態的確立，必須以國家所處時代的條件為主要考慮。如韓非子所指出，上古物多而人少，財貨充足，人民輕利易讓，故儒家德治可行；逮戰國之世，物寡人眾，財貨匱乏，百姓易相爭奪，此時以止暴防姦為首務，法治遂取德治而代之矣。故實行何種政治制度，必須考量當前處境，權衡利弊得失，而後可行。這是黃老之學「因時變法」之要旨。循此推之，一時代或一社會可行儒家學說，即以儒家治之，可行墨家學說，即以墨家治之，可行法家學說，即以法家治之。正因具備重時變的彈性，在戰國和漢初這兩個歷史階段，黃老之學竟有貌似相反的作為——戰國諸侯爭併，不圖強無以自存，故齊國黃老，既重強化法治，又倡軍事經濟發展，相關思想主要體現於《管子》。而漢初終結數百年亂世，時代的要求已由圖強自存轉為休養生息，故漢初黃老，務在清靜無為。是時棄弛嚴刑，賞勵文教，任民間自由發展。同樣號稱黃老，齊國黃老傾向法家，漢初黃老則以老學為幹而枝涉儒家。知「因循」一義，亦見於道家審時度勢，在各家學說中揀取最具實效者，以圖建立、興革國家整體的施政形態。

三是道家的政治效果。

司馬談主要提及兩點。首先是政事的順利完成。道家之別異於五家者，在道家之根柢，只在提出思考的方向或行事的通則，如本於虛無、與時遷移、應物變化、時變是守等。具體的政治主張，乃儒墨名法諸家之事。由於道家的要旨是這樣簡約，故其學說易於操作，其功效也甚鉅（指約而易操，事少而功多）。以用人之術為例，道家主張官職的委任必須與官員的專業能力相應。落實這一原則，人才就不致被埋沒，就得到展現專業的機會（群臣並至，使各自明也）。各人得其所用，便沒有任何政事是辦不好的（在所欲用耳，何事不成）。

其次是君主形神壽命的護養。司馬談認為，道家建言君主善用人力，無需凡事躬親。其影響所屆，不止在「事少而功多」，亦在「使

人精神專一」。所謂「精神專一」，蓋就君主形神壽命的護養而言。當中又涉儒道二家之異——在稱許道家「使人精神專一」、「指約而易操，事少而功多」後，司馬談立謂「儒者則不然」。儒家的君主要成為政治、道德、智慧各領域的典範，所以他要彰顯權力，展示德性，賣弄才智，凡事都要主導和領先，臣子只需附和聽命，不需要有個人意見。但其結果卻是「主勞而臣逸」——「主勞」的「勞」是指「神大用則竭，形大勞則敝」。國家事務繁重瑣碎，君主僅憑一人，自難周全兼顧，勉強為之，只會耗竭精神，勞敝軀體，最終就是折損壽命，不能享其天年。與此相反，道家倡「主逸而臣勞」——君主護養形神，遂得「與天地長久」。

（二）對「六家說」的檢討

司馬談對先秦六家的評議，業已分論如上。今試檢視其說，以評估其學術價值。

1　「六家說」的優點

司馬談「六家說」的優點，可分兩項言之。

（1）在先秦哲學的分類工作上，〈論六家要旨〉有開創之功

秦漢以前，不乏評論先秦諸子的文本材料。但這些文本材料多以某一二子的哲學特色為焦點，而未及將這些哲學特色提取出來，建立一分類的框架。在這意義上，其評論的本質終究是以「人物」為單位，而未能進升到將諸子依不同學術源流或思想傾向分門別類的「學派」單位。例如《尸子》〈廣澤〉、《呂氏春秋》〈不二〉、《荀子》的〈解蔽〉和〈天論〉、《淮南子》〈要略〉諸篇文本，大體言之，只是逐一散說諸子的學說特色或理論得失，沒有歸類的意義。《荀子》的

〈非十二子〉和《莊子》的〈天下〉兩篇文本,將二子或三子納為一組各別總論其說,顯然已有依諸子間的共同性或類近性進行分類的動機。然而畢竟尚未順勢提出具概括性的名目,作為分家立派的指標。故兩篇所論,仍非嚴格意義的學派分類工作。

與前述文本相比,〈論六家要旨〉在兩方面較為進步:其一,對先秦各種哲學思想,依立場的一致性或相似處列作同類,總共歸為六類,如言四時禁忌者為一類,言六藝經傳者為一類,言尊君嚴刑者為一類,言虛無因循者為一類等。其二,對這六類各以醒目的名謂稱之,如以言四時禁忌者為「陰陽家」,言六藝經傳者為「儒家」,言尊君嚴刑者為「法家」,言虛無因循者為「道家」等。前者在一分類框架中扼要呈現先秦哲學中幾個重要的問題意識,避免以「人物」為單位所面臨的論列瑣碎、焦點零落的缺失;後者則在一命名系統中總結先秦哲學界數股主要勢力,一清耳目之餘,亦奠定後世同類學術工作的基本規模。如東漢班固《諸子略》,在六家外增列縱橫家、農家、雜家、小說家;魏晉時期《劉子》〈九流〉刪略小說家、評議先秦九家;隋代至清代官修史書或叢書中的「經籍志」或「子部」,俱沿用儒、道、法、墨諸家分法;至當代學界探討先秦學術,不僅多襲用「儒」、「墨」、「道」、「法」諸名目,更有所謂「新儒家」、「新道家」甚至「新墨家」等學術陣營。於此可見「六家說」影響之遠、效用之廣。

(2) 司馬談所論,著眼於諸子所面臨的現實政治社會困境,正能突顯先秦哲學發生的主因

先秦哲學之起,在司馬談之前,主要流行三說。一說以《荀子》〈非十二子〉為代表,主張子思、孟子、墨子、宋子等十二子自持其故、各言其理以相競,乃是由於「假今之世,飾邪說,文姦言,以梟亂天下,欺惑愚眾,矞宇嵬瑣,使天下混然,不知是非治亂之所存

者」。荀子以孔子為絕對典範，以治道為唯一關懷，故否定自由學術風氣的價值；復以先秦諸子所倡者，多為邪見姦言，旨在騙取民眾信任，而天下卻不堪其擾。先秦哲學正是在這種真理不彰、治安不立的態勢中發生和發展。二說以《莊子》〈天下〉為代表，主張先秦諸子的出現，乃「道術將為天下裂」所致——萬物安寧的至德之世隨著文明、文化的累進而淪喪，人類社會危機四伏，諸子根據各自所看到的問題提出解決方案，並以己見為最高，此所謂「天下多得一察以自好」，然偏則不遍，故終為「一曲之士」也。三說以《淮南子》〈要略〉為代表，主張諸子學術各有原故，未可一概而論。如「申子刑名之書」和「商鞅之法」分別生於韓、秦二國的地理環境因素；「太公之謀」和「管子之書」分別生於「去殘除賊，以成王道」、「憂患苦亂，存亡繼絕」的政治考慮因素；「儒者之學」和倡守「節財、薄葬、閑服」的墨學則出自對堯、舜等遠古聖人的文化傳承因素等。

　　要之，有關先秦哲學的發生，荀子、莊子、《淮南子》所見不同：荀子以為是諸子違背孔道所致，莊子以為是理想的世代變得支離破碎所致，《淮南子》則以為是諸子或出於對現實條件限制之因應、或想要實現特定政治目的、或抱有傳承聖人文化之使命等多元因素所致。有別於此三說，司馬談特提出「務為治」作為對先秦哲學之起的通解。「務為治」，即以求取天下承平、建立生活秩序為要務。西周以禮樂建國，「禮樂」即為將國家全體成員納入同一套秩序當中的生活系統，它界定各成員的等級及所涉權利和義務，甚至範限人們在各種倫理關係中互相對待的儀容動作、及指導情感的培養和表達。但這套禮樂制度，沿用至春秋戰國時期，已幾近徹底崩壞的邊緣。這是政治黑暗、社會動盪、經濟衰塌、價值顛倒的大混亂。大混亂即人間失其治也。所謂先秦諸子，正是受此大混亂所激發，試圖為此提出解決方案的一批知識分子。立場相同或相近者，即視為同一學派。簡言之，

先秦哲學的發生，乃是出於挽救人間之失治，使其重歸於治的考慮。彼此主張雖異，也互有優劣，但俱出於人間「失治」的原因而共以「務為治」為目標。此「務為治」之說，與莊、荀二子及《淮南子》相比，更能觸及春秋戰國時期的歷史境況和政治現實，從而更能集中概括持論各異的先秦學派的興盛之由。

2 「六家說」的缺點

至若司馬談「六家說」的缺點，則可分三項言之。

（1）「六家」的分類只能舉其大略，無法展示先秦哲學的全貌

先秦學術雖不限「哲學」一門，但「六家」的「家」，則專就「哲學」派別而言。而在哲學領域中，司馬談尤注目於政治哲學。如陰陽家的「序四時之大順」、儒家的「序君臣父子之禮」、墨家的「彊本節用」、法家的「尊主卑臣」、名家的「控名責實」、道家的「以虛無為本，以因循為用」等，或言政治利益，或言行政重點，或言施政通則，無一不屬政治哲學的論旨。可以說，「六家說」是以政治哲學為基準的學派分類系統。

唯此一基準使「六家說」得面臨若干困難。

首先，若以政治哲學為分家立派的基準，則「六家」顯然不是對先秦哲學的全面概括。在司馬談的六家外，尚有不少在政治哲學上持論甚精的學術團體活躍於先秦時代。如倡君臣並耕的農家、倡軍國主義的兵家，或倡陰陽捭闔，視游說、外交為國家施政要務的縱橫家等，俱為在先秦顯赫一時的哲學派別。司馬談略之而弗論，其「六家說」顯然不夠全面。

其次，政治哲學只是哲學的一環，而非哲學的全部。先秦的哲學問題，除政治哲學外，至少尚有形上學和人性論。形上學主要探究天

地萬物所從生的根源及此根源的性格或運作軌則，人性論主要探究人類與生俱來的生命狀態和後天行為的複雜性，及與之相關的身心修養工夫。而這兩種哲學問題，又不免與政治哲學相勾纏。如先秦諸子的形上學，其根本目的，旨在為形上根源建立超越的權威地位，作為統治者施政行事之依據，並同時對之發揮約束、規範的作用。而其人性論的重點，則在考察人性本質或人類行為的普遍傾向，並據以反省人類理想的生活型態，及有效促進此一理想生活型態的政治運作模式。光著眼於政治哲學一環，而忽略它與其他哲學環節的聯繫，將會失之偏狹，錯過先秦哲學的多樣性和全面性。從這角度看，司馬談的六家說，實有略其所詳之虞。如上面提到的兵家和縱橫家，除政治哲學外，實亦具備一套與其政治哲學相關的人性論或人類心理學說，司馬談無一字稱之，實難稱公允。

又六家中的道家純是黃老之學。而先秦公認道家者，在黃老之外，至少還有楊朱和莊子。唯依「六家說」的介紹，楊、莊二子非但無法歸類，甚至會被拒斥在「道家」的門外——楊朱言貴己、重生，主張不以一毛易天下；莊子主逍遙、齊物，視政治為生命的累贅、自由的樞飾，顯然與「因陰陽之順，採儒墨之善，撮名法之要」的黃老治術相抵。若連楊朱、莊子這些聞名的大學者也不能安置，六家的分類即使不算粗糙，也難免以偏蓋全的質疑。

（2）司馬談似未能把握若干學派的核心思想

自大方向言之，司馬談對先秦學術趨勢的說明，已頗得其全面。唯對當中若干學派，似稍欠相應的瞭解，故其六家說在細節上未能展現先秦哲學的要義。

以儒家為例，司馬談的焦點集中在「六藝經傳」上。不管「六藝」是指禮、樂、射、御、書、數，還是《詩》、《書》、《禮》、

《樂》、《易》、《春秋》，重點同樣在文獻知識的書寫背誦和儀容動作的習練實踐這兩大方面。這從「累世不能通其學，當年不能究其禮」的負評可證——「學」即文獻的書寫背誦，「禮」即儀容動作的習練實踐。而廣義的「禮」，實亦可將文獻知識包含在內。簡言之，司馬談所理解的儒家，乃是一套以文獻和動作為內涵的禮學。然禮學於儒家難稱重要核心。儒家自孔子始，即注重仁德的內在修養。孔子的「仁學」，正是發現人類生命自能發出德性的光輝，從而要求人們反身求之的為己之學。缺乏仁的自覺，禮便徒具形式，無法起到善化他人的作用。先秦儒者幾無不重視仁德的培養，如〈五行〉篇的作者強調「形於內」的「德之行」[2]、〈性自命出〉的作者強調「情」的自然流露、《中庸》言慎獨、《大學》言正心誠意，以及孟子道性善等，在某意義上，俱是對孔子「仁學」的引申發揮。禮學在儒家只屬末端，仁學方為根本。司馬談論儒家，實有捨本逐末之弊。

司馬談評墨家，全在「節用」一環，謂墨家節用，其得在強固國家經濟，保障人給家足；其失則在君民同衣同食，致使尊卑無別。這些評論不能說錯，只是執其一端，未窺墨學之全貌。例如墨子的「天志」，跟其他學派相比，更重視「天」的規範性和權威性；其「兼愛」針對社會混亂的根本因由，設計一種人際之間理想的相待模式；其「非攻」反對強凌弱的侵略戰爭，尤受小國歡迎。「非命」、「明鬼」諸說，對世道人生亦有其洞見。又《墨辯》的名辯之學，提出一套對語言概念和推理方式的分類系統，更非其他學派可及。可知司馬談論墨學，言節用而不及其餘，難免失之片面。

---

2 〈五行〉篇以「德之行」為「形於內」者，就是以仁義禮智之德紮根於內心，實即仁德的培養之意。有關「德之行」的分析，及其與「不形於內」的「善」之區別，參讀王博：〈五行與四行〉，收入氏著：《簡帛思想文獻論集》（臺北市：臺灣古籍出版公司，2001年），頁56-57。

又司馬談從黃老治術而非老莊之人生哲學界定道家，自有其時代背景考慮，本無可厚非。唯其筆下黃老，全幅都是君術，所見甚是偏狹。簡言之，司馬談建言必先去除知欲之障蔽，然後方能在法度制訂、政策推行、專才委任等政治行動上因順物情。唯此君術只是人道的層面。黃老之學實是以天道為背景，來指導人道的一切。所以《黃帝四經》從天道之有生有殺，來證成施政之有德有刑（《經法》〈君正〉、《十六經》〈觀〉）；《管子》從虛無無形的精氣之道，來規定人君之虛欲去私和靜因無為（〈心術上〉、〈內業〉）；《鶡冠子》的「天曲日術」（〈王鈇〉）[3]，亦是法自然以理人事的貫通天人之治道。要之，黃老之學的人道，全由天道所導出。且君術上的虛無因循固是黃老之所倡，同時也是先秦法家之所主；必進而說出此君術和天道之關係何若，方盡黃老的天人之學，而與只言人事的法家相區別。只差此一步，司馬談對道家之說便因而有憾。[4]

（3）司馬談對六家的若干評價有欠周全

除專言道家長處外，司馬談對五家的討論方式，是先言其失，再言其得。在這些評價中，有些尚稱允當，如批評陰陽家導人迷信、讓

3　黃懷信：《鶡冠子彙校集注》（北京市：中華書局，2004年），頁178。

4　或曰司馬談謂道家是「因陰陽之大順」，而陰陽家又是「天道之大經」，故無忽略天道的問題。此說似是而非。蓋所謂「因陰陽之大順」，當中的「大順」是指「序四時之大順」，而「序四時」意指以「春生夏長，秋收冬藏」這些立足於對天候的觀察結果而制訂的農事作業程序，「此天道之大經」一句正是就此而言。依此，說道家是「因陰陽之大順」，乃是說道家接納陰陽家在農事作業上的見解。「此天道之大經」一語中的「天道」是指「春夏秋冬」這「四時」，而「天道之大經」則是指依四時徵候之不同而相應制訂生、長、收、藏的農事作業程序，而這正屬於「人道」的範疇。換言之，「因陰陽之大順」意含道家吸收陰陽家的人道成果。合而觀之，「因陰陽之大順」傾向於說明黃老之學將農事視作人君之要務，不能作為人君依照天道設計人事的佐證。

生活制肘太多，指責名家好玩奇辭、違反常識，以及認同法家的尊君
思想和分工原則等，都能針對該學派在應用層面上所帶來的實效立
論。然而當中若干評價卻不免偏頗。這裡試論較顯著的兩項。

首先是對法家的評價。司馬談主張法家「嚴而少恩」、「不別親
疏，不殊貴賤，一斷於法」，其缺點在使「親親尊尊之恩絕矣」。這條
評價的缺失，至少有三：一，對法家的珍貴之處並無同情的瞭解；
二，無視「親親尊尊」的批評標準面臨與「一斷於法」相同的困境；
三，對於儒家學說存有誤解，從而對法家作出錯誤的評價。

就第一個疏失而言，司馬談不能欣賞法家重視公平、公正的社會
價值。所謂「嚴」，在法令的貫徹執行，不因任何人的己見所左右；
所謂「一斷於法」，是法令廣被所有國家成員，杜絕任何私情或群帶
關係。兩者俱著重公平、公正的社會價值。如果「少恩」和「親親尊
尊之恩絕矣」的「恩」是指法令的執行可被某些特權分子的私人意見
所凌駕，那麼該詬病的顯然不在於「法」，而在於「恩」。這種法治精
神，在先秦只此一家，理應是法家比其他學派更為優勝之處。司馬談
以優為劣，對法家完全缺乏同情的瞭解。

就第二個疏失而言，司馬談以「親親尊尊」批評「一斷於法」，
但看不到「親親尊尊」可能面臨與「一斷於法」相同的困境。承上點
所述，「一斷於法」背後求公平、公正的法治精神，應為一大優點，
不應視為缺失。但即使從司馬談的立場出發，承認「一斷於法」必須
以「親親尊尊之恩絕矣」為代價，我們也無法由此反過來證立「親親
尊尊」在執行上的優先性。說法家使得「親親尊尊之恩絕矣」，無非
是說法家一視同仁的法治精神，將衝擊到人際關係的和諧穩定，而此
對社會秩序的維繫而言，將產生不利影響。然而，為衛護親親尊尊的
價值，而犧牲法令在執行上的貫徹性和公平性，又何嘗不會破壞社會
秩序，損害國家整體的福祉？依此，若司馬談不滿「一斷於法」的最

終理由是它破壞社會秩序，則他理應連「親親尊尊」也一併否定。司馬談有見於此，無視於彼，於法家並非公允。

至於第三個疏失，必先從「親親尊尊」和儒家的關係說起。司馬談認為儒家的優點在「序君臣父子之禮，列夫婦長幼之別」，這是對政治、社會中各種人際關係的妥善安頓，是「百家弗能易也」，任何學派都必當遵守。顯然易見，它所代表的正是「親親尊尊」的精神。換言之，司馬談說法家的「一斷於法」使得「親親尊尊之恩絕矣」，乃是站在儒家立場上所發的批評。

然而，這一批評背後的預設，似乎是出於儒家的誤解。這個預設是：政治倫理、家庭倫理足以凌駕法令的公正性。兩者一旦發生衝突，後者自然得置於邊緣的地位。但這一思考方式，未必為儒家所認取。儒家在守法和人倫不能兩全之時，並不會輕率衛護親親尊尊的原則，而是試圖在不違法或對法治的損害減到最低的前提下，思考如何成全人倫的價值。孟子和桃應所討論的「舜為天子，皋陶為士，瞽瞍殺人，則如之何」（《孟子》〈盡心上〉）的著名例子，正可支持這一點：瞽瞍犯下殺人大罪，舜作為國君，命令法官皋陶依法逮捕。舜則放棄國君的身分，負瞽瞍而逃。在此，舜面臨守法和人倫的矛盾。但舜沒有昧於父子私情赦免之，反而是在不違法的情況下，克盡兒子保護父親的責任。在舜而言，放棄國君的身分，也就是放棄成為國家的一員，因此負父而逃，並不觸法，又可成全父子之親。再如孔子和葉公有關「父子相隱」（《論語》〈子路〉）的對話，如果接受廖名春先生以「隱」為「𨊓」的詮釋，則「子為父隱」的意思便非「兒子幫助父親隱匿罪行」，而是「兒子替父親矯正錯誤」[5]。例如得悉父親偷羊，兒子可以規勸父親，向對方賠禮道歉，甚至代父作出賠償。這些例子

5　廖名春：〈《論語》「父為子隱」章新證〉，《湖南大學學報（社會科學版）》第27卷第2期（2013年3月），頁9。

顯示，儒家並不輕責法令的貫徹執行將割裂倫理關係，反而主張在兩者之間取得平衡點。由此可見，親親尊尊之恩能否保存，問題的關鍵不在於「一斷於法」，而在於當事人是否有足夠的理性能力和道德勇氣，在法理和人倫之間拿捏得當。

其次是對道家的評價。司馬談認為，道家倡言人君立基於虛無的修養基礎，然後在政治行動上因應現實環境中的種種變化和殊態。此一「以虛無為本，以因循為用」之術，正道家優於諸家者。唯司馬談似無視「因循為用」之缺失。蓋一種行動是否稱得上「因循」，並不能架空來談，必須相對於某種標準來說。而由於每個學派都有各自的標準，因此，每個學派所主張的行動，在某意義上都可以說是「因循為用」。但如此一來，「因循為用」便不能作為道家和其他學派的分判標準。

舉例說，先秦各學派俱欲挽救亂世，使歸於治，那麼以下的主張都可說具有「因循為用」的理論特色──例如孟子相信人性善，故在教育方法上倡擴充的工夫，在政治走向上倡行仁政。似乎可以說，孟子的擴充和仁政正是對善性的因循。易言之，相對於性善論的標準，擴充的工夫論和仁政的政治哲學正是一「因循為用」之說。但在言性惡的荀子看來，擴充和仁政只是空洞無根之談，並不合「因循」之名。再如韓非子主張人皆有追求私利、易於侵害他人的心理，故特藉嚴刑峻法以止暴防姦。在某意義上，「嚴刑峻法」正是因循人的好利自為心而設計出來的管理方式。墨子主天志，以為天好人之行義，而惡人之不義，並掌握善惡獎懲之機制。由此出發，墨子倡「尚賢」，建言人君用賢；又主「非攻」，指控侵略戰之不義。可知尚賢非攻諸說，乃因循墨子對天志的某種信念而提出者。推廣言之，先秦諸子之說，俱可通過類似的論證方式而建立各自的「因循觀」。但這正好是問題所在：倘若各學派都算得上具有「因循為用」的理論特色，則

「因循為用」這句話便頓失區分的功能，從而變成空洞冗餘之說
（trivialism）。

三　班固的《漢書・藝文志・諸子略》

班固（西元32年至西元92年）是東漢早中期著名史學家。其所著
《漢書》，詳錄高祖立國至西漢末王莽篡漢之間近二百三十年的歷
史，是中國歷史上首部斷代史著作。《漢書》體例，分十二紀、八
表、十志、七十傳。在十志中，《藝文志》屬於圖書目錄，史家公認
其取劉歆《七略》為底本而成。《藝文志》凡六略，即六藝、諸子、
詩賦、兵書、數術、方技。當中《諸子略》將先秦學術分作十家，除
泛論其思想淵源、學說得失外，亦條列各家文獻名目，是研究西漢思
想及戰國、秦漢之際文獻流傳的重要資料。

（一）班固的「十家說」

在《諸子略》中，班固在司馬談的「六家」外，增列縱橫家、農
家、雜家、小說家，而成「十家」之說。考班固之論十家，其特色有
三：一是斷言先秦十家俱源出於古已有之的政府部門，諸子學說乃古
代王官實務經驗積累而成者，學界多稱之為「諸子出於王官」說。二
是主張除儒家以外的九家，其優點在符合儒家學說，或至少滿足儒家
的某些要求，其儒學立場極其鮮明。三是認為先秦十家雖有缺失，唯
其缺失應由學派成員負責，而不得歸咎於學說自身。以下依《諸子
略》的順序，次第引介「十家說」。

1　儒家

班固對儒家的評論是：

> 儒家者流，蓋出於司徒之官，助人君順陰陽明教化者也。游文
> 於六經之中，留意於仁義之際，祖述堯舜，憲章文武，宗師仲
> 尼，以重其言，於道最為高。孔子曰：「如有所譽，其有所
> 試。」唐虞之隆，殷周之盛，仲尼之業，已試之效者也。然惑
> 者既失精微，而辟者又隨時抑揚，違離道本，苟以譁眾取寵。
> 後進循之，是以五經乖析，儒學寖衰，此辟儒之患。

　　班固主張儒家源自古代的司徒之官。司徒之官的職責是輔助君主
處理政事，主要包括「順陰陽」和「明教化」。前者是通常所說的「協
理陰陽」，例如合理委派百官的職任及妥善安頓社會各階層的人際關
係等；後者則是獎勵文教，例如實施倫理教育和推廣文化活動等。而
司徒之官們「順陰陽」、「明教化」的實踐成果，則主要總結為周代以
來逐漸成書的易、詩、書、禮、樂、春秋六經和孔孟的仁義學說。

　　班固引孔子之言指出，一學說若廣受佳評，必定是由於它曾被實
踐和應用，並達成良好的果效。儒學正是這樣一種學說：唐虞和西周
初期之所以國勢隆盛，是由於堯舜和文武二王在政治制度上落實儒
學；而孔子推廣儒學教育事業，也證明儒學的應用性和實效性。

　　當然，儒學不免有其缺點，唯其缺點純由某些儒者所造成。在這
些儒者中，「惑者」對儒學一知半解，未能光大儒學。唯與之相比，
「辟者」為害其實更甚。辟者喜歡夸夸其談，為求引人注目，隨意曲
解儒家經典，違背孔孟真意。辟者水平如此，其弟子後學自更等而下
之。班固認為，五經破碎，儒學衰頹，都應當歸咎於辟者。

2　道家

　　班固對道家的評論是：

> 道家者流，蓋出於史官，歷記成敗存亡禍福古今之道，然後知
> 秉要執本，清虛以自守，卑弱以自持，此君人南面之術也。合
> 於堯之克攘，易之嗛嗛，一謙而四益，此其所長也。及放者為
> 之，則欲絕去禮學，兼棄仁義，曰獨任清虛可以為治。

　　班固主張道家源於古代的史官。史官之責在記錄古今歷史，並從
中探索成敗、存亡、禍福的規律。史官在這些成敗、存亡、禍福的規
律中總結出君主治己、治人、治國的若干要旨或基本原則，並進一步
提煉成道家所說的「君人南面之術」──君主必先虛心寡欲，清靜無
為，才能培養出卑下、柔弱的胸懷，也才能避免炫耀權力和作出剛激
的言行，而與治內的百姓和其他邦國各安其位，不相侵擾。此乃君主
掌握勢位，並穩定地延續統治的必由之途。這種「清虛」、「卑弱」的
觀念，深得班固稱許，因為它合乎儒家所推崇的價值，例如帝堯的恭
謹能讓之德和《周易》〈彖傳〉所說的謙遜之道。

　　但是道家中有一派被班固稱為「放者」的成員，言行卻太荒誕放
浪了。放者否定禮學對社會的正面作用，也反對仁義的價值，以為只
需要專注於個人的虛心寡欲，人間就能安定有序，他們未免把問題看
得太簡單了。

　　此處作一補充說明。班固所述道家，雖然和司馬談一樣，同以老
學為主體，但兩者之間，畢竟頗有差異。司馬談的道家綜合陰陽、
儒、墨、名、法各家所長，班固的道家罕言學派的綜合性；司馬談的
道家講求法度上的因時應物及君主用人役物之術，班固的道家則涵括
莊周一脈反對政治文化的思想；司馬談的道家涉及護育形體精神的養
生問題，班固的道家對此未置一語。簡言之，班固的道家近於所謂老
莊之學，司馬談的道家作為黃老治術，反近於班固所稱的雜家，此俟
後文述之。

3 陰陽家

班固對陰陽家的評論是：

> 陰陽家者流，蓋出於羲和之官，敬順昊天，歷象日月星辰，敬
> 授民時，此其所長也。及拘者為之，則牽於禁忌，泥於小數，
> 舍人事而任鬼神。

班固主張陰陽家源自羲和之官。羲和之官掌管天文曆法，對日月
星辰的天體運行規律觀察深刻。陰陽家利用這些知識建立完整的哲
學，在農事指導方面貢獻尤大。陰陽家優點在此。

然而學派中有些偏執頑固的「拘者」，卻將學派所規定的禁忌絕對
化，行事拘泥末節，思考缺乏彈性，更放棄人事努力，以為探聽鬼神
之意並遵行不移，就能讓生活的一切安頓妥當，這實在太愚昧迷信了。

4 法家

班固對法家的評論是：

> 法家者流，蓋出於理官。信賞必罰，以輔禮制。《易》曰：「先
> 生以明罰飭法。」此其所長也。及刻者為之，則無教化，去仁
> 愛，專任刑法，而欲以致治。至於殘害至親，傷恩薄厚。

班固主張法家源自典掌刑獄的理官。法家從理官的實務經驗中總
結出賞罰必須貫徹執行的重要性。這種講求公正、守諾的法治精神，
是法家可貴之處。它不僅可輔助儒家禮治制度的推行，也合乎《易
經》所載的古聖王以客觀公正的刑罰來修整社會政治制度的原則。

但法家中的「刻者」，秉性嚴厲，手段殘苛，以為執行嚴刑峻法，就能讓國家大治，完全否定禮樂教化的作用和仁愛的價值。這種理念一旦落實，就不可免地對與己有恩、或自己應當厚善相待的親朋們造成嚴重的傷害。

5　名家

班固對名家的評論是：

> 名家者流，蓋出於禮官。古者名位不同，禮亦異數。孔子曰：「必也正名乎！名不正，則言不順；言不順，則事不成。」此其所長也。及警者為之，則苟鈎鈲析亂而已。

班固主張名家源自禮官，即執掌禮節儀文的官員。自西周以來，「禮」的主要功能之一，就是依各種政事之不同性質設置相應的官職，並詳加規定官職所涵之權責、該當履行之義務及被要求達成之業績，當中更涉及君臣之間、各官職等級之間和社會各階層之間往來互動時應有之表現形式。而處理各種名號、職權之間的複雜關係及相應於各種社會身分之繁瑣禮數，正是禮官的專責範圍。古代禮官處理名實關係的豐富經驗，便形成名家一派專門探討名實關係的學說。班固對此深表認同，因為它符合孔子對「正名」的要求——「正名」是安頓名實關係，使兩者協調一致。孔子以「正名」為為政之首務，理由在於不同的名位（名）規定不同的權責（實），一切命令的正當性及命令被執行後將達成之果效，俱取決於名實關係之是否安頓。據此，「正名」在政事的推行上實有一根本性的地位。

然而名家中的警者，卻有吹毛求疵、鑽牛角尖之弊。「鈎鈲析亂」四字，分別表示彎折、殘破、支離、雜亂的意思。班固此一評價，正

是要指出譬者不肯踏實面對問題，只在文字概念上兜圈子，而其辨析
又瑣碎過甚，令簡單的議論複雜化，真可謂徒生枝節，無事生非。

6 墨家

班固對墨家的評論是：

> 墨家者流，蓋出於清廟之守。茅屋采椽，是以貴儉；養三老五
> 更，是以兼愛；選士大射，是以上賢；宗祀嚴父，是以右鬼；
> 順四時而行，是以非命；以孝視天下，是以上同。此其所長
> 也。及蔽者為之，見儉之利，因以非禮；推兼愛之意，而不知
> 別親疏。

班固主張墨家源自清廟之守。這是管理王室宗廟的職官。楊寬先
生指出：「所謂『清廟之守』，實即巫祝之類的神職人員。」[6]「巫」是
通天人之意，「祝」者祭先祖之謂，故清廟之守一職，主要包括事奉
鬼神和主持祭祀儀式。相關實務經驗，由墨家歸納、總結成各種學
說，例如提倡節約的「貴儉」、以父母之禮對待年長者的「兼愛」、推
崇幹練之士的「上賢」、相信鬼神存在的「右鬼」、掌握物理，以努力
求取相等回報的「非命」、服從上級，最後齊同於天子之意的「上
同」等。

唯墨家中卻有一批目光短淺、觀點狹隘的成員，班固謂之「蔽
者」。蔽者只見到儉約的好處，漠視建立禮教文化和推動物質文明對
人類發展的積極作用，因而對「禮」加以否定。此外，他們只知推崇
兼愛，對所有人的愛整齊劃一，卻不明白對不同的人依親疏遠近而投

---

6 楊寬：《戰國史》（臺北市：臺灣商務印書館，1997年），頁469。

放不同程度的愛，在人倫上方是合理的。「見儉之利而非禮」是目光短淺之蔽，「兼愛而親疏不別」則是觀點狹隘之蔽也。

7　縱橫家

班固對縱橫家的評論是：

> 從橫家者流，蓋出於行人之官。孔子曰：「誦《詩》三百，使於四方，不能專對，雖多亦奚以為？」又曰「使乎！使乎！」言其當權事制宜，受命而不受辭，此其所長也。及邪人為之，則上詐諼，而棄其信。

班固主張縱橫家源自行人之官，即今所稱外交官員。外交是國策重要一環，外交活動的成敗，往往決定國家的盛衰甚至存亡。這一觀點，形成縱橫家以外交活動作為國家首要之務的學術主張。戰國局勢詭譎，外交策略紛繁，其最著者，當數「合縱」和「連橫」。據韓非子定義，「合縱」即「合眾弱以攻一強」，「連橫」即「事一強以攻眾弱」（《韓非子》〈五蠹〉），兩者方法手段雖異，而藉由拉攏盟國以達到吞併土地、擴展版圖之目的則一。「縱橫家」的「縱橫」二字，乃是以合縱、連橫為例泛指外交策略及外交活動。依此，所謂「縱橫家」，就是鼓吹以外交策略或外交活動為國家首要之務的學派。

班固指出，孔子非常推崇外交官員，因為他們學識淵博，擅能誦詩，應對得宜，進退有據。面對臨場狀況，能快速調整預定計畫。其處事之靈活權變，正構成縱橫家的學說特色。

然而，縱橫家中有一批心腸險惡的邪人，為達政治目的，竟然將「當權事制宜」的權變用作詐術，把誠信和道義當做廉價的外交籌碼，這種行徑實在不可取之至。

8 雜家

班固對雜家的評論是：

> 雜家者流，蓋出於議官。兼儒、墨，合名、法，知國體之有
> 此，見王治之無不貫，此其所長也。及盪者為之，則漫羨而無
> 所歸心。

　　班固主張雜家源自議官。議官的「議」，即諫議之意。對君主的
言行作出諫言，為政事提供各種建議，乃是議官的工作範圍。議官屬
於通才，善於多方涉獵，故能勝任諫議之責，而與其他王官精研一事
的專業性頗有不同。議官這項性格，反映在雜家上，就是兼括儒、
墨、名、法諸家思想的綜合性特色。班固認為，瞭解到治民理政乃至
成就王業，必須折中各種學說並通貫運用，乃雜家一大特長。
　　唯雜家中的盪者，弊在貪多務得，以至學問博而不精。雜家若由
這樣的盪者來主導，學派的立場便會變得毫無定準，令人無法把握它
的重心所在。
　　班固的雜家蓋即司馬談的道家。前謂司馬談的道家，重點有三：
一、吸收儒、墨、名、法、陰陽五家所長；二、要求人主滿足虛無、
因循之條件；三、可達成良好的政治效果，特別是人主形神之保養。
班固言雜家，此三點似皆具備。首先，班固以「兼儒、墨，合名、
法」界定雜家，猶司馬談以「因陰陽之大順，采儒、墨之善，撮名、
法之要」界定道家。[7]其次，《呂氏春秋》和《淮南子》二書，班固俱

7　按一：或謂司馬談以為道家「因陰陽之大順」，而班固論雜家不及陰陽家，故雜家
　　未可比附於道家，則是過於執著文辭。「兼儒、墨，合名、法」云者，是以儒、
　　墨、名、法為例說明雜家具有綜合不同學派思想之性格，非以雜家只兼合此四家而
　　不及陰陽家也。班固以雜家長於「見王治之無不貫」，「無不貫」三字已證雜家博採

列入雜家類。[8]二書中如《呂氏春秋》的〈君守〉、〈任數〉、〈勿躬〉、〈知度〉、〈分職〉、〈貴因〉，及《淮南子》的〈主術訓〉、〈氾論訓〉、〈詮言訓〉諸篇，謂君主用人役物，制法度，審事理，俱以虛無因循為旨，與司馬談所言道家幾無別。再者，《呂氏春秋》和《淮南子》俱以人主執守無為之道，乃所以保養形神者，此意遍見於《呂氏春秋》的〈本生〉、〈重己〉、〈審分〉及《淮南子》的〈精神訓〉、〈詮言訓〉、〈泰族訓〉諸篇，與司馬談的道家可相發明。由這三點得見，在思想內涵上，班固的雜家與司馬談的道家實頗一致，或至少可以宣稱，司馬談的道家在外延上涵蓋了班固所羅列的若干雜家文獻。

眾說，「兼合儒墨名法」蓋舉其略耳。

按二：又有謂雜家「漫羨無所歸心」，而司馬談的道家則以老學為主幹，故二者不可混同。實則「漫羨無所歸心」者，是雜家中的「盪者」，而非雜家的正統。班固以「無所歸心」界定盪者，正反證雜家並非「無所歸心」，亦即有一核心宗旨也。此猶謂荀子言性惡，為「儒學之歧出」，正反證「性惡」非儒學正統也。

8　雜家文獻究竟只是材料的「混合」，抑是呈現具創造意義的「綜合」或「統合」，或許不能一概而論，而應當從該文獻的歷史實況和現實政治環境中求解。佐藤將之先生的《呂氏春秋》研究，正循此進路入手。從大面言之，其主要觀點有二：一、有些日本學者如町田西郎指出，戰國末年的思想家，其思想成分多來自前人，故無法像戰國中期以前的思想家藉由互相批判以建立己說。此一瓶頸，導致戰國末年的思想家轉為綜合諸子來創造自己的思想內涵。當中，《呂氏春秋》實有超越特定學派以統合當時全部思想之意圖。西川靖二認為《呂氏春秋》對「公」思想的強調，正呈現出藉由引進別派思想以使自己的思想愈趨完整的學術動機。二、據佐藤先生個人的看法，《呂氏春秋》的年代，是西元前二五六年周室為秦昭王覆滅後，華夏世界處於缺乏天子領導的政治權威真空期的「後周魯時代」。呂不韋所措意者，不在秦廷如何擴大領土和管治秦民的狹義問題，而在如何恢復人間世界的秩序與和諧的廣義問題。《呂氏春秋》許多論述內容，均以實踐「公」、「理」、「理義」為目標，思想有高度的統合，立場亦前後一貫。佐藤先生雖未論及《呂氏春秋》的統合性和黃老思想的關係，但其立場和所舉出的論據，已充分支持雜家之「雜」並不排斥思想的統合性和創造性。前引觀點，參讀佐藤將之：《後周魯時代的天下秩序：《荀子》和《呂氏春秋》政治哲學之比較研究》（臺北市：國立臺灣大學出版中心，2021年），頁9-10、37-38、80-81。

據此，可作兩點補充。一，司馬談的道家乃黃老之學。故以班固的雜家為司馬談的道家，即意含雜家乃黃老之學。雖然班固所列雜家類文獻，並非全屬黃老，但當中《呂氏春秋》和《淮南子》兩部文獻，學界公認黃老代表，正可為雜家和道家的關係添一證。二，司馬談的道家近於班固的雜家，而遠於其所稱道家。班固言道家之所長，重在老子虛靜卑弱之君術；言道家之所短，則重在莊子批判政治體系、文化生活和人倫價值的無君思想。老子虛靜卑弱之君術，乃是無為之道的一環，以施政簡約和生活質樸為旨。此與黃老之「無為」建言人君不干預百官之事，以及尊重物情、因時變法諸義相較，彼此差別殊甚。至若莊子之無君思想，摒棄參與政治、建設文化、創造價值的積極態度，與黃老之學尤相悖。可知班固的道家與司馬談的道家，實未可視作等同。

9 農家

班固對農家的評論是：

> 農家者流，蓋出於農稷之官。播百穀，勸耕桑，以足衣食，故八政一曰食，二曰貨。孔子曰「所重民食」，此其所長也。及鄙者為之，以為無所事聖王，欲使君臣並耕，誖上下之序。

班固主張農家源自農稷之官。農稷之官專責耕桑之事，既生產糧食，亦提供原料製作衣物，對民眾的物質生活貢獻甚大。農家繼承農稷之官的作為，以提高耕桑生產為學派首要之務，以百姓的豐衣足食為學派最高理想。班固指出，這種主張合乎孔子「重民食」的原則，乃農家長處所在。

然而農家中的鄙者，教育水平低下，見事不夠高遠，以為君主要

務無他，只在以身作則，與百姓同耕同桑。班固不滿農家此舉，以為
這種做法，是對身分尊卑秩序的違背。

10　小說家

班固對小說家的評論是：

> 小說家者流，蓋出於稗官。街談巷語、道聽塗說者之所造也。
> 孔子曰：「雖小道，必有可觀者焉，致遠恐泥，是以君子弗為
> 也。」然亦弗滅也。閭里小知者之所及，亦使綴而不忘。如或
> 一言可采，此亦芻蕘狂夫之議也。

班固主張小說家源自稗官。「稗」義為小，故稗官乃是權輕位卑
的末吏。稗官與草根階層接觸較多，對下情較能掌握，發展至小說
家，就以街談巷語、道聽塗說為學派理論資源。「小說」者，瑣碎的
言論或不足深究的傳聞之謂。班固認為小說家雖無關痛癢，仍可提供
若干參考，合乎孔子「雖小道必有可觀者」的原則。但對小說家的言
論，卻千萬不要認真看待，否則就是拘泥不化，輕重不分，所以執政
者從來不落實推行小說家之言。

班固補充說，小說家雖不被政府採納，但政府仍認許它的存在，
而且它在民間亦有廣大市場。民間有些小有才智之士，喜歡對各種問
題發表意見，小說家就把這些話記錄起來，以免久後遺忘。但要注意
的是，小說家言即使真有些道理，不過是樵夫或狂者一類人的淺薄議
論罷了。

（二）對「十家說」的檢討

班固對先秦十家之評議，業已扼要析論。其長短得失，概如下述。

1 「十家說」的優點

班固的《諸子略》，是繼〈論六家要旨〉後，對先秦哲學的另一總結性論述。前者所論，在借鑑後者同時，也多新的發揮。通過兩者對照，應可突顯「十家說」的優點所在。茲從兩項言之。

（1）與〈論六家要旨〉相比，《諸子略》對先秦哲學大勢的理解和論述更為周延、全面

司馬談的「六家」，對先秦六股重要學術勢力已有初步歸納。然而，先秦時代的哲學主題，實較六家範圍為大。上文已指出，流行於先秦的農業哲學、外交哲學、軍事哲學，以及楊朱、莊周諸輩的哲學等，司馬談實未嘗顧及。而這些重要的哲學，則絕大部分為《諸子略》所注視，並增補四家，而成「十家說」。如農家是農業哲學，縱橫家是外交哲學，小說家是民間流傳的生活經驗或街頭智慧，並另立雜家，以表稱司馬談之道家。而班固的道家則將司馬談無法安置的莊子收納在內。「十家說」容或有瑕，畢竟比「六家說」更能全面反映先秦哲學思潮。

此外，司馬談僅從宏觀層面俯瞰六家。既未標示代表人物，亦無列舉相關文獻。六家緣何分疏整理而得，標準並不清晰。特別是司馬談對若干學派的引介，和一般人的認識頗有差距。他如何理解各學派所屬人物及文獻，暫無法得一確切的答案。與此不同，班固在論述各家之先，均列出一份屬於該學派文獻的清單。若文獻作者明確，《諸子略》亦詳實備載。這種方式，既便利讀者把十家說和清單相互較對，亦有助於後人從人物和文獻兩條線索掌握先秦哲學的骨幹。對於戰國秦漢之世的文獻傳承問題，也有一定的說明作用。

（2）班固從歷史淵源的角度考察先秦十家的起因，此為司馬談所未及言者

司馬談所理解的先秦學派，乃是一批以解決問題為任務的知識分子。以解決問題為任務，即預設問題的出現。如果「務為治」就是先秦學派的任務，那麼先秦時期的問題顯然在於「失治」。然而，若不具備相應的學養，即便面對問題的發生，亦無法提出系統的學說以對治之，由是知識分子的崛起及由此而來的學派的凝聚亦非易事。司馬談之說，只見現實的惡劣條件有利於刺激問題解決者的出現，而未見要能解決問題——至少是作出解決問題的嘗試——必須立基於深厚的文化累積和經驗成果，及由此築構而成的專門知識。這方面的說明，正由班固的《諸子略》所補足。

商周以來的施政模式，屬於「貴族政治」。所謂「貴族」，主要是由與統治者有血緣關係者和功臣及其後代所組成的族群。貴族政治乃是由這個族群壟斷治權的一種管理方式。其特質有二：一、官職由貴族世襲，平民沒有參政的權利；二、知識授受由貴族掌握，平民沒有接觸教育的機會。而這兩項特色，在某意義上是互相支持的：貴族壟斷官位，便持續保有掌握文獻知識的權力；而貴族掌握文獻知識，也有利於鞏固對無知平民的統治。古籍常見的「學在王官」一語，正有見於商周為求鞏固政權而將教育權利限制在貴族階層這一歷史事實。班固的《諸子略》，謂先秦十個學派，分別源出於古已有之的十種職官，正是立基於此歷史事實所作之論斷。當然，當中「王官」和「學派思想」的關係未必如勞思光先生所批評的，似乎各種「學派思想」俱是「古已有之」[9]。「某某之流，蓋出於某官」的「出於」，不是建構意義的「出於」，即不是指某種王官建構某種學派思想以指導其政

9　勞思光：《中國哲學史（第一卷）》（香港：崇基書局，1980年），頁30。

治任務的進行；而應該是發展意義的「出於」，即某種王官的實務經驗在長久的歷史中積蓄豐厚，最後得以系統化和理論化，發展而成專門的知識學問，此即與該王官相關的學派思想。〈論六家要旨〉的社會角度，指出先秦哲學冒起的近因；而據班固所設想，先秦各學派的孕育和發生，則立基於遠古十種職官的實務經驗及其理論化。王官和學派的對應關係，班固所述未必無誤；唯其以學派思想提取自王官的歷史實踐，則可為司馬談未盡之處指示一甚為妥貼的理解方向。

2 「十家說」的缺點

至若十家說的缺點，則可分三項言之。

（1）諸子出於王官一說，缺乏歷史實證支持

班固從歷史成因的角度探討先秦學術之興，的確可補司馬談著眼於「挽救時弊」此一社會成因之失；然而，說某家出於某官，或某學派的哲學是某政府部門的實務經驗的總結和理論化，則主要立足於某官和某家之間的相似性。例如法家的學說中心在法令條文的制訂，故以法家出於處理法令律例的理官；農家的學說中心在以耕桑活動為國家施政重點，故以農家出於農稷之官等。然而這種論述，充其量只可說明某官和某家之間具備橫面的相似性，而難以證成其縱面的歷史傳承線索。[10]班固的詮釋，即使不算比附或聯想，也只是駐足於有待實

---

10 在此，應當區分兩個異質的概念：「諸子與王官的傳承關係」和「諸子與六經的傳承關係」。這兩個概念，自班固「合其要歸，亦六經之支與流裔」一語伊始，便有混同不分的趨向。胡適「諸子不出於王官論」，主張諸子不出於王官，連帶否定諸子與六經的傳承關係，與班固雖絕異，而混同王官與六經則無殊。實則諸子出於王官，不表示諸子傳承六經；反之，諸子不出於王官，由此不能斷言諸子與六經無涉。蓋諸子與王官的傳承關係，難求實證支持；唯諸子與六經的傳承關係，則不乏文獻佐證。就此，李威熊先生已作翔實考據，詳參李威熊：〈《漢志》稱諸子「亦六

證的假說階段。就其為假說而言，不見得比司馬談「諸子激於世變」一說來得有說服力。

（2）將各家優點化約為儒學，做法頗待商榷

班固主張，儒家以外的九家之所以可取，是由於它們的論旨合乎儒學，或至少滿足到儒學對政治、社會、人生的部分要求。可以說，班固是採取儒家本位的立場，用儒學去理解、詮釋九家之所長。唯這種立足於一方以概括其餘的做法實有待商榷。這可從兩點得之。

首先，這一做法湮沒先秦九家自身的專業性。班固主張，先秦十家分別衍生自古代不同政府部門。而這些政府部門之所以彼此不同，當然是由於它們掌握不同的專業，並由此負責不同的職務。如司徒之官掌管教育，史官掌管歷史，理官掌管刑獄，禮官掌管儀禮節文，行人之官掌管外交事務等。就這些職務看，可說是分門別類，各有所司，所達成之政治果效，亦互有不同。唯其如此，不同的政府部門之間，很難說有主從之分──亦即，不宜以某一部門的職務作為標準，來衡量其他部門的得失。比如說，我們不宜說理官、禮官之所以可取，是由於它們符合司徒之官在職能上的要求。這是因為理官和禮官之本務，和司徒之官分屬不同的範疇。問題在於：在班固的立場，先秦學派衍生自不同政府部門的實務經驗，故不同學派分別代表不同的專業知識──這正是何以某家之為某家而非別家的理據所在。依此，若把道家、法家、名家、農家等學派的主要論旨俱化約為儒學，其實正是把它們的專業性給抹殺掉了。

經之支與流裔」疏證〉，《人文暨社會科學期刊》第1卷第2期（2005年12月），頁1-5。至於胡適反對諸子出於王官及六經之論述，則分見：胡適：《中國古代哲學史》（臺北市：臺灣商務印書館，1965年），頁254-261；胡適：《胡適文存（一）》（臺北市：洛陽圖書公司，1965年），頁10。

其次，將各家優點視同儒學，也顯示班固誤解各家學說。舉例言之，班固說道家的「清虛以自守，卑弱以自持」合乎「堯之克攘，易之嗛嗛」，正有混同儒道二家之病。道家的虛靜柔弱，是要求統治者消解干犯百姓的意欲，藉由與百姓保持距離，而形成安定的社會秩序；儒家的辭讓謙遜，則是要求一般人互相尊重、勿以驕矜示人。前者是手段，後者則是目的；前者是政治意義，後者則是倫理意義；前者屬對錯問題，後者則屬善惡問題。兩者相去甚遠，未能輕易等同。又如班固說法家的「信賞必罰」可「以輔禮制」，是儒家禮樂制度的輔助性理論，此則是對法家賞罰觀的誤解。要之，法家如商鞅、韓非輩，俱以為儒家之禮制無助於治理，遂倡重賞嚴懲，藉以誘進人才及阻嚇犯罪。又法家眼中，禮制非但因循守舊，更是無益於國家的五蠹之首——儒者——的寄身之所。由此觀之，儒家之禮制，實不容於法家。故「信賞必罰」旨在取代禮制，超越禮制，而非屈於次等地位以輔助之。其餘如將名家的語言、邏輯思想混同於儒家的正名思想，將農家重耕稼桑織之主張簡單看做儒家的「重民食」，以及將縱橫家在外交場合上的攻守開闔技巧比附為孔子的「專對」之說等，俱反映出班固只看到各家若干論旨和儒學的「貌合」，而未能深入辨識彼此間的「神離」。

（3）班固評十家缺點，立場未必允當

班固認為，各學派中總有些學藝不精的成員。他們或誤解學派精神，或一知半解，或以偏蓋全。學派的理論之所以在實踐上碰到困難或造成壞的後果，悉由這些成員所造成，並非學說本身問題所致。要之，班固是將十家缺點視為「人病」而非「法病」。

然而，這種立場不算公允。當然，有些學派的問題確可歸於成員，如「放者」確然將道家反對人為造作的論旨推向極端，宣傳一種

摒棄文明制度的偏激主張，遂令道家招人非議；再如「邪人」好玩權謀，德行鄙薄，亦令縱橫家形象欠佳。然而，由此卻不能作普遍的推廣，宣稱學派的缺點俱得歸咎於其成員的差錯。事實上，一學派的缺點，往往跟其學說有密切關係。舉例言之，儒家的禮制要人奉行繁瑣的形式，其仁義學說對人的自律能力又估計過高，基於人性的弱點，人們對儒家的要求未能持之以恆，實屬常情，這些問題，顯然不能諉過於辟者和惑者。再如班固認為墨家之失在於蔽者「見儉之利，因以非禮；推兼愛之意，而不知別親疏」，然而「節用」和「兼愛」本就是墨學要旨，和「蔽者」無關。倘若班固的批評要有意義，則必須預設墨家中有「不蔽者」，而此「不蔽者」是「重禮」（至少不反對禮）和「別親疏」的，但這個預設顯然不合墨學立場。所以抬出蔽者來解釋墨家之失，乃是一個假議題。班固對法家的討論也有近似的毛病。班固認為法家的短處見於學派中的刻者「無教化，去仁愛，專任刑法」，然而這三項論旨本即是法家所主──似乎沒有法家成員提倡儒家的教化和仁愛。若說持這些論旨便是刻者，則法家中無一不是刻者。據此，假如「無教化，去仁愛，專任刑法」算作短處，那麼，這短處顯然是法家學說自身之問題。要之，班固單向地把學派之失歸諸學派成員，而無視學派理論內部的侷限，這樣的思路，實難以通向對先秦哲學的恰當理解。

餘話
漢代哲學的特質

先秦哲學是中國哲學的奠基者，其貢獻是新問題的提出和新學說的陳構；漢代哲學則為先秦哲學的首波繼起者，以訓釋詩書古文及發揮儒道思想為其要務。兩時期的哲學格局互異，而又密切相關。簡言之，先秦哲學的態勢是諸子百家之間的激烈交鋒和漸趨融合。爰及漢代，此交鋒基本上已告終結，並由道、儒兩家輪替，主導王朝官方意識形態；而學派之間的融合，亦可算大體完成。蓋漢初風行的道家，乃兼合陰陽、儒、墨、名、法諸家所長的黃老之學，而其時的儒家則漸與陰陽家合流，非復孔孟之舊者。先秦哲學旨要，業見前數章所述。此處試論漢代哲學的特質，以明兩時期哲學異同，作為全書收尾。

一　流派的更替

從大面上看，漢代哲學的歷程，是由道家到儒家的跨越與轉變——高祖即位至武帝推行尊儒運動前近七十年（約西元前202年至西元前135年），屬道家的流行時期；武帝推行尊儒運動至東漢末近三百年（約西元前135年至西元220年），則屬儒家的流行時期。

漢初七十年所流行的道家思想，並非純屬老學，而是理論內涵更為深廣的所謂「黃老之學」。黃老之學包羅先秦各學派之所長，能因時制宜、隨事應變，是一套靈活通達的治術。漢初之所以選定黃老之學作為王朝官方意識形態，自有多方面的考量，而最重要的考量就是秩序的恢復和重整——漢朝承接先秦至暴秦凡數百年動亂，政經殘

破，價值泯亂，上位者迫切摸索有效的管治模式，尋求合理的發展走向，民間亟欲回歸正常的生活狀態，俾物質和心靈俱得安頓。而黃老之學的多元和全面，恰能為漢初種種問題的解決提供具實效性的參考。例如學界常以「清靜無為」稱美漢初黃老之治，這其實是針對漢初土地殘廢、經濟衰頹，政府不宜對人民管束太甚，必須放任民間自求發展而言。但黃老之治當然並非止此一端。針對與民休息而言，固當採老子的清靜無為；但要國家長治久安，又非獎勵詩書文學不可。故漢初黃老之治，又多採儒家仁義之學及德育之教。而為禁暴止邪，自高祖迄文景，亦不避嚴酷的法治。前述老學、儒教、法家各派思想的交互應用，其實正是黃老之學兼採各家治術、並針對不同問題的性質作出相應對治的彈性之表現。漢初不少學者兼政治家如陸賈、賈誼、韓嬰等輩，特別是成書於景帝朝的《淮南子》，均是兼集道、儒、法、刑名諸說而成一家之言者，足代表漢初近七十年黃老之學的思想特色。

自武帝朝起，中國的思想界便從道家轉入儒家。武帝少治儒術，登極伊始，便積極推動尊儒運動。建元六年（西元前135年），好黃老言的竇太后去世，尊儒運動的最大障礙終於拔除，武帝遂得大展拳腳。彼先擢儒生田蚡為相，延文學儒者以百數入仕，復絀黃老刑名百家之言，至此，尊儒運動才告成功。[1] 而這樣一種鼓勵儒學的氛圍，除造就一批擅治實際事務、推動政教合一的「事功之儒」外，也孕育以思考哲學問題、建構思想體系為本務的「思想家之儒」。雖然武帝以建立政治秩序、鞏固統治權力之故，事實上是重前者而輕後者；[2]

---

1 韋政通：《中國思想史（上冊）》（臺北市：大林出版社，1979年），頁456-457。

2 雖然與「思想家之儒」相比，漢武帝更為器重「事功之儒」；但漢武用儒，旨為裝點門面，實質上法家方最符合其統治需要。故在武帝朝，擔任御史大夫或廷尉等掌握實權之職位者如張湯、杜周、桑弘羊之流，俱為法家人物。尤當注意者，事功

但從學術史的角度看，當然是思想家之儒才應是探討的重點。此類儒者如董仲舒、揚雄、王充等輩，正好連成了從武帝朝至東漢末年儒學的大略發展脈絡。特別是董仲舒，公認有漢一代思想家中最為體大思精者。其陰陽家化的儒學系統，在構成漢代儒學特質的同時，亦激發揚雄、王充等人的批判，在某種意義上，也可說是帶動了漢儒對儒學問題的討論效應。

二　學術的整理

在秦始皇結束戰國紛亂、建立大一統帝國後的各種文化政策中，當以「焚書」政策最著名，影響也最深遠。「焚書」政策是李斯所倡，其目的在禁絕士子藉其「私學」「以非當世，惑亂黔首」，以免「主勢降乎上，黨與成乎下」。而所謂「私學」，除「秦記」以外的列國史記外，主要就是指「非博士官所職」的「詩書百家語」這類思想性的文獻典籍（《史記》〈秦始皇本紀〉）。「詩書百家語」乃一統稱，可分為「詩書」和「百家語」兩種。「詩書」是指儒門視作經典的詩、書、禮、樂、易、春秋等「六經」，「百家語」則是指戰國以來的諸子百家之學。兩者俱令焚毀，而相較之，又似以前者損耗更巨。錢穆先生嘗析其故，曰：「故謂秦廷焚書，而民間書蕩然遽盡，絕少留存，決非事實。惟詩書古文，流傳本狹。而秦廷禁令，又特所注重。則其遏絕，當較晚出百家語為甚。故自西漢以來，均謂秦焚書不及諸子，又謂秦焚書而詩書古文遂絕，蓋指此種狀態而言也。」[3]據此，始皇焚書影響所及，六經之學幾至滅絕，諸子百家雖未中道而斷，要亦

之儒亦有外儒內法者，如位至相國的公孫弘。相關討論參讀韋政通：《董仲舒》（臺北市：東大圖書公司，1986年），頁188-190、207-209。

3　錢穆：《秦漢史》，頁21-22。

備受擠壓，難以為繼。故整理先秦學術，俾其得以恢復、重振、發展，遂成漢代學者首要之務。粗分之，漢代學者於五經之整理，重在「復原」和「說解」；於諸子百家之整理，則重在「分類」和「編纂」。

　　五經的「復原」和「說解」的整理成果，主要體現在橫跨漢代的今文經、古文經之爭。簡言之，今文經是漢初儒生經由前輩的口耳相傳，以漢初通行的隸書所筆錄的「五經」版本；而古文經則是抄寫於戰國時期，僥倖逃過秦火摧殘的「五經」古籀文版本，主要來自民間奉獻私藏和舊壁、古墓的挖掘。[4]但不管是今文的筆錄還是古文的挖掘，其最初目的，俱在恢復五經原貌。漢代經學家對五經之最大貢獻在此。至於所謂「說解」，則為對五經之說明或解釋。武帝以前，博士之立，不限五經，舉凡學通行修、廣博多藝、或治百家語如刑名法術、長短縱橫之學而為高第者，亦得立為博士。此一做法，蓋順先秦「博學於文」的傳統，徐復觀先生謂之「雜學博士」。[5]至武帝即位，詔舉賢良方正直言極諫之士，而董仲舒以賢良對策，建言「諸不在六藝之教、孔子之術者，皆絕其道，勿使並進」，武帝納其言，乃置五經博士。[6]而五經既立學官，說解經義，遂成干祿取榮之途，故皮錫瑞稱「既立學官，必創說解」[7]。唯說解人皆有殊，昭、宣之後，又有博士家法之興。[8]所謂「家法」，用俗話講，就是博士對某經所建立的解說所形成的學術勢力。唯博士為欽定之學官，博士們各據學術勢

4　今、古文經之間，除來源、文字有別外，在孔子之身分、地位，及六經之性質、排序等問題上，看法亦相當不同。參讀周予同：《經今古文經學》（上海市：商務印書館，1929年），頁1-11。

5　徐復觀：《中國經學史的基礎》（臺北市：臺灣學生書局，2004年），頁71。

6　文帝之時，早置詩經博士。武帝之變革，乃在罷斥諸子百家、保留詩經博士外，另置歐陽高之「書」、后蒼之「禮」，楊何之「易」、「春秋公羊」等四經博士。說見徐復觀：《中國經學史的基礎》，頁74-75。

7　皮錫瑞：《經學歷史》（上海市：商務印書館，1927年），頁18。

8　錢穆：《秦漢史》，頁199。

力，實即各據政治勢力。此一狀況，不唯分別發生在今文經學或古文經學之內部，實亦是促成今古文經之爭的根由之一。故經學家們由「說解」而滋生「家法」之繁，其謀求政治利益的動機，可謂十分明顯。唯從學術的角度看，又未嘗不是五經得以復甦之機運也。

　　諸子百家於秦火中之喪佚，幸不若六經之甚，故漢代學者整理諸子百家，並非著力於「復原」，而是用心於「分類」和「編纂」的工作。所謂「分類」，指的是將先秦諸子依某種標準進行劃分，復以不同名目指稱之，這些不同名目，便代表了不同的「家」，如儒家、法家、墨家之屬。「家」即今所稱「學派」也。蓋春秋戰國之際，學術勃興，集團紛起，然當時學術集團，尚不脫以某「子」為單位的師弟子式型態，此先秦哲學素稱「子學」之由。而漢代學者對先秦諸子的學術分類，或取決於諸子之間的學術傳承關係（如儒家、墨家），或著眼於諸子之間思想特色的相近性（如法家、名家），總之就是對先秦的子學作更濃縮的概括，以利呈現先秦學術界幾股主要勢力。這項工作，先由西漢司馬談〈論六家要旨〉的「六家說」啟其端，後由東漢班固《漢書》〈藝文志・諸子略〉的「十家說」繼其緒。以「家」取代「子」作為先秦哲學的基本單位，可說是漢代學者對先秦哲學的一次大總結。至乎所謂「編纂」，則牽涉先秦子書之形成過程。蓋秦漢之前，各學術集團內所流傳者，多為其成員所譔述的片段文字。將這些片段文字匯集成「篇」，進而將各「篇」輯錄成「書」，正屬這裡所謂「編纂」的範圍，當中尚涉及考訂文字異同、勘對材料真偽、去除重複、選定書題等工夫。這種對先秦子書的編纂工作，或早於秦漢之際，便頗為流行，唯晚至西漢成帝時之劉向，才大體完成。[9]而先

9　劉向編纂古籍，實頗得文史哲之全面。案《漢書》〈藝文志〉曰：「至成帝時，以書頗散亡，使謁者陳農求遺書於天下。詔光祿大夫劉向校經傳、諸子、詩賦。……每一書已，向輒條其篇目，撮其指意，錄而奏之。」以知劉向所校，諸子以外，尚涉

秦子書一經定型，方能據其學派性質，歸類於某家之名下。劉向《別錄》早佚，其子劉歆《七略》實《別錄》之簡化，而班固《漢書》〈藝文志〉又脫胎自《七略》。當中《諸子略》分論先秦十家，均先附列該學派之文獻清單，此蓋劉向廣編先秦子書之遺說也。[10]

三　儒學的變型

先秦時代的儒家思想，本質上是一種為己之學、自得之教。它主張得君行道在天在命，而居仁由義則操之在我。這種思想，肯定人有意志自由和充足的道德動能，不言感召，不託鬼神，與陰陽家事涉詭秘，型態殊異。這在重內聖的孔孟之學是如此，在重外王的荀子之學也是如此。唯戰國末以迄秦世，儒學與陰陽家漸趨合流。蓋其時有所謂「方士」，傳驪衍陰陽主運之術，復假儒學以為文飾，方士儒生，幾無分別。以至有此一說，謂始皇所坑之「儒」，不外陰陽家方士之屬。[11]倘此說為是，則其時二家之「合流」，當近於身分的重疊，而遠於思想的交會。真要說陰陽家完全滲透儒學，使之產生質變，則見於

經傳、詩賦之類。詩賦者文學，經傳者史學，諸子者哲學。本節限於主題，就子書述其校讎之功，非謂其僅得哲學之一隅也。

10　要之，劉向每書校畢，即上呈條陳，述其篇目旨要，是之謂「錄」。眾錄之集，名曰《別錄》。向子劉歆，踵承父業，本於《別錄》，去繁存簡，謨成《七略》。《七略》者，《輯略》、《六藝略》、《諸子略》、《詩賦略》、《兵書略》、《數術略》、《方技略》之謂。班固編《七略》以成《漢書》之《藝文志》，唯《藝文志》之分目，實止《六藝略》、《諸子略》、《詩賦略》、《兵書略》、《數術略》、《方技略》六項，蓋班固散《輯略》之文，以為《藝文志》之序言及每略之說明。整體言之，《七略》與《藝文志》於《別錄》雖有益刪增減，唯此益刪增減，或在義例形式之組構，或在文句章段之點定，而非在學術觀點之創新。有關《別錄》、《七略》、《藝文志》之相承關係，詳參張舜徽：《廣校讎略；漢書藝文志通釋》（武漢市：華中師範大學出版社，2004年），頁167-168、173-175。

11　陳槃：〈戰國秦漢間方士考論〉，《歷史語言研究所集刊》第17本（1948年），頁37。

武帝朝董仲舒之大談災異與漢代經學家之專言讖緯。

　　災異與讖緯，俱本於戰國晚世騶衍一派的陰陽家學說。就災異而言，它本屬騶衍「符應」思想之一環。[12]要之，「符」指殊異的自然現象，「應」指人類社會中某事態與此「符」之伴隨示現。「符」言其兆，「應」言其驗。合言之，所謂「符應」，乃是天、人之際某種神秘的伴隨性或對應關係。「符應」在騶衍，主要涉及祥瑞，秦漢以後，其涵義擴大，災異亦兼括其內。董仲舒儒學中的「符應」成分，則主要扣住「災異」而言。其所謂「災異」，籠統言之，乃是自然界一些罕見的、並帶有破壞性的現象。其言「天人感應」，以為人君失德，天先以「災」譴告之，不知省，復以「異」驚駭之，尚不知改，則更大的「殃咎」乃至（《春秋繁露》〈二端〉）[13]。而要「咎除」，使自然界和國家回復穩定的秩序，人君當「救之以德，施之天下」（《春秋繁露》〈五行變救〉）[14]。此天人之學，試圖以災異之感應作為約束君權的外部機制，藉以保障仁政的實現，其與先秦儒家，顯然同中有異。說「同」，是由於先秦儒者，無不以人君行仁政為價值理想之所寄。說「異」，是由於董子將先秦儒家對人君的「自律的要求」，外推為「他律的制衡」。仁政的實現，不再是積極的仁心充擴，而見於消極的弭災免禍。董子之學，就價值言，固屬儒學無疑，唯在思路上，經陰陽家的滲入，遂成一儒學之變型矣。

　　至若所謂「讖緯」，則是董子天人之學外，漢代儒學之另一變型。「讖」、「緯」本屬不同概念。所謂「讖」，即「詭為隱語，預決吉凶」[15]

12　「符應」思想在騶衍之學中的地位及其對漢代經學的影響，參讀陳槃：〈秦漢間之所謂「符應」論略〉，頁1-67。

13　鍾肇鵬主編，于首奎、周桂鈿、鍾肇鵬校釋：《春秋繁露校釋》（濟南市：山東友誼出版社，1994年），頁275-276。

14　鍾肇鵬主編，于首奎、周桂鈿、鍾肇鵬校釋：《春秋繁露校釋》，頁706。

15　〔清〕永瑢、紀昀等撰：《四庫全書總目提要（第一冊‧經部）》，頁158。

之謂,簡言之,就是對於未來事態的一種預言。考其源頭,實本於騶衍的「符應」思想。司馬遷述騶衍之學,有「必先驗小物,推而大之,至於無垠」(《史記》〈孟子荀卿列傳〉)之語。「驗」是證驗之意,即某種預兆之起,可證必有某事繼後,而以預兆為一具效驗者,其義實同於「符應」。「驗」、「讖」音義俱近,故由「驗」轉而為「讖」。武帝以後,五經為顯學,故不少方士或方士化之儒生,喜託五經以自重,故以讖附合經義,遂成時代之風氣,如《春秋讖》、《孝經讖》、《易運期讖》、《洪範讖》之屬,即此風氣下之作品。而讖既已託經,故「緯」之名又起。蓋「經」、「緯」二字,義相彰顯。鄭玄即謂:「經之與緯,是縱橫之學。」[16]經者縱線,緯者橫線,引申其義,遂有「緯者,經之支流,衍及旁義」[17]之說,即以「緯」為「經」的解釋或補充說明,如《易緯》、《書緯》、《禮緯》、《春秋緯》之屬。[18]尤需注意者,「緯」只是相對於「經」而有的一個形式性的概念,《緯》書的材料內容,仍是一本於「讖」。故「讖」、「緯」異名,考其實指,幾無分別,故陳槃先生謂「從其驗言之則曰『讖』」、「從其託經言之則曰『緯』」。[19]若不求細分,只尋其大意,或可這樣理解:自內容言之,讖緯涉及預言、符應、占候、休祥、災變等陰陽家所倡的迷信神秘思想;而自形式言之,「讖緯」是假借「五經」名義來宣導迷信神秘思想的文字記錄之一統稱。然而,漢代之儒家經義既與讖緯合流而趨迷信化,其於先秦儒學重內省、盡人事之特色,自又是一大變型矣。

---

16 〔漢〕鄭玄:《易緯是類謀外四種》(臺北市:新文豐出版公司,1987年),《易緯乾坤鑿度》,頁12。

17 〔清〕永瑢、紀昀等撰:《四庫全書總目提要(第一冊・經部)》,頁158。

18 讖緯之書本於騶衍之學,以及「驗」轉為「讖」、復易為「緯」之歷程諸說,參讀陳槃:〈論早期讖緯及其與騶衍書說之關係〉,頁135-138。

19 陳槃:〈讖緯釋名〉,頁300。

參考文獻

一　古籍（含後人注解、校釋）

〔漢〕班　固撰　〔唐〕顏師古注　《漢書》　臺北市　鼎文書局　1977年

〔漢〕鄭　玄　《易緯是類謀外四種》　臺北市　新文豐出版公司　1987年

〔漢〕劉　向編著　石光瑛校釋　陳　新整理　《新序校釋》　北京市　中華書局　2001年

〔漢〕劉　向集錄　《戰國策（上下）》　臺北市　里仁書局　1982年

〔漢〕嚴　遵著　王德有點校　《老子指歸》　北京市　中華書局　1994年

〔魏〕王　弼著　樓宇烈校釋　《王弼集校釋》　臺北市　華正書局　1992年

〔晉〕郭　象注　〔唐〕成玄英疏　《南華真經注疏（四冊）》　北京市　中華書局　1991年

〔宋〕朱　熹　《四書章句集注》　臺北市　大安出版社　1996年

〔清〕王仁俊　《玉函山房輯佚書續編》，重刊於《續修四庫全書》　上海市　上海古籍出版社　2002年　據上海圖書館藏稿本影印

〔清〕王先謙撰　沈嘯寰、王星賢點校　《荀子集解》　北京市　中華書局　1981年

〔清〕永　瑢、紀　昀等撰　《四庫全書總目提要（第一冊・經部）》　臺北市　臺灣商務印書館　1983年

〔清〕段玉裁注釋　《段氏說文解字注》　臺北市　宏業書局　1971年

〔清〕馬國翰輯　《玉函山房輯佚書（五）》　臺北市　文海出版社　1967年

〔清〕郭慶藩著　王孝魚點校　《莊子集釋》　北京市　中華書局　2004年

〔清〕焦　循撰　沈文倬點校　《孟子正義》　北京市　中華書局　1987年

〔清〕孫希旦　《禮記集解》　臺北市　文史哲出版社　1976年

〔清〕孫詒讓撰　孫啟治點校　《墨子閒詁》　北京市　中華書局　2004年

毛子水註譯　《論語今註今譯》　臺北市　臺灣商務印書館　1984年

李滌生　《荀子集釋》　臺北市　臺灣學生書局　1979年

馬承源主編　《上海博物館藏戰國楚竹書（五）》　上海市　上海古籍出版社　2005年

高　明　《帛書老子校注》　北京市　中華書局　2011年

陳世鐃譯注　《左傳》　臺北市　錦繡出版事業公司　1992年

陳奇猷　《韓非子集釋》　臺北市　河洛圖書出版社　1974年

陳奇猷　《呂氏春秋校釋》　臺北市　華正書局　1988年

陳　柱　《公孫龍子集解》　臺北市　河洛圖書出版社　1980年

陳高傭　《墨辯今解》　北京市　商務印書館　2016年

陳鼓應註譯　《黃帝四經今註今譯》　臺北市　臺灣商務印書館　1995年

許富宏　《慎子集校集注》　北京市　中華書局　2013年

賀凌虛註譯　《商君書今註今譯》　臺北市　臺灣商務印書館　1987年

黃懷信　《鶡冠子彙校集注》　北京市　中華書局　2004年

楊伯峻　《列子集釋》　北京市　中華書局　1979年

楊伯峻　《論語譯注》　臺北市　華正書局　1990年

劉文典撰　馮　逸、喬　華點校　《淮南鴻烈集解》　北京市　中華書局　1989年

黎翔鳳　《管子校注》　北京市　中華書局　2004年

蔣錫昌　《老子校詁》　臺北市　東昇出版事業公司　1980年

譚戒甫　《墨辯發微》　北京市　中華書局　1964年

鍾肇鵬主編　于首奎、周桂鈿、鍾肇鵬校釋　《春秋繁露校釋》　濟南市　山東友誼出版社　1994年

〔日〕瀧川龜太郎　《史記會注考證》　臺北市　大安出版社　1998年

睡虎地秦墓竹簡整理小組編　《睡虎地秦墓竹簡》　北京市　文物出版社　1978年

二　專書

丁四新　《郭店楚墓竹簡思想研究》　北京市　東方出版社　2000年

王邦雄　《韓非子的哲學》　臺北市　東大圖書公司　1993年

王邦雄、楊祖漢、曾昭旭　《論語義理疏解》　臺北市　鵝湖出版社　1989年

王葆玹　《黃老與老莊》　北京市　中國人民大學出版社　2012年

王　博　《老子思想的史官特色》　臺北市　文津出版社　1993年

王　博　《簡帛思想文獻論集》　臺北市　臺灣古籍出版公司　2001年

王夢鷗　《鄒衍遺說考》　臺北市　臺灣商務印書館　1967年

王樹民　《曙庵文史雜著》　北京市　中華書局　1997年

白　奚　《稷下學研究：中國古代的思想自由與百家爭鳴》　北京市
　　　　生活・讀書・新知三聯書店　1998年

皮錫瑞　《經學歷史》　上海市　商務印書館　1927年

牟宗三　《心體與性體》第1冊　上海市　上海古籍出版社　2007年

江　琭　《讀子巵言》　臺北市　泰順書局　1971年

李甦平　《韓非》　臺北市　東大圖書公司　1998年

沈有鼎　《墨經的邏輯學》　北京市　中國社會科學出版社　1982年

呂思勉　《先秦學術概論》　南京市　譯林出版社　2016年

佐藤將之　《後周魯時代的天下秩序：《荀子》和《呂氏春秋》政治哲
　　　　學之比較研究》　臺北市　國立臺灣大學出版中心　2021年

周予同　《經今古文經學》　上海市　商務印書館　1929年

林義正　《孔子學說探微》　臺北市　東大圖書公司　1987年

林義正　《孔學鉤沈》　新北市　巨凱數位服務發行　2007年

郭　沂　《郭店竹簡與先秦學術思想》　上海市　上海教育出版社
　　　　2001年

韋政通　《中國思想史（上冊）》　臺北市　大林出版社　1979年

韋政通　《董仲舒》　臺北市　東大圖書公司　1986年

姚蒸民　《法家哲學》　臺北市　三民書局　2006年

胡　適　《中國哲學史大綱》　北京市　東方出版社　1996年

胡　適　《中國古代哲學史》　臺北市　臺灣商務印書館　1965年

胡　適　《胡適文存（一）》　臺北市　洛陽圖書公司　1965年

孫廣德　《先漢兩漢陰陽五行說的政治思想》　臺北市　臺灣商務印
　　　　書館　1993年

唐君毅　《中國哲學原論・原道篇（卷一）：中國哲學中之『道』之
　　　　建立及其發展》　臺北市　臺灣學生書局　1986年

唐君毅　《中國哲學原論‧原性篇：中國哲學中人性思想之發展》
　　　　臺北市　臺灣學生書局　1989年

徐復觀　《中國人性論史‧先秦篇》　臺北市　臺灣商務印書館
　　　　1969年

徐復觀　《中國經學史的基礎》　臺北市　臺灣學生書局　2004年

陳啟天　《中國法家概論》　臺北市　中華書局　1980年

陳　復　《申子的思想》　臺北市　唐山出版社　1997年

陳　槃　《古讖緯研討及其書錄解題》　上海市　上海古籍出版社
　　　　2010年

陳麗桂　《漢代道家思想》　臺北市　五南圖書公司　2013年

曹　峰　《近年出土黃老思想文獻研究》　北京市　中國社會科學出
　　　　版社　2015年

曹　峰　《文本與思想：出土文獻所見黃老道家》　北京市　中國人
　　　　民大學出版社　2018年

張岱年　《中國倫理思想研究》　上海市　人民出版社　1989年

張舜徽　《廣校讎略；漢書藝文志通釋》　武漢市　華中師範大學出
　　　　版社　2004年

張鴻愷　《先秦至漢初《老子》思想之發展與變遷》　臺北市　萬卷
　　　　樓圖書公司　2009年

馮友蘭　《中國哲學史（上下冊）》　上海市　華東師範大學出版社
　　　　2000年

馮耀明　《公孫龍子》　臺北市　三民書局　2000年

梁家榮　《仁禮之辨：孔子之道的再釋與重估》　北京市　北京大學
　　　　出版社　2010年

梁啟超　《墨子學案》　臺北市　中華書局　1957年

梁啟超原著　賈馥茗標點　《先秦政治思想史》　臺北市　東大圖書
　　　　公司　1987年

梁　濤　《郭店竹簡與思孟學派》　北京市　中國人民大學出版社
　　　　2008年

勞思光　《中國哲學史（第一卷）》　香港　崇基書局　1980年

黃仁宇　《赫遜河畔談中國歷史》　臺北市　時報出版社　1989年

黃克劍　《名家琦辭疏解──惠施公孫龍研究》　北京市　中華書局
　　　　2010年

黃留珠　《秦漢歷史文化論稿》　西安市　三秦出版社　2002年

葉錦明　《邏輯分析與名辯哲學》　臺北市　臺灣學生書局　2003年

楊　寬　《戰國史》　臺北市　臺灣商務印書館　1997年

楊儒賓　《儒門內的莊子》　臺北市　聯經出版事業公司　2016年

詹劍峰　《墨子的哲學與科學》　北京市　人民出版社　1981年

廖名春　《荀子新探》　臺北市　文津出版社　1994年

寧鎮疆　《《老子》「早期傳本」結構及其流變研究》　上海市　學林
　　　　出版社　2006年

劉笑敢　《莊子哲學及其演變》　北京市　中國社會科學出版社
　　　　1988年

劉榮賢　《莊子外雜篇研究》　臺北市　聯經出版社　2004年

錢　穆　《莊老通辨》　香港　新亞研究所印行　1957年

錢　穆　《秦漢史》　臺北市　東大圖書公司　1992年

錢　穆　《先秦諸子繫年》　臺北市　東大圖書公司　2008年

譚戒甫　《墨辯發微》　北京市　中華書局　1964年

Chong, Kim-chong, *Early Confucian Ethics: Concepts and Arguments*.
　　　　Chicago: Open Court, 2007.

三　論文

丁四新　〈楚簡〈太一生水〉研究——兼對當前〈太一生水〉研究的總體批評〉　收入丁四新主編　《楚地出土簡帛文獻思想研究（一）》　武漢市　湖北教育出版社　2002年　頁234-246

王　博　〈關於郭店楚墓竹簡《老子》的結構與性質——兼論其與通行本《老子》關係〉　收入陳鼓應主編　《道家文化研究》第17輯　北京市　生活・讀書・新知三聯書店　1999年　頁149-166

白　奚　〈「仁」字古文考辨〉　《中國哲學史》2000年3期　頁96-98

朱湘鈺　〈告子性論定位之省思——從〈性自命出〉與告子性論之比較談起〉　《師大學報：人文與社會類》第52卷第1、2期　2007年10月　頁19-35

李威熊　〈《漢志》稱諸子「亦六經之支與流裔」疏證〉　《人文暨社會科學期刊》第1卷第2期　2005年12月　頁1-5

李　零　〈說「黃老」〉　收入陳鼓應主編　《道家文化研究》第5輯　上海市　上海三聯書店　1994年　頁142-157

吳啟超　〈當代新儒家與英語哲學界對孟子之「擴充」及「端」的詮釋——以牟宗三、唐君毅與黃百銳、信廣來為例〉　《鵝湖學誌》第52期　2014年6月　頁81-113

郭　沂　〈從「欲」到「德」——中國人性論的起源與早期發展〉　《齊魯學刊》2005年第2期（總第185期）　頁10-15

紀俊吉　〈道家別宗——唐君毅對「道家」先行思想論與析〉　發表於國立中興大學中國文學系主辦「2020經學與文化全國學術研討會」　2020年12月4日　頁13-42

閆平凡　〈荀子之字非「卿」考〉　收入楊金廷、康香閣主編　《趙

文化與華夏文明》 北京市 人民出版社 2009年 頁164-169

徐聖心 〈「莊子尊孔論」系譜綜述——莊學史上的另類理解與閱讀〉 《臺大中文學報》第17期 2002年12月 頁21-66

陳 槃 〈讖緯釋名〉 《歷史語言研究所集刊》第11本 1943年 頁297-316

陳 槃 〈秦漢間之所謂「符應」論略〉 《歷史語言研究所集刊》 第16本 1947年 頁1-67

陳 槃 〈戰國秦漢間方士考論〉 《歷史語言研究所集刊》第17本 1948年 頁7-57

曹銀晶 《老子其人其書——梅廣先生訪談錄》 收入鄭宗義主編 《中國哲學與文化》第十一輯 廣西市 灘江出版社 2014 年5月 頁277-304

馮耀明 〈荀子的正名思想〉 《哲學與文化》第16卷第4期 1989 年4月 頁37-40

馮耀明 〈儒學的理性重建與典範轉移〉 《人文中國學報》第5期 1998年4月 頁67-88

彭 浩 〈一種新的宇宙生成理論——讀〈太一生水〉〉 收入武漢 大學中國文化學院編 《郭店楚簡國際學術研討會論文集》 武漢市 湖北人民出版社 2000年 頁538-545

勞悅強 〈善惡觀以外的孔子性論〉 收入鄭吉雄主編 《觀念字解 讀與思想史探索》 臺北市 臺灣學生書局 2009年，頁 73-124

詹 康 〈韓非論人新說〉 《政治與社會哲學評論》第26期 2008 年9月 頁97-153

廖名春 〈「仁」字探源〉 《中國學術》第8輯 2001年4月 頁 127-136

廖名春　〈《論語》「父為子隱」章新證〉　《湖南大學學報（社會科學版）》第27卷第2期　2013年3月　頁5-13

劉榮賢　〈從老莊之異論二者於先秦為不同的學術源流〉　《東海中文學報》第12期　1998年12月　頁75-100

韓　巍　〈西漢竹書《老子》的文本特徵和學術價值〉　收入陳鼓應主編　《道家文化研究》第27輯　北京市　生活‧讀書‧新知三聯書店　2013年　頁1-35

魏啟鵬　〈范蠡及其天道觀〉　收入陳鼓應主編　《道家文化研究》第10輯　上海市　上海古籍出版社　1995年，頁86-101

蕭振聲　〈荀子性善說獻疑〉　《東吳哲學學報》第34期　2016年8月　頁61-96

蕭漢明　〈《太一生水》的宇宙論與學派屬性〉　《學術月刊》第391期　2001年12月　頁32-37

哲學研究叢書・學術思想叢刊 0701027

先秦哲學隅論

作　　者　蕭振聲
責任編輯　官欣安
特約校稿　林秋芬

發 行 人　林慶彰
總 經 理　梁錦興
總 編 輯　張晏瑞
編 輯 所　萬卷樓圖書股份有限公司
　　　　　臺北市羅斯福路二段 41 號 6 樓之 3
　　　　　電話 (02)23216565
　　　　　傳真 (02)23218698

發　　行　萬卷樓圖書股份有限公司
　　　　　臺北市羅斯福路二段 41 號 6 樓之 3
　　　　　電話 (02)23216565
　　　　　傳真 (02)23218698
　　　　　電郵 SERVICE@WANJUAN.COM.TW
香港經銷　香港聯合書刊物流有限公司
　　　　　電話 (852)21502100
　　　　　傳真 (852)23560735

ISBN　978-986-478-706-7
2022 年 8 月初版
定價：新臺幣 480 元

如何購買本書：

1. 劃撥購書，請透過以下郵政劃撥帳號：
　　帳號：15624015
　　戶名：萬卷樓圖書股份有限公司
2. 轉帳購書，請透過以下帳戶
　　合作金庫銀行 古亭分行
　　戶名：萬卷樓圖書股份有限公司
　　帳號：0877717092596
3. 網路購書，請透過萬卷樓網站
　　網址 WWW.WANJUAN.COM.TW

大量購書，請直接聯繫我們，將有專人為
您服務。客服：(02)23216565 分機 610

如有缺頁、破損或裝訂錯誤，請寄回更換

國家圖書館出版品預行編目資料

先秦哲學隅論/蕭振聲著. -- 初版. -- 臺市：
萬卷樓圖書股份有限公司, 2022.08
　　面；　　公分. -- (哲學研究叢書. 學術思想
叢刊；701027)
ISBN 978-986-478-706-7(平裝)
1.CST: 先秦哲學

121　　　　　　　　　　　　　　111011172